中国会计学会重点科研课题（2018ASC039）研究成果

高等职业教育“互联网+”会计专业教学一体化改革成果

江苏省高等学校A类品牌会计专业建设成果

管理会计正当时

会计专业转型发展的奋进之笔

程淮中 / 著

中国人民大学出版社

· 北京 ·

图书在版编目（CIP）数据

管理会计正当时：会计专业转型发展的奋进之笔/程淮中著．-- 北京：中国人民大学出版社，2020.6

ISBN 978-7-300-28248-0

Ⅰ.①管… Ⅱ.①程… Ⅲ.①管理会计-教学研究-高等职业教育 Ⅳ.①F234.3

中国版本图书馆 CIP 数据核字（2020）第 103374 号

中国会计学会重点科研课题（2018ASC039）研究成果

高等职业教育“互联网+”会计专业教学一体化改革成果

江苏省高等学校 A 类品牌会计专业建设成果

管理会计正当时——会计专业转型发展的奋进之笔

程淮中　著

Guanli Kuaiji Zhengdangshi——Kuaiji Zhuanye Zhuanxing Fazhan de Fenjin zhi Bi

出版发行	中国人民大学出版社		
社　　址	北京中关村大街 31 号	**邮政编码**	100080
电　　话	010－62511242（总编室）		010－62511770（质管部）
	010－82501766（邮购部）		010－62514148（门市部）
	010－62515195（发行公司）		010－62515275（盗版举报）
网　　址	http://www.crup.com.cn		
经　　销	新华书店		
印　　刷	北京宏伟双华印刷有限公司		
规　　格	185 mm×260 mm　16 开本	**版　　次**	2020 年 6 月第 1 版
印　　张	15.5	**印　　次**	2020 年 6 月第 1 次印刷
字　　数	318 000	**定　　价**	58.00 元

前　言

会计的本质是一项管理活动。面对“大智移云区”时代的到来，会计外部环境发生了翻天覆地的变化，会计转型发展到了一个新的十字路口。传统的会计执业重心正经历由以核算为主的财务会计向参与战略管理和流程优化的管理会计转型。与此同时，会计职业的角色功能也必须做出必要的改变和重新定位。会计人才新需求正在发生颠覆性的变革，企业对会计人员的管理能力有了更高的要求。科技越发展，会计越变革。财务机器人的出现，并不意味着未来会计无用武之地，相反，恰恰说明会计变革的重要性。现实告诉我们，企业管理者从来没有像今天这样需要管理会计。管理会计是管理的核心，会计的灵魂。

历史往往有着惊人的相似之处。会计专业在一次次应对环境变化中，实现着自己的蜕变。新时代会计教育工作者以其“不忘初心”回击着会计消亡的悲观论调。几年来，我一直在思考：高职会计专业如何转型发展？会计品牌专业建设路在何方？我的基本判断是，财务会计向管理会计方向转型，管理会计正当时。

基于“互联网＋”高职会计教育改革问卷调查分析，高职会计专业向管理会计方向转型势在必行，亟待解决的核心问题主要有：立德树人与管理会计教育、“三教改革”与管理会计教育、管理型会计人才能力框架、会计专业（管理会计方向）教学标准的制定、管理会计人才培养与1＋X证书的衔接、会计专业（管理会计方向）课程配套教材的开发、管理会计人才培养质量的检验与改进等。解决这些问题的钥匙在哪儿？本着“逆向设计、正向施工”的原则，从实践中来，到实践中去，同时也期待有更多的志同道合者一起努力并开道，陪同管理会计奔跑，共创会计未来，正是本书探索和出版的宗旨。

为了全面、系统、正确地把握会计教育改革的政策背景，深刻领悟会计专业转型发展的历史意义和现实需求，作者精选了会计教育改革方面的14个文件，以供广大会计教育工作者学习之用。伴随着高职“双高计划”的落实和1＋X证书制度的推进，本书的出版能为促进中国特色高水平高职学校和高水平专业群建设贡献自己的绵薄之力，当是作者至所期盼的结果。此外，2020开年我国遇到了新冠肺炎疫情，教育部及时做出延期开学的决定，并提出“停课不停学，停课不停教”的要求。受中国会计学会会计教育专业委员会的委托，作者从“教”与“学”两个维度设计了两张问卷调查表，面向全国高校会计老师和学生进行问卷调查，这两张问卷调查表作为附录，供大家参考。

本书在写作过程中，得到了中国会计学会副会长、中国会计学会会计教育专业委员会主任委员刘永泽教授，中国高等教育学会高等财经教育分会副理事长兼秘书长张国才教授，全国财经职业教育集团理事长、山西财政税务专科学校赵丽生教授，南京审计大学杨政教授，北京东大正保科技有限公司朱正东董事长，厦门网中网软件有限公司徐建宁副总裁、刘青副总裁，中教畅想（北京）科技有限公司王鹏总经理，北京首冠教育科技集团有限公司学校事业部向波总经理，中国人民大学出版社陈永凤编辑等给予的关心和支持，在此，向上述人士以及书后所列参考文献著作者一并表示感谢。

管理学家斯图尔特·克雷纳说过这样一句话："管理没有最终的答案，只有永恒的追问。"尽管作者付出了不懈的努力，第一时间为全国高等职业学校会计专业转型发展提出了"管理会计正当时"的基本判断以及与之相关的问题阐释，但书中肯定还会存在一些问题，希望能得到更多同行的批评与指正。

程淮中

2020 年 3 月 19 日

目录

上篇 管理会计未来已来

1

中篇 管理会计教育与实践

13

下篇

会计教育改革文件选编

149

上篇

管理会计未来已来

一、经济新业态与信息技术变革是会计转型发展的内生动力

我国经济结构转型始于 2011 年。2011 年既是“十二五”的开局之年，也是经济结构进行战略性调整的转型“元年”。“互联网＋”作为新一轮科学技术革命，是应用于产业变革的重要途径，推动了产业间的融合发展，对于促进产业结构升级有着极其重要的作用，能够创造出新的产品需求、新的产业领域和新的商业形态。会计作为经济发展中不可或缺的一个行业，改革与转型将是其基于互联网环境的一个巨大挑战。随着我国经济转型不断深化，供给侧结构性改革不断推进，以新零售、共享经济、社交化等为代表的新的商业模式不断创新，这些新的商业模式以价值创造为灵魂、以客户需求为中心、以企业联盟为载体、以应变速度为关键、以信息网络为平台，对会计基本理论、会计核算内容、会计核算方法与手段、会计管理运行机制，乃至会计文化传承与创新都产生了深刻的影响。

有一个社会现象各行各业都能看得见，那就是企业的发展离不开管理与技术，管理与技术的融合特征日益明显。管理需要技术，不懂技术怎么去发现管理中的漏洞？不懂技术怎么让资源分配最优化？不懂技术怎么制定有效可行的战略目标？不懂技术怎么保证战略目标的顺利实现？技术也需要管理，没有管理的技术就像一盘散沙，没有明确的目标，没有相关的市场、财务、人力资源等部门与之有效配合，技术的优势又如何体现？

《中华人民共和国会计法》告诉我们，会计的本质是一项管理活动。今天，会计外部环境发生了翻天覆地的变化，经济新业态与信息技术变革已成为会计转型发展的内生动力，会计转型发展到了一个新的十字路口，机遇与挑战毫无悬念地摆在会计工作者面前。以“互联网＋”、大数据、云计算、人工智能、区块链等为代表的信息技术进一步推动企业组织变革和效率提升，也为企业财务转型提供了最为有力的武器。会计的第三次革命悄然而至，会计人才新需求正在发生颠覆性的变革，企业对会计人员的管理能力有了更高的要求，管理会计的发展迎来了新的春天。

正如中国会计学会副会长、上海财经大学孙铮教授所言，“管理会计正当时”。然而，过去若干年，管理会计在我国学术界饱受诟病。这也许和 H. 托马斯·约翰逊和罗伯特·塞缪尔·卡普兰合著的《管理会计兴衰史：相关性的遗失》一书的出版有关。管理会计对企业长期计划和战略决策是非常关键的。面对如今快速变化的技术环境、激烈的市场竞争，以及迅速提高的信息处理能力，现有的管理会计系统难以满足企业的需求，它所产出的信息已经扭曲得与管理者的计划和控制决策完全不相关了。无效的管理会计系统使企业无法通过垂直统一管理和多样化政策来获取

收益。迈克尔·布拉米奇教授提出“管理会计：发展的方向”，在新的制造环境和竞争对手及领先企业采用新方法和新技术的情况下，管理会计无疑会遇到许多挑战，迫切需要提供相应的解决办法。我国有学者认为：管理会计不成体系，“它是一个筐，什么东西都可以往里装”。特别是2009年国际金融危机的“寒流”袭击我国实体经济时，会计界出人意料地“冒出”取消管理会计学科的观点，认为管理会计应该被“拆分”，部分内容归入财务管理，部分称为成本会计，其余则与内部控制制度结合起来形成新的学科，当时在会计教育界引起不小的震动。理论研究的不确定性，直接影响了管理会计思想的传播，我国管理会计人才培养以及管理会计实务严重滞后就说明了这个问题。

历史的车轮滚滚向前，我们从来没有像今天这样需要管理会计。清华大学经济管理学院于增彪教授主编的《管理会计》（清华大学出版社）一书中写道：从20世纪70年代以来，我国管理会计的引进和发展已经取得重要成果，但与美国相比，还有很大差距，需要借鉴和追赶；与我国建设经济强国的要求比较，需要突破、创新和接地气，更需要构建既能融入世界的知识主流，又具有中国特色、解决中国问题的管理会计理论与方法体系。否则，我国的经济强国梦或许会被管理会计所耽误！在每年中国会计学会年会上，来自企业界的财务高管都结合自己的工作实践，强烈呼吁传统财务会计应迅速转型到管理会计上来，以迎合现代企业管理和运营的需要，同时快速提升自身的价值以及企业的效益。

会计追求什么？持续优化工艺流程、精准降低成本费用、挖掘财务数据资源、全程参与战略管理、实现价值创造最大化，已成为现代企业会计追求的永恒主题，这也可以从会计发展史中窥见一斑。“经济越发展，会计越重要”，会计的本质特征是一项管理活动。会计的管理功能最初体现在成本管理方面，管理会计形成的历史源于成本控制思想及其相关理论。18世纪60年代至19世纪中期，以蒸汽机改良为标志的第一次工业革命，促成了成本会计的“分娩”，使以商品买卖活动为主的传统会计向以工业化生产为主的近代会计转变。19世纪下半叶至20世纪初，以电力的发明和广泛应用为标志的第二次工业革命，催生了两个新的生产变革：一是“标准化”——制造出标准的、可互换的零件；二是设计出“流水线”。20世纪初，产生了以“泰罗制”为代表的科学管理理论，管理会计随之萌芽。20世纪50至60年代，管理会计从财务会计中逐渐脱离并创建起来。1952年在世界会计师联合会上，正式通过了“管理会计”这个术语。从此，企业会计就正式分为财务会计和管理会计两大领域。今天，我们应更多地从市场经济的本质和规律以及产业革命所带来的影响来理解和把握会计的重要性。正因如此，2016年，财政部原副部长王军（现为国家税务总局局长）说过，面对信息万变的资本市场，我们更需要的是管理会计。中国注册会计师协会原秘书长丁平准先生也说过，目前中国有超过300万的管理会计师人才缺口。清华大学经济管理学院于增彪教授预言我国未来会计从业人员中将有一半从事管理会计工作。美国注册管理会计师（CMA）官方网站发布了对中美两国传统会计和管理会计现状的比较结果，显示美国90%以上的财务岗位是管理会计，而我国恰恰相反，管理会计岗位不到10%。国内有专家预测，未来10年中国传统会计岗位将削减80%，管理会计岗位将上升三分之二以上。

自1956年夏天在达特茅斯夏季人工智能研究会议上第一次提出人工智能概念以来，人工智能技术的发展已经走过了60余年的历程。随着近年来数据爆发式的增长、计算能力的大幅提升以及深度学习算法的发展和成熟，世界范围的第三次人工智能浪潮扑面而来。一石激起千层浪，会计从来没有像今天这样遇到如此严峻的技术冲击和挑战。2017年3月德勤“财务机器人”一夜刷爆朋友圈，其功能主要有：可替代财务流程中的手工操作；管理和监控各自动化财务流程；录入信息、合并数据，汇总统计；根据既定业务逻辑进行判断；识别财务流程中的优化点；部分合规和审计工作将有可能实现“全查”而非“抽查”；机器人精准度高于人，且每周7天、每天24小时不间断工作；机器人完成任务的每个步骤可被监控和记录，从而可作为审计证据以满足合规要求；机器人流程自动化技术的投资回收期短，可在现有系统基础上进行低成本集成。中央财经大学祁怀锦教授曾大胆预言，信息化、智能化、互联网、物联网、大数据整合后，85%的会计人员可能失业。会计消亡论在会计界此起彼伏。什么样的会计岗位才会被财务机器人取代？一个不可回避的问题需要给出答案。在2018年彼得·德鲁克中国管理论坛上有学者说：“可量化、可衡量、可程序化的工作都会被智能取代。”同年，中央电视台经济信息联播报道“账房先生”求职难，一度冲击着大学校园里的“会计人”。2019年10月24日，习近平总书记在中央政治局第十八次集体学习时强调，把区块链作为核心技术自主创新重要突破口，加快推动区块链技术和产业创新发展。区块链会计应运而生，并得到快速发展。2019年11月4日，国家税务总局深圳市税务局披露，深圳区块链电子发票的开票量突破1 000万张。科技越发展，会计越变革。毋庸置疑，“会计转型”“会计课程体系重构”“互联网+会计”已成为会计界探讨的最热门的话题，中国会计学会副会长、东北财经大学刘永泽教授如是说。

二、国家政策文件是推动管理会计发展的不竭之源

2010年，财政部印发的《会计行业中长期人才发展规划》（2010—2020）指出，传统的会计执业重心正经历由以核算为主的财务会计向参与战略管理和流程优化的管理会计转型，这一转型体现了经济社会的变革以及社会对人才的需求。从知识水平到能力水平的变化，使得会计职业的角色功能必须做出必要的改变和重新定位。2014年12月，财政部印发了《关于全面推进管理会计体系建设的指导意见》，这标志着我国全面启动管理会计体系建设的集结号正式吹响。该意见明确指出管理会计是会计的重要分支，主要服务于单位（包括企业和行政事业单位）内部管理需要，是通过利用相关信息，有机融合财务与业务活动，在单位规划、决策、控制和评价等方面发挥重要作用的管理活动。其目标是通过运用管理会计工具方法，参与

单位规划、决策、控制、评价活动并为之提供有用信息，推动单位实现战略规划。从字面上看，管理会计就是“管理＋会计”，即深入参与企业运营和管理的会计。应该说，管理会计是主动改进管理的会计，财务会计是被动适应的会计；管理会计是过程的会计，财务会计是结果的会计；管理会计是影响力会计；财务会计是自娱自乐的会计。2015 年 9 月—2016 年 12 月，财政部发布了五项《管理会计案例索引》《管理会计实践索引》。2016 年 6 月，财政部印发《管理会计基本指引》，其最大贡献在于第一次确立了管理会计四大要素，即应用环境、管理会计活动、工具方法和信息与披露。从 2017 年 9 月—2018 年 10 月，财政部先后颁布了 34 项《管理会计应用指引》，初步形成了管理会计应用指引基本框架，包括战略管理、预算管理、成本管理、营运管理、投融资管理、绩效管理、企业管理会计报告和管理会计信息系统。

2019 年，上海国家会计学院发布了一份调查报告——《企业会计的未来》，报告指出：未来 5～10 年，企业会计职能的重要性如何变化？“会计核算”职能的重要性大幅度降低，重要性提高最多的四个方面是“IT 等新技术应用”“财务分析”“风险管理”“公司战略”，净提高率都在 90％以上。会计人员最可能跨界融合进入的职能是“公司战略”和“运营管理”。管理学大师彼得·德鲁克说：“大数据、人工智能、物联网、云平台与云计算、移动互联网、商务智能等带来的会计信息化发展，使得财务与业务的关系，犹如鱼和水的关系，财务会计转型为管理会计必然将财务与业务相结合，从而提升自我。”国内企业大咖们也做出有力的呼应，如华为总裁任正非说：“财务如果不懂得业务，只能提供低价值的会计服务，财务应融入业务，提升服务。”海尔总裁张瑞敏说：“海尔财务组织实现了融入财务、生态财务和共享财务的变革。”这就是说，业务人员将成为“财务人员”的一部分（人人财务），机器人将成为“财务人员”的一部分（智能财务），这已成为一个不争的事实。

三、重塑会计教育版图，培养管理会计人才

管理会计的实践与探索，迫切需要具有一定能力框架的管理会计人才来支撑。对管理会计能力框架的研究和解读，可谓仁者见仁、智者见智。古人说得好，借他山之石，可以攻玉。美国管理会计师协会（IMA）结合当前国际管理会计人才需求现状和百年来管理会计人才培养的经验，于 2016 年 11 月 8 日正式发布《管理会计能力素质框架》，内容包括规划与报告、财务决策、信息技术、业务运营、领导力建设五大模块的 28 个能力素质。IMA2019 年发布的新版《管理会计能力素质框架》，内容包括六个模块，即战略、规划和绩效（该模块包括八项能力，为财会专业人士制定领先的战略规划及评估业务发展状况指明方向）；报告和控制（该模块包括七项能力，为财会专业人士提供以合规的方式衡量和报告组织业绩的工具）；技术和分析（该模块包括四项能力，展示如何利用数据提升企业分析能力，以及如

何利用技术推动组织前行）；商业敏锐度和运营（该模块包括四项能力，展示财会专业人士如何进行职能协作，以推动整个组织实现运营转型）；领导力（该模块包括七项能力，帮助财会专业人士成长为领导者，去建设并指导其所负责的团队实现个人和组织目标）；职业道德和价值观（该模块包括三项能力，要求财会专业人士树立正确的职业价值观，遵守道德准则和法律法规，确保个人职业和企业发展符合道德）。2017 年 6 月，广东省管理会计师协会在国内率先发布了《管理会计师能力框架》，该“能力框架”以职业精神和职业道德为基础，以通用技能和专业技能为要件，构成了管理会计师能力的三维框架，具体内容归纳为“多技能、善沟通、会管理、有远见、敢担当”五个特征，且在不同的层级（初、中、高级）体现不同的能力要求。初级注重岗位的实际操作能力、执行能力，以及为管理决策提供管理会计信息数据的能力。中级能够理解相关管理会计体系的基本原理，具备根据管理要求进行企业经营状况、财务状况的基本分析和未来发展趋势的预判能力。高级则需深入把握企业所处的内外环境，参与企业战略的制定，具备在企业发展战略基础上构建管理会计体系的能力和相关的决策能力。2019 年 3 月 25 日，中国总会计师协会依据《管理会计基本指引》和《管理会计应用指引》等文件，在调查研究、吸取国内管理会计研究和实践成果、国内经验并听取各方面专家意见的基础上，发布了《中国管理会计职业能力框架》团体标准，这是我国第一个具有中国特色的管理会计职业能力评价标准体系，为中国特色管理会计人才的培养和评价提供了参照标准，也为部分财务人员转岗到管理会计岗位提供帮助。该能力框架由专业能力、辅助能力和职业道德规范三部分构成，其中专业能力包括财务会计能力和统筹管理能力（包括战略、预算、成本、运营、绩效、投融资、风险防控等能力），辅助能力包括开拓创新能力（包括思维创新能力、信息技术应用能力、管理会计工具创新能力等）和协调领导能力（包括人际关系、团队建设、领导力等）。

2017 年 7 月 30 日，由财政部主管的国内首个管理会计界权威期刊《中国管理会计》隆重创刊，刊载内容涉及管理会计应用指引解读、财务会计转型、财务共享、大数据会计、财务数字化、中外管理会计案例、管理会计人才培养等，把我国管理会计理论研究和管理会计实践推向一个新的高度。无独有偶，习近平总书记在党的十九大报告中指出，要建立全面规范透明、标准科学、约束有力的预算制度，全面实施绩效管理。2018 年 9 月 1 日，《中共中央国务院关于全面实施预算绩效管理的意见》印发实施，这是新中国成立以来第一次以中共中央和国务院名义联合印发的管理会计方面的文件。2019 年 1 月 1 日，中宣部“学习强国”App 推出了“管理会计学”课程视频。2020 年 1 月 22 日，教育部公布了“1＋X”证书制度试点的第三批职业教育培训评价组织及职业技能等级证书，其中包括由上海管会教育培训有限公司研发的“数字化管理会计”职业技能等级标准、北京首冠教育科技集团有限公司研发的“大数据财务分析”职业技能等级标准、新道科技股份有限公司研发的“财务数字化应用”职业技能等级标准、北京东大正保科技有限公司研发的“财务共享服务”职业技能等级标准等。

日本资深会计师安本隆晴写了一本书《人人都要有会计思维——没有会计思维，一辈子只能当基层员工》，其核心要义是：拥有会计思维，就能及早看出经营缺失，在财务危机前改善致命问题；拥有会计思维，目标更明确、行动更迅速，公司就能快速成长；拥有会计思维，立刻就能找到“浪费”和“多余”，精简工作流程，轻松达到目标；拥有会计思维，不用猛开会、狂加班，也能实时解决问题。

由此看来，会计走进千家万户指日可待，会计在未来不会消亡。中国人民大学王化成教授曾就信息技术对会计带来的影响一语破的，“会计原理未变，提供信息手段、核算方法变了”。广东财经大学王华教授的会计梦——“让会计像水银泻地般渗入各个专业中，成为各专业的学科基础课”令人振奋。历史的经验告诉我们：只要发展经济，就离不开管理；只要科学管理，就离不开会计。新商业环境下，企业更需要会计为管理者的经营决策和企业发展战略提供服务。管理会计是管理的核心，会计的灵魂。管理者现在比以往任何时候都明白，赢在决策，根在会计。如果违背了这个法则，就必然背离会计“初心”、违背会计“道义”、忘却会计“来路”。当下面对新的技术革命和管理要求，会计别无他途，只有通过变革、赓续和弘扬来迎接新的挑战，才能步入新的“康庄大道”。

会计工作需要转型，作为培养会计人才的高等会计教育，同样需要拿出自我革命的精神实现转型。会计专业向管理会计方向转型未来已来。管理会计基于业财融合的原则，让你学会运用数字创造价值，掌握从会计人到管理者的升华之道。会计教育界准备好了吗？重构会计教育系统，提供会计教育版图，已成为每一位会计教育工作者的责任和担当。中央财经大学刘俊勇教授在中国大学 MOOC 网上发声，“让我们携手走进管理会计空中课堂，让管理插上会计的翅膀飞翔，探索用数据创造价值的学习之旅”。中国商业会计学会会长、北京工商大学谢志华教授还提出四大学习转变，即“由专业学习向跨界学习转变，由被动学习向主动学习转变，由知识学习向场景化学习转变，由结论导向学习向问题导向学习转变”。

2018 年，中国会计学会第十七届全国会计信息化年会上揭晓了影响中国会计从业人员十大信息技术，名列前十的是：财务云、电子发票、移动支付、电子档案、在线审计、数据挖掘、数字签名、财务专家系统、移动互联网、身份认证。2019 年中国会计学会继续这一活动，揭晓名列前十的是：财务云、电子发票、移动支付、数据挖掘、数字签名、电子档案、在线审计、区块链发票、移动互联网、财务专家系统。连续两年财务云都名列榜首。未来是云，互联网改变了商业逻辑和组织逻辑，也延伸和拓展了管理会计领域。拥抱云时代，云会计是我们的不二选择。云管理会计实现方法的最大价值，是能让企业在开创期和转型期迅速跟上外部环境的变化，把价值管理信息的新需求适时传导到供应链，为财务共享中心核算体系搭建、财务管控策略制定、数据输出内容指明方向，最终实现时间成本、机会成本、人工成本降低数倍，产品质量、服务质量和效率大幅提升，财务风险大大降低。

新加坡管理大学会计学院院长程强教授认为：科技将改变会计行业的趋势，数据比以往任何时候都更加丰富。对企业而言，数据是一项重要的资产，谁拥有了数据，谁就赢得了先机。未来，会计行业只会变得更加重要。未来的会计专业人士需要更好地发展未来所需的技能——批判性思维、专业判断能力、沟通技巧以及懂得如何运用科技来处理数据等。大数据就是会计的未来。西交利物浦大学执行校长席酉民教授在一次学术演讲中说道：数字和大数据重构教育生态，主要表现在学习和教育的便捷化、个人学习行为的重塑、教育技术的混合化、个性教育的强化、教育和支持的精准化、终身学习成为习惯、复杂心智的孕育。

四、新文科、新商科、新会计：管理会计教育任重道远

什么是文科？文科是“人文社会科学”（或称“哲学社会科学”）的简称，是人文科学和社会科学的统称。其中：人文科学主要研究人的观念、精神、情感和价值；社会科学主要研究各种社会现象及其发展规律。按照我国《普通高等学校本科专业目录（2012 年）》，除理学、工学、农学和医学外，哲学、经济学、法学、教育学、文学、历史学、管理学、艺术学等学科门类基本上都可纳入“文科”范畴。新文科是相对于传统文科而言的。两者的关系充满着哲学的智慧，即新不异老，老不异新，新即是老，老即是新。新文科是在全球新科技革命（第四次工业革命）、新经济发展（新技术、新业态、新模式）、历史新方位（百年未有之大变局）、教育新需求（呼唤新文科）的背景下产生的，其特征是突破传统文科的思维模式，多学科交叉与深度融合。通过继承与创新、交叉与融合、协同与共享三个途径，发挥着推动传统文科的更新升级，从学科导向转向以需求为导向，从专业分割转向交叉融合，从适应服务转向支撑引领的作用。

2017 年 10 月美国西拉姆学院率先提出“新文科”概念，他们所阐释的新文科主要是专业重组，把新技术融入哲学、文学、语言等诸如此类的课程中，不同专业的学生打破专业课程界限，进行综合性的跨学科学习。2018 年 10 月，教育部决定实施“六卓越一拔尖”计划 2.0，新文科开始浮出水面。2019 年 4 月 29 日，教育部等 13 部委启动“六卓越一拔尖”计划 2.0，开始全面推进“四新”建设。新文科建设是建设高等教育强国的一种积极探索。新文科建设重在构建中国特色高等文科人才培养体系，全面提高文科人才培养质量，其重大意义主要体现在：两个“走在前”，一是一个没有发达的自然科学的国家不可能走在世界前列；二是一个没有繁荣的哲学社会科学的国家也不可能走在世界前列。两个“站起来”，一是一个没有科技、经济硬实力的国家不可能真正站起来；二是一个没有文化软实力的国家也不可能真正站起来。2019 年 11 月 10 日，山东大学校长、教育部新文科建设工作组组长樊丽明教授指出，建设新文科的核心要义是立足新时代，回应新需求，促进文科融合化、时代性、中国化、国际化，引领人文社科新发展，服务人的现代化新目

标。新文科建设的重点任务在于做好四个“新”，即建设新专业或者新方向，探索新模式，建设新课程，建设新理论。推进新文科建设，必须正视难点，破除障碍，上下结合，高校实现观念更新、改善制度供给，教育行政管理部门要改革完善教育管理制度和优化评价体系，共同推进新文科建设朝着更高目标迈进。

新文科的“新”主要体现在四个方面：一是“新”在人文精神和人才培养理念上。文科注重教育中人文精神的养成，新时代中国人文精神就是要大力弘扬和培育社会主义核心价值观，“求善”“求美”是“新文科”最大的特点。二是“新”在学科的融合交叉上。与传统文科相比，新文科背景下各学科之间的界限不再泾渭分明，学科之间的交叉融合成为必然趋势。STEAM 教育集合科学、技术、工程、艺术、数学的综合教育就是一个经典案例。三是“新”在教育方式和学习方法上。现代信息技术与教育教学深度融合日益凸显，“互联网＋教育”新形态，助力推动高等教育质量提升的“变轨超车”。四是“新”在研究范式上。从运用传统的人文社科方法转向运用现代科技及学会算法，将文科的定性方法与定量方法相统一，彰显新文科的科学性。据诺贝尔奖官方报道，2019 年经济学奖获得者进行的研究大大提高了我们应对全球贫困的能力。在短短的二十年中，他们基于实验的新方法改变了发展经济学，如今这已成为一个蓬勃发展的研究领域。

1881 年美国宾夕法尼亚大学成立沃顿商学院，开启了大学商科教育的先河。139 年来，商科始终追随着社会经济的发展脚步不断地调整和变化。“大智移云”时代，社会的生产方式、组织形态、商业模式、金融范式、管理模式都发生了巨变，人才培养模式已经跟不上时代的步伐，亟须一场教育范式的革命，“新商科”概念应运而生。

“新商科”是对传统商科进行学科重组交叉，将新技术融入商科课程，用新理念、新方法为学生提供综合性跨学科教育。“新商科”是在“新文科”理念下开展经济管理类教育的新概念。“新商科”的内涵是什么？笔者在学习西安交大经济管理学院田高良教授报告的基础上，归纳为四点：一是“新商科”是融合现代新技术的综合性学科。传统商科以职能为导向培养专门人才，例如市场营销、金融、财务管理、人力资源管理等；“新商科”趋于行业导向培养跨学科复合型人才，例如财富管理、金融科技、云财务会计、智能财税等。二是“新商科”是突出中国理论与方法的商学教育。传统商科采用西方理论和案例；“新商科”着力构建中国特色的话语体系，采用中国案例，用中国理论解释中国现象、解决中国问题、指导中国的经济发展实践。开发新课程，改造老课程。既致力于开发适应新专业的专业课程，也特别重视开发通识教育课程。编写新教材，补充新内容。编写反映中国特色社会主义理论与实践新发展、吸收新研究方法的新教材，补充新内容。讲好国家经济社会发展奇迹背后的道理、学理、哲理。三是“新商科”是产教深度融合的全新培养模式。我国拥有全球最大的经济管理教育供给系统，96％以上的高校都开设了相关专业。处于经济发展前沿、最渴求新型人才的是一线企业。校企合作，开展深度产教融合，推动教学内容、课程体系、教学方法的改革，是提升商科教学质量的重要途径。四是价值引领、共同理想信念塑造是“新商科”人才培养的鲜亮底色。现代大学培养学生，知识传授不是排在第一位，能力培养也不是排在第一位，排在第一位的是价值塑造。商科培养的人才大多是未来的管理者、领导者，思想政治必须过关，专业课思政建设及育人理念是重要切入点。通过课程思政建设，让思想政治工作贯穿于专业教育，全方位、全过程地强化“新商科”人才价值引领。

新会计是指传统财务会计向管理会计转型的一种新的会计业态，即管理型会计。它更多地聚焦智能财务会计、财务数字化、大数据会计、财务共享、区块链会计、价值管理会计，追求企业价值最大化。

从学校人才培养角度来讲，管理型会计主要新在人才培养目标定位和培养规格重构，其中培养规格表现在素质、知识和能力三个方面。

管理型会计人才培养目标是培养理想信念坚定，德、智、体、美、劳全面发展，拥护中国共产党领导，热爱社会主义祖国，能践行社会主义核心价值观，具有一定的科学文化水平、良好的职业道德、人文素养和创新意识，掌握会计和管理会计初级实务、成本管理、财务管理、生产运营管理、公司战略与风险管理等基本知识和基本技能，能够从事资金管理、成本管理、营运管理、预算管理、绩效管理、企业管理咨询等工作的高素质、复合型、懂管理的技术技能人才。

管理型会计人才素质主要包括坚决拥护中国共产党领导，热爱社会主义祖国，在习近平新时代中国特色社会主义思想指引下，践行社会主义核心价值观，具有正确的世界观、人生观和价值观；具有现代公民的责任感和社会参与意识，崇尚宪法、遵纪守法、崇德向善、诚实守信，尊重生命、热爱劳动，履行道德准则和行为规范；具有良好的职业态度和职业道德修养；具有质量意识、环保意识、安全意识、信息素养、工匠精神、科学思维、创新思维、国际视野和市场洞察力；具有职业生涯规划意识和自我管理能力，有较强的集体意识和团队合作精神；具有健康的体魄、良好的心理和健全的人格，掌握一两项健康向上的艺术特长或爱好，有一定的审美观和人文素养；具有一定的跨学科理解能力和职业面向的岗位、环境适应能力。

管理型会计人才知识主要包括了解经济、金融、税收、管理、经济法等专业基础知识，掌握计算机基础、数据库系统、信息系统、大数据分析等辅助工具知识；掌握财务会计、成本核算与管理、财务管理、管理会计基础、公司战略与风险管理、预算管理、绩效管理、企业内部控制与会计制度设计等专业知识；掌握管理决策过程中的重复性决策程序、非规划性决策程序、战略决策程序知识；掌握企业管理会计报告方面的信息的收集、组织、表达和传递与处理知识；了解财务危机管理知识，掌握财务报表分析、税收筹划、审计基础和管理会计应用指引等方面的知识。了解并掌握生产与管理知识，熟悉企业的生产流程和设计、企业的关键控制点；掌握企业主要经营活动的相关知识，熟悉财务和投资、项目研究和开发、生产日常经营与管理、销售和人力资源管理等相关的政策法规；了解经营环境方面知识，包括法律环境、经济环境、道德和社会环境；熟悉税务方面知识，如税收政策、税收要素和种类、税额计算、税收筹划与管理等。

管理型会计人才能力主要包括具有探究学习、终生学习、职业判断、分析问题和解决问题的能力；具有良好的语言和文字表达能力，文字、表格和图像的计算机处理能力，熟练掌握 Excel 在会计中的应用能力；具有良好的沟通、协调、公共关系管理与写作能力、自主学习能力和创新能力；具备会计的账务处理能力，进行财务信息的处理、分类、分析、输出，为各层次管理人员提供决策所需的信息；具备生产运营管理能力，能运用管理会计工具参与日常管理工作；具有成本管理与控制能力，能够合理选择产品成本计算的方法，参与企业成本管理工作，运用成本管理工具，进行成本核算与分析；具有一定的理财能力，能有效而灵活地运用财务管理的方法参与筹资、投资及营运方案的分析与决策；具有一定的预算和绩效管理能力，熟练并灵活使用预算和绩效管理的工具方法；具有一定的战略与风险管理能力，能对财务风险有足够的认识，并能对风险进行及时管控；具备财务共享服务业务处理能力，能运用新技术工具开展智能会计核算工作；具备企业内部管理与控制的基本能力，能够参与企业内部控制制度的设计及内部控制工作。

新会计，需要新的理念和方法；新会计，需要新的专业教学标准。作为专门培养管理型会计人才的高地，大学会计教育无疑又要迎来一次质的飞跃，但面临的困难不言自明，任务是艰巨的。“路漫漫其修远兮，吾将上下而求索”，这就是我们会计教育工作者“干事创业”的生动写照。

中篇

管理会计教育与实践

一、习近平总书记关于教育的重要论述

全国职业教育工作会议于 2014 年 6 月 23 日至 24 日在北京召开，习近平总书记就加强职业教育发展做出重要指示。

职业教育是国民教育体系和人力资源开发的重要组成部分，是广大青年打开通往成功成才大门的重要途径，肩负着培养多样化人才、传承技术技能、促进就业创业的重要职责，必须高度重视、加快发展。

要树立正确人才观，培育和践行社会主义核心价值观，着力提高人才培养质量，弘扬劳动光荣、技能宝贵、创造伟大的时代风尚，营造人人皆可成才、人人尽展其才的良好环境，努力培养数以亿计的高素质劳动者和技术技能人才。

要牢牢把握服务发展、促进就业的办学方向，深化体制机制改革，创新各层次各类型职业教育模式，坚持产教融合、校企合作，坚持工学结合、知行合一，引导社会各界特别是行业企业积极支持职业教育，努力建设中国特色职业教育体系。要加大对农村地区、民族地区、贫困地区职业教育支持力度，努力让每个人都有人生出彩的机会。

2014 年 9 月 9 日，习近平总书记同北京师范大学师生代表座谈时讲道：学生时代是人一生最美好的时光，长身体、长知识、长才干，每天都有新收获，每天都有新期待。我希望在座的同学们，也希望全国 2.6 亿在校学生，珍惜学习时光，多学知识，多学道理，多学本领，热爱劳动，身心健康，茁壮成长。

2016 年 9 月 9 日，习近平总书记在北京市八一学校考察时指出，素质教育是教育的核心，教育要注重以人为本、因材施教，注重学用相长、知行合一，着力培养学生的创新精神和实践能力，促进学生德智体美全面发展。习近平强调，中小学生是青少年的主体，是国家的未来和希望。中小学生要立志成才，必须勤奋学习、提高综合素质，努力做到修身立德、志存高远，勤学上进、追求卓越，强健体魄、健康身心，锤炼意志、砥砺坚韧。同学们都要自觉加强道德养成，从小就让社会主义核心价值观的种子在心中生根发芽，把国家、人民、民族装在心中，注重养成健康、乐观、向上的品格；都要乐于学习、勤于学习、善于学习，在求知境界上越来越高；都要把身心健康牢牢抓在手上，养成良好的生活习惯，经常参加劳动和体育锻炼，通过多种方式怡情养性；都要敢于面对各种困难和挫折，自觉培养不畏艰难、顽强奋进的意志品质。希望同学们敞开胸怀拥抱自然，点点滴滴播撒阳光，经年累月铸就美好，努力做一个心灵纯洁、人格健全、品德高尚的人，努力做一个有文化修养、有人文关怀、有责任担当的人。

2018年5月2日，习近平总书记在北京大学师生座谈会上发表重要讲话，指出：每一代青年都有自己的际遇和机缘。广大青年既是追梦者，也是圆梦人。追梦需要激情和理想，圆梦需要奋斗和奉献。广大青年应该在奋斗中释放青春激情、追逐青春理想，以青春之我、奋斗之我，为民族复兴铺路架桥，为祖国建设添砖加瓦。大学是立德树人、培养人才的地方，是青年人学习知识、增长才干、放飞梦想的地方。

习近平总书记指出：国势之强由于人，人材之成出于学。有三项基础性工作要抓好：

第一，坚持办学正确政治方向。《礼记·大学》中说："大学之道，在明明德，在亲民，在止于至善。"古今中外，关于教育和办学，思想流派繁多，理论观点各异，但在教育必须培养社会发展所需要的人这一点上是有共识的。培养社会发展所需要的人，说具体了，就是培养社会发展、知识积累、文化传承、国家存续、制度运行所要求的人。马克思主义是我们立党立国的根本指导思想，也是我国大学最鲜亮的底色。"才者，德之资也；德者，才之帅也。"人才培养一定是育人和育才相统一的过程，而育人是本。人无德不立，育人的根本在于立德。这是人才培养的辩证法。办学就要尊重这个规律，否则就办不好学。要把立德树人的成效作为检验学校一切工作的根本标准，真正做到以文化人、以德育人，不断提高学生思想水平、政治觉悟、道德品质、文化素养，做到明大德、守公德、严私德。要把立德树人内化到大学建设和管理各领域、各方面、各环节，做到以树人为核心，以立德为根本。

第二，建设高素质教师队伍。人才培养，关键在教师。教师队伍素质直接决定着大学办学能力和水平。建设社会主义现代化强国，需要一大批各方面各领域的优秀人才。这对教师队伍能力和水平提出了新的更高的要求。同样，随着信息化不断发展，知识获取方式和传授方式、教和学关系都发生了革命性变化。这也对教师队伍能力和水平提出了新的更高的要求。要引导教师把教书育人和自我修养结合起来，做到以德立身、以德立学、以德施教。

第三，形成高水平人才培养体系。"凿井者，起于三寸之坎，以就万仞之深。"社会主义建设者和接班人，既要有高尚品德，又要有真才实学。学生在大学里学什么、能学到什么、学得怎么样，同大学人才培养体系密切相关。人才培养体系必须立足于培养什么人、怎样培养人这个根本问题来建设，可以借鉴国外有益做法，但必须扎根中国大地办大学。人才培养体系涉及学科体系、教学体系、教材体系、管理体系等，而贯通其中的是思想政治工作体系。加强党的领导和党的建设，加强思想政治工作体系建设，是形成高水平人才培养体系的重要内容。要坚持党对高校的领导，坚持社会主义办学方向，把我们的特色和优势有效转化为培养社会主义建设者和接班人的能力。

最后，习近平总书记对广大青年提了几点希望：

一是要爱国，忠于祖国，忠于人民。爱国，是人世间最深层、最持久的情感，是一个人立德之源、立功之本。孙中山先生说，做人最大的事情，"就是要知道怎么样爱国”。我们常讲，做人要有气节、要有人格。气节也好，人格也好，爱国是第一位的。我们是中华儿女，要了解中华民族历史，秉承中华文化基因，有民族自豪感和文化自信心。要时时想到国家，处处想到人民，做到“利于国者爱之，害于国者恶之”。爱国，不能停留在口号上，而是要把自己的理想同祖国的前途、把自己的人生同民族的命运紧密联系在一起，扎根人民，奉献国家。

二是要励志，立鸿鹄志，做奋斗者。苏轼说：“古之立大事者，不惟有超世之才，亦必有坚忍不拔之志。”王守仁说：“志不立，天下无可成之事。”可见，立志对一个人的一生具有多么重要的意义。广大青年要培养奋斗精神，做到理想坚定，信念执着，不怕困难，勇于开拓，顽强拼搏，永不气馁。幸福都是奋斗出来的，奋斗本身就是一种幸福。

三是要求真，求真学问，练真本领。“玉不琢，不成器；人不学，不知道。”知识是每个人成才的基石，在学习阶段一定要把基石打深、打牢。学习就必须求真学问，求真理、悟道理、明事理，不能满足于碎片化的信息、快餐化的知识。要通过学习知识，掌握事物发展规律，通晓天下道理，丰富学识，增长见识。人的潜力是无限的，只有在不断学习、不断实践中才能充分发掘出来。广大青年要珍惜大好学习时光，求真学问，练真本领，更好为国争光、为民造福。

四是要力行，知行合一，做实干家。“纸上得来终觉浅，绝知此事要躬行。”学到的东西，不能停留在书本上，不能只装在脑袋里，而应该落实到行动上，做到知行合一、以知促行、以行求知，正所谓“知者行之始，行者知之成”。每一项事业，不论大小，都是靠脚踏实地、一点一滴干出来的。“道虽迩，不行不至；事虽小，不为不成。”这是永恒的道理。做人做事，最怕的就是只说不做，眼高手低。不论学习还是工作，都要面向实际、深入实践，实践出真知；都要严谨务实，一分耕耘一分收获，苦干实干。广大青年要努力成为有理想、有学问、有才干的实干家，在新时代干出一番事业。

2018 年 9 月 10 日，习近平总书记在全国教育大会上发表重要讲话，指出培养什么人，是教育的首要问题。强调要在坚定理想信念上下功夫，教育引导学生树立共产主义远大理想和中国特色社会主义共同理想，增强学生的中国特色社会主义道路自信、理论自信、制度自信、文化自信，立志肩负起民族复兴的时代重任。要在厚植爱国主义情怀上下功夫，让爱国主义精神在学生心中牢牢扎根，教育引导学生热爱和拥护中国共产党，立志听党话、跟党走，立志扎根人民、奉献国家。要在加强品德修养上下功夫，教育引导学生培育和践行社会主义核心价值观，踏踏实实修好品德，成为有大爱大德大情怀的人。要在增长知识见识上下功夫，教育引导学生珍惜学习时光，心无旁骛求知问学，增长见识，丰富学识，沿着求真理、悟道理、明事理的方向前进。要在培养奋斗精神上下功夫，教育引导学生树立高远志向，历练敢于担当、不懈奋斗的精神，具有勇于奋斗的精神状态、乐观向上的人生态度，做到刚健有为、自强不息。要在增强综合素质上下功夫，教育引导学生培养综合能力，培养创新思维。要树立健康第一的教育理念，开齐开足体育课，帮助学生在体育锻炼中享受乐趣、增强体质、健全人格、锤炼意志。要全面加强和改进学校美育，坚持以美育人、以文化人，提高学生审美和人文素养。要在学生中弘扬劳动精神，教育引导学生崇尚劳动、尊重劳动，懂得劳动最光荣、劳动最崇高、劳动最伟大、劳动最美丽的道理，长大后能够辛勤劳动、诚实劳动、创造性劳动。要努力构建德智体美劳全面培养的教育体系，形成更高水平的人才培养体系。要把立德树人融入思想道德教育、文化知识教育、社会实践教育各环节，贯穿基础教育、职业教育、高等教育各领域，学科体系、教学体系、教材体系、管理体系要围绕这个目标来设计，教师要围绕这个目标来教，学生要围绕这个目标来学。凡是不利于实现这个目标的做法都要坚决改过来。习近平总书记指出，办好教育事业，家庭、学校、政府、社会都有责任。家庭是人生的第一所学校，家长是孩子的第一任老师，要给孩子讲好“人生第一课”，帮助扣好人生第一粒扣子。

2019 年 1 月 17 日，习近平总书记在南开大学考察时，嘱托南开人秉承南开传统，新百年再谱新篇章。习近平总书记寄语南开师生，要把学习的具体目标同民族复兴的宏大目标结合起来，为之而奋斗。只有把小我融入大我，才会有海一样的胸怀，山一样的崇高。希望你们脚踏实地，在新的起点作出你们这一代人的历史贡献，成为南开大学新的骄傲。

2019 年 3 月 18 日，习近平总书记在学校思想政治理论课教师座谈会上讲话时强调，思想政治理论课是落实立德树人根本任务的关键课程。青少年阶段是人生的“拔节孕穗期”，最需要精心引导和栽培。我们办中国特色社会主义教育，就是要理直气壮开好思政课，用新时代中国特色社会主义思想铸魂育人，引导学生增强中国特色社会主义道路自信、理论自信、制度自信、文化自信，厚植爱国主义情怀，把爱国情、强国志、报国行自觉融入坚持和发展中国特色社会主义事业、建设社会主义现代化强国、实现中华民族伟大复兴的奋斗之中。思政课作用不可替代，思政课教师队伍责任重大。办好思想政治理论课关键在教师，关键在发挥教师的积极性、主动性、创造性。思政课教师，要给学生心灵埋下真善美的种子，引导学生扣好人生第一粒扣子。第一，政治要强，让有信仰的人讲信仰，善于从政治上看问题，在大是大非面前保持政治清醒。第二，情怀要深，保持家国情怀，心里装着国家和民族，在党和人民的伟大实践中关注时代、关注社会，汲取养分、丰富思想。第三，思维要新，学会辩证唯物主义和历史唯物主义，创新课堂教学，给学生深刻的学习体验，引导学生树立正确的理想信念、学会正确的思维方法。第四，视野要广，有知识视野、国际视野、历史视野，通过生动、深入、具体的纵横比较，把一些道理讲明白、讲清楚。第五，自律要严，做到课上课下一致、网上网下一致，自觉弘扬主旋律，积极传递正能量。第六，人格要正，有人格，才有吸引力。亲其师，才能信其道。要有堂堂正正的人格，用高尚的人格感染学生、赢得学生，用真理的力量感召学生，以深厚的理论功底赢得学生，自觉做为学为人的表率，做让学生喜爱的人。

2019年4月30日，习近平总书记在纪念“五四运动”100周年大会上发表重要讲话，新时代中国青年要发扬“五四精神”，以实现中华民族伟大复兴为己任，不辜负党的期望、人民期待、民族重托，不辜负我们这个伟大时代。第一，新时代中国青年要树立远大理想。青年的理想信念关乎国家未来。第二，新时代中国青年要热爱伟大祖国。第三，新时代中国青年要担当时代责任。时代呼唤担当，民族振兴是青年的责任。第四，新时代中国青年要勇于砥砺奋斗。奋斗是青春最亮丽的底色。第五，新时代中国青年要练就过硬本领。青年是苦练本领、增长才干的黄金时期。第六，新时代中国青年要锤炼品德修为。人无德不立，品德是为人之本。止于至善，是中华民族始终不变的人格追求。

二、高职会计教育改革问卷调查分析与政策建议

（一）高职会计教育改革问卷调查分析

高职会计教育改革影响因素较多，我们借鉴教育学、管理学、社会学等研究领域中较为成熟的量表及其设计方法，通过对企业CFO、高职学校会计学院院长（系主任）、专业带头人、骨干教师以及学生代表进行深度访谈和问卷调查，从校内、校外以及宏观、微观多维度全视角深刻剖析了“互联网＋”背景下高职会计教育改革的现状及影响因素。

1. 调查结果描述性分析

（1）企业对高职会计人才素质能力评价与现状分析。调查结果显示：企业CFO认为高职院校会计专业毕业生的信息化操作能力、财会专业知识和心理抗压能力不太重要，但对其满意度较高，原因可能是长期以来高职院校培养目标的定位促进了会计专业学生整体操作能力的提高；职称考试和后续教育等推动了会计人员不断学习，并能胜任目前传统会计工作。职业道德与组织管理能力是企业CFO认为最重要的能力，但对高职院校会计专业毕业生的满意度较低，可以看出企业CFO最看重的能力和其最不满意的能力是负相关的，这说明我国高职会计教育中职业道德和复合型管理人才的培养严重缺失，这也印证了高职会计教育改革向管理会计方向转型的重要性和迫切性。企业CFO认为沟通能力和学习能力对高职院校会计专业毕业生来说很重要，但对其并不满意。这进一步说明高职院校会计专业毕业生的综合素质不高，在企业战略决策中参与度较低，职业发展空间不大。

（2）高职院校会计专业人才培养模式创新的评价和现状分析。调查发现，62.3%的教师认为其所在学校会计专业人才培养是以素能并重为价值取向的，仅有6.45%的学校仍以知识本位为导向，并且79.57%的学校都能根据环境的变革、培养目标的深化对其培养模式做出及时的完善，这说明大多数高职院校都在积极地实施会计教育改革。面对“互联网＋教育”的浪潮，仅有39.17%的高职院校采取相

应措施来迎合技术创新的影响，线上线下混合教学模式、智能财务会计、大数据财务分析等内容鲜有在课程教学中体现，这说明我国目前高职会计教育信息化水平不高，智慧教学和智慧学习仍是一个“美丽的传说”。

(3) 高职院校会计专业课程体系的评价和现状分析。课程设置得合理与否，直接影响人才培养目标能否实现。调查发现，30%的学生认为所开设课程对工作或学习帮助较少，并且课程内容不实用且陈旧。在“互联网+”背景下，最需要优化的课程正是企业 CFO 认为最重要的课程。伴随着“互联网+”时代的到来，一些学校已经开始根据企业管理所需，开设了以信息技术为基础的课程，如 49.46%的学校开设了 VBSE 跨专业综合实训课程，20%的学校开设了 Excel 在会计中的应用、财务共享中心业务处理和自助报税业务与汇算清缴数据分析等课程，但可以看出智能财务、数字化管理会计、大数据会计等内容鲜有在课程体系中出现，这说明我国目前高职会计教育已经远远落后于会计实践。以新的商业模式为基础的会计课程普及程度还较低，高职会计教育改革深度还不够，传统会计向管理会计转型势在必行。

(4) 高职院校会计专业实践教学的评价和现状分析。高职会计专业教育目标是为社会培养高素质、动手能力强的应用型技术技能人才。实践教学是培养应用型人才的必由之路，也是彰显职业教育特色、提升学生就业力的根本。但受传统教学思维模式的影响，许多学校重理论轻实践，实践教学投入资金严重不足，实践教学环境和设施落后，影响了实践教学的有效开展。调查结果表明，有一多半的学生对实践教学不满意（42.5%）或很不满意（19.42%）。对高职院校教师的调查也发现，现阶段很多学校由于对实践教学重视不够，在制定人才培养方案时，实践教学体系设计不合理，存在实践教学工作量的计算和理论课教学不在同一起跑线上等问题。产教融合、校企合作深度不够，产业学院、现代学徒制试点、大师工作坊和综合性虚拟实训平台落在专业点（专业群）上凤毛麟角，实践育人还有较长的路要走。

2. 调查结果回归分析

为了探索“互联网+”背景下高职会计教育改革的影响因素，我们从企业会计人才能力需求、高职院校人才培养模式、课程体系规范性和实践教学建设质量四个方面分变量对高职会计教育改革进行了 logistic 回归分析，结果如表 1 所示。

表 1　“互联网+”背景下高职会计教育改革影响因素回归分析

变量	系数	*VIF*
企业会计人才能力需求	0.029 8*** (2.85)	1.21
高职院校人才培养模式	−0.024 1** (−2.38)	1.40
课程体系	−0.013 6*** (−14.30)	1.13

续表

变量	系数	VIF
实践教学	−0.015 7*** (−10.42)	1.20
师资力量	−0.009 7** (−2.28)	1.07
教学方法	−0.004 6*** (−6.60)	0.98
教学反馈	−0.001 4 (−0.33)	0.70
学校会计专业规模	−0.000 8 (−0.90)	1.76
常数项	0.055 3*** (2.81)	
学校所在地区	控制	
Adj _ R2	0.151 9	
N	1 049	

注：***、**和 * 分别表示 1%、5% 和 10% 水平显著；括号内的数字为 t 值。

从回归分析中可见，企业会计人才能力需求与高职会计教育改革的回归系数是 0.029 8，且在 1%的水平上显著为正。研究表明，随着信息技术的变革和“互联网＋”对会计的渗透，企业对会计人员的管理能力有了更高的要求。高职院校会计人才培养必须要顺应经济环境的变迁，充分了解企业的人才需求，确立会计专业转型发展的方向和目标。同时，高职院校人才培养模式、课程体系和实践教学与高职会计教育改革都显著负相关，除了高职院校人才培养模式和高职教育改革在 5%水平上相关外，课程体系和实践教学与高职教育改革在 1%水平上高度显著相关。这说明，高职院校会计教育存在的问题越大，就越能体现高职会计专业转型发展的重要性和迫切性。长期以来，我国高职会计教育一直被视为本科的“压缩饼干”，未能彰显自身的培养特色，对会计专业学生职业能力的培养往往落脚在职业证书的应试教育上。学生掌握财会知识的宽度、厚度、精度不够，会计专业教师采用的教学方法得不到学生认可，课堂上教师和学生未能在同一个频道上实现同频共振，教育教学资源不能满足学生自主学习的需要，专业诊断与改进工作严重滞后，教材的学科痕迹较重，对管理会计教学重视程度不够等，诸如此类问题，恰恰就是高职会计专业转型发展过程中需要解决的问题。

（二）政策建议

职业教育是国民教育体系和人力资源开发的重要组成部分，被誉为经济发展的“助推器”。近年来，随着我国经济转型不断深化，供给侧结构性改革不断推进，以新零售、共享经济、社交化等为代表的商业模式不断创新，财务机器人、区块链、工业互联网横空出世，给以“互联网＋”为代表的数字经济发展带来了新的力量，缔造出一种“虚拟劳动力”，其对经济发展最大的价值在于能够更大规模地实现自动化、智能化、机器化转变，进一步推动企业组织变革和效率提升，也为企业财务转型提供了最为有利的武器。大量的事实告诉我们，财务转型已成为企业管理变革的主流趋势，数字化管理会计、智能财务会计、大数据财务分析将全方位、全流程彻底颠覆传统财务模式。

“互联网＋”时代，会计对象的特点与会计工作内容均发生变化，企业对会计岗位设置、职能定位等方面都会有重大变革性调整，智能软件、硬件代替了过去诸多人工会计工作，会计工作者也日益从烦琐核算、日常管理中抽身，这将大大缩减对具有基础财务核算能力会计人才的需求，增强对具有较好专业财务分析能力的管理会计人才的需求。同时，会计专业跨界与其他专业的融合也越来越广泛，会计工作重心将会转移到对财务数据和业务数据的深度加工和分析上来，更多地在预测分析、预算与绩效管理、运营控制和管理决策上发挥作用，这对会计从业人员的综合能力提出了更高的要求，具备宏观形势的理解能力、制度设计能力、战略执行能力、价值创造能力、风险规避能力、财会工作组织协调能力、职业判断能力和职业道德素质的管理型会计人才逐渐成为企业的主要需求，会计人才新需求正在发生颠覆性的变革。

目前，中国数字经济发展已进入快车道，“互联网＋”正在改变财务工作环境，日益挑战传统高等教育模式，高职会计教育也不例外，加快高职会计教育改革势在必行。对高职会计教育者而言，深刻理解“互联网＋”及其影响、预测未来的管理会计人才需求趋势、认清当下高职会计教育中存在的不足并及时进行改革，创新人才培养模式，优化人才培养方案，重构会计专业课程体系，提高会计专业人才培养质量才是最为重要的。

高职院校是会计人才培养的重要摇篮。在“互联网＋”背景下，沟通交流能力、团队合作能力、诚实守信的职业道德以及敬业精神等素质仍然是会计人才的基本素能，这是会计人才职业胜任的基础。大数据会计、财务共享服务、数字化管理会计、云会计等的普及，加速了会计工作者的工作转型、会计资源共享普及、会计方法与手段创新，创新能力、抗压能力、时间管理等能力也逐渐成为会计人才的必备技能。在数字经济时代，社会对会计信息的需求明显增强，对会计信息质量的要求不断提高，从而迫使会计人员知识结构的不断调整和会计管理职能的不断深化。面对会计环境的变迁和会计方法的变革，会计人员面临着知识更新和服务创新的压力和挑战，是否具备学习能力将成为会计人员成功的必备条件。

“苟利于民，不必法古；苟周于事，不必循俗。”为适应环境的变化和技术发展的需要，高职院校必将掀起一场为适应财务转型所需的会计教育改革大潮。在“互联网＋”背景下，人工智能使人力资源需求锐减，颠覆会计工作环境、重构人才能力需求格局，大量的财务基础岗位正在被人工智能所替代，财务工作的职能已逐渐发生变化，由核算型会计向管理型会计或价值创造型会计转变。财务上云战略将改变财务会计与管理会计，促进财务管理模式和会计从业人员转型，它不仅是财务共享的 2.0 版本，更像是发生在财务管控领域的一场革命。毋庸置疑，高职会计人才培养颠覆性变革的集结号已经吹响，培养管理会计师时代已来。

为此，我们通过系统研究和分析，提出若干政策建议，以进一步推动我国高职会计专业向管理型会计方向发展。

1. 树立德智体美劳全面发展理念，促进学生人人出彩

高举习近平新时代中国特色社会主义思想伟大旗帜，全面学习贯彻落实党的十九大和全国教育大会精神，努力学习，精益求精，积极弘扬文化育人是高职会计人才培养的最高境界，立德树人是高职会计教育追求的永恒主题。以“坚定理想信念、厚植爱国情怀、加强品德修养”为宗旨，协同推进以“诚信为本、操守为重、坚持准则、不做假账”为核心的会计精神，注重理论与实践相结合、育德与育心相结合、课内与课外相结合、线上与线下相结合、培养规格与就业需求相结合，在提高学生专业知识和职业技能的过程中，强化学生独立思考、逻辑推理、信息加工、沟通协作、语言表达等关键职业能力培养。注重培养学生创新创业能力，倡导学生自主学习、个性学习、智慧学习，不断提高综合职业素养。牢固树立“健康第一”的教育理念，形成良好的体育锻炼习惯和健康生活方式。以美育人、以文化人，构建课程教学、实践活动、校园文化“三维互动”的会计专业育人平台，提升学生认识美、欣赏美和创造美的能力。坚持把劳模精神和工匠精神渗透到教育教学各个环节，把劳动教育作为一门必修课。通过开设中国会计文化、会计与人生、会计职业道德、会计心理教育、会计阅读文选等课程，让学生真正体会到现代会计人的工作写照：天天与法律握手，处处与责任相约。

2. 创新人才培养模式，优化会计专业人才培养方案

强化产教融合、校企合作是职业教育办学的生命线。积极推动校企联合招生、联合培养、一体化育人的现代学徒制；构建“企业本位、素能并重、能力递进”的高职会计专业人才培养模式；聚焦管理型会计人才能力需求，重构会计专业课程体系，系统设计会计专业实践教学体系，加强管理会计、财务共享、大数据财务分析等校内外实训平台建设和管理，推进“双师型”教师队伍建设，做好会计专业产教融合深化与创新，开展会计专业诊断与持续改进工作，制定符合会计专业管理会计方向发展需要的教学标准等。高职会计专业教学标准由专业名称、入学条件、基本修业年限、职业面向、培养目标、培养规格、课程设置及学时安排、教学基本条件和质量保障九个要素组成。人才培养方案是对人才培养目标、培养规格以及培养过程和方式的总体设计，是保证专业教育质量和人才培养规格的重要教学文件，是组织教学过程、安排教学任务、实施教学管理和质量评价的基本依据。制定高职会计专业人才培养方案应遵循以下原则：坚持立德树人，强化政治思想道德和职业精神教育；坚持标准引领，体现科学性和先进性；坚持校企合作、产教融合，主动服务区域经济发展；贯彻工学结合、知行合一思想，加强实践能力培养；推进“人人出彩”素质育人体系，加强创新创业教育，注重学生可持续发展能力的培养；突出服

务主导，重视学生个体差异，因材施教，有教无类，彰显特色。课程体系是人才培养方案的核心内容，要做到素质教育、知识传授和能力培养“三个”不断线。

3. 全面实施课证融通，推进会计人才培养供给侧改革

人才培养供给侧改革本质上是着眼于经济社会发展中长期的需求，高职教育要善于运用这种方式进行改革，解决课程教学脱离实际、课程设置陈旧落后以及学生能力和素质不能适应社会发展需要等问题。解决这些问题的根本办法就是转变高职教育职能，即由教育型向服务型转变，面向社会需求、学生成长、学校特色、职业发展等培养人才。高职会计教育应紧紧围绕课证融通，贯彻落实教育部、国家发改委、财政部联合印发的《关于推进 1+X 证书制度试点工作的指导意见》，推动“专业设置与产业需求对接，课程内容与职业标准对接，教学过程与生产过程对接，毕业证书与职业资格证书对接，职业教育与终身学习对接”。激发会计专业教师与会计行业协会、国内著名企业共同开发会计专业技能证书，不断完善“学历证书+X 专业能力证书”制度。将“1+X”证书所需要的知识和技能融入课程体系，不断强化、补充和拓展学历证书，提高会计人才培养质量，增强学生的职业综合素质，为培养能够满足社会要求的高素质技术技能人才打下良好的基础。随着数字经济的到来，社会对管理型会计人才的需求逐渐增加，高职会计教育应该把握好机遇，有效地推进“课证融通”改革，在教学中坚持“理论够用，重在实践”，创新人才培养模式、重构人才培养方案和课程体系，改革教学方法和手段，强化校内、校外实践教学，建立人才培养质量年度报告机制，增强学生基于工作岗位的职业技能和素养，打造新时代高职会计专业人才培养的升级版。

4. 坚持走财务转型之路，重构会计人才培养格局

2017 年 3 月，德勤会计师事务所推出财务机器人，标志着智能财务时代的到来。随着信息化的发展，互联网和人工智能的应用，企业转型升级的深化，商业模式的创新和运营管理模式的转变，财务基础工作被人工智能所替代，财务人员的职能也在逐渐发生变化，由核算型会计向管理型会计或价值创造型会计转变。财务转型的目标和方向就是打造“价值创造型财务管理”，形成一个完整的财务管理战略体系，即形成由战略财务、业务财务和基础财务共同构成的财务管理架构、体系和能力，使财务成为企业价值的推动者、支持者和创造者，从而提升企业价值创造能力和核心竞争力。经过调研，我们发现企业财务人员必须具备数据思维，并能够运用现代数据处理技术手段在数据采集、处理、分析及呈现上为企业经营管理决策提供信息支持，要从“如何做账”的财务会计向“如何用账”的管理会计转变。目前，我国倡导企业上云战略，这将促进经济发展与产业升级的良性循环，财务云将改变财务会计与管理会计，促进财务人员转型。在此背景下，我国高职会计教育应紧紧围绕社会对会计人才的新需求，转变会计人才培养理念，坚持走财务转型之路，积极稳妥地研发会计专业管理会计方向人才培养方案，确定管理会计方向教学标准和核心课程标准，开发基于管理会计岗位的职业化教材；注重加强跨学科的知

识融合和跨职能的技能融合，优化学生会计技能结构，帮助会计专业学生多维度学习多学科知识，理解财务多职能的运行规律，掌握现代技术和运营管理知识，使他们具备高水平的沟通能力、决策能力和创新能力，从而适应快速发展的商业模式和市场竞争环境。会计专业向管理会计方向转型，未来已来。

5. 倡导线上线下混合学习，提高课堂教学效率和质量

混合学习是把传统学习方式的优势和数字化或互联网学习的优势相融合的一种全新范式，它的目标是使学习更容易、更便利，从而实现最好的学习效果。MOOC（慕课）将优质的学习资源整合进真实的物理课堂；PBL（项目式学习）则立足于学生，让学生成为课堂主角；SPOC（小规模限制性在线课程）使学生由被动地接受学习内容，转变为主动参与线上学习，获取自己需要的知识和技能。这些线上线下、课前课后的灵活学习方式有助于唤醒学生学习的积极性，提高课堂教学质量。实践证明，混合学习携手信息技术赋予了教育崭新的内容、全新的观念和科学的方法，重塑了一个开放、共建、共享的教育生态系统，应是未来高职会计教育的重要形态和发展趋势，也是“互联网＋会计”教育时代学习方式和会计人才培养方法的重大创新与变革。高职会计专业人才培养，应倡导教师广泛采用线上线下混合学习方法，线上教学侧重知识的传授，线下教学注重能力的培养，激发学生学习兴趣，提高课堂学习效率和教学质量的可控性。教师应围绕课前、课中和课后，开发丰富的教学资源，课前包括预习思考题、视频和案例等；课中包括 PPT、教学视频、讨论题、随堂测试题等；课后包括课证融通的作业、线下答疑等。为了提高混合学习的效果，高职会计专业还要开发线上能力拓展的案例库、法规库、会计文化库、考试题库，提供相关会计网站、报纸和杂志的链接，以及为了学生形成良好职业素养，在线下设计若干综合性体验活动，打造一批高质量的有深度、有难度、有挑战度的“金课”。

6. 充分借鉴《悉尼协议》，完善高职会计人才培养体系

学习和借鉴《悉尼协议》“以学生为中心”的教育理念，教学过程中既要发挥学生的主体地位，又要调动学生学习的积极性。《悉尼协议》“以学生为中心”的教育理念不仅体现在课堂教学上，还体现在专业人才培养目标、培养规格、课程体系、实践教学、实训基地建设、教学评价等各个方面。遵循《悉尼协议》，提倡因材施教、有教无类；增加与会计专业培养目标相适应的相关课程，优化学生知识结构；构建完善的实践教学体系，保证实践课程之间的科学衔接，让劳模精神和工匠精神融入人才培养全过程；建立和完善实践教学培养目标、教学标准、评价标准、教学保障等；通过产教融合、校企合作，共同开展实习实训工作，为会计人才培养提供真实的职场环境和育人保障；建立一套多元化、科学化的学生学业评价体系，结合课程特点，采用课堂提问、实践操作、课堂讨论、单元测验、期末考核、团队作业等多元化考核方式，将过程考核与结果考核相结合，线上考核与线下考核相结合，校内考核和校外考核相结合，确保学业成绩评价体系的客观与公正；构建具有

高职特点的专业人才培养质量评价机制，对历届毕业生开展跟踪调查，通过微信、互联网等平台深入了解用人单位对毕业生的满意度，以及毕业生对学校的满意度，对专业教学、课程设置的满意度等。同时，建立校友走访的常态化工作机制，深入各个省份、地市召开校友座谈会，征集校友对母校人才培养工作的意见与建议；配合每年开展的高校毕业生职业发展状况和人才培养质量调查工作，全面了解用人单位、毕业生对本专业人才培养质量的满意度，进一步优化专业的人才培养工作；依据评价指标体系，确认会计专业人才培养目标的达成度，定期对会计人才培养目标进行滚动修订。

7. 开展会计专业认证，服务国家“一带一路”倡议

“一带一路”建设是党中央根据国际形势，统筹国际、国内两个大局做出的战略部署。“一带一路”倡议的实施为我国高职教育的发展带来了新的发展机遇，高职会计教育担当有为。同时，高职教育是“一带一路”倡议中经济建设的重要支撑，与经济发展和产业发展具有较高的依存度。《国务院办公厅关于深化产教融合的若干意见》提出：“探索构建应用技术教育创新国际合作网络，推动一批中外院校和企业结对联合培养国际化应用型人才。鼓励职业教育、高等教育参与配合‘一带一路’建设和国际产能合作。”高职教育应以“一带一路”战略思想为引导，从供给侧结构性改革出发，探索高职教育改革的理论、目标及路径，尤其是找到制约专业发展的各种因素，研究专业认证之道，提升适应“一带一路”国家战略需要的人才培养质量。教育国际化是促进经济繁荣、增强国家创新能力、提升国家竞争力的需要。培养具有世界视野的高素质技术技能人才，是当今世界高职教育普遍追求的发展目标之一。我国高职会计专业教育改革的目标应围绕经济发展的供给端，有效创新高职会计教育专业认证模式，实现供给效率高、供给效益好、供给质量高，构建服务“一带一路”倡议发展的、完善的、有机统一的、协调可持续发展的专业认证体系。坚持专业认证，服务“一带一路”，从理念、目标、模式、方法、手段等方面不断进行创新和实践，接轨发达国家国际职业教育，提高会计专业人才培养质量，培养一批精通国际语言，熟悉国际规则，了解“一带一路”沿线各国政治、经济、法律和人文礼仪，具有经过国际专业认证水平的高素质技术技能人才。

8. 实现职业化教材转型，健全教材监管和评价机制

教材历来是高等学校指引教学的风向标。高职教育的生命力在于其培养的人才与职业需求相吻合，学生就业后对职业岗位的适应能力是衡量高职教育质量的重要标志。高职教育的特色在一定程度上是通过职业化教材来体现的，即便是国家质量工程项目，如国家级精品课程、国家级专业教学资源库、教育部信息化教学大赛等，也不例外。教材作为知识的载体、教师传授知识的媒介，既要适应学生“乐学”，又要适应教师“乐教”。教材的功能告诉我们，教材是高职院校教师开展教学的主要工具，更是教学过程的重要载体，加强教材建设和管理工作是深化职业教育教学改革的有效途径，是推进人才培养模式改革的重要条件，也是推动中高职协调

发展的基础性工程。当前，高职院校教材管理工作存在的主要问题是：教材管理工作相对滞后，教材缺乏科学管理；教材的供应和需求不协调，管理流程缺乏再造；教材管理与课程改革不衔接，思政元素彰显不够；教材选用功利性大，教材监管主体缺位；教材管理创新动力不足，系统研究职业化教材的团队尚未形成。随着《国家职业教育改革实施方案》的颁布，开发活页式和工作手册式教材，建设传统纸质教材与新媒体融合的富媒体智能型教材、移动互联教材、云教材等，让教材真正动起来，就显得尤为迫切。高职院校应紧紧围绕提高会计专业教材质量这一根本任务，全面考察教材是否符合会计行业发展实际、相关标准、企业岗位要求以及学生认知规律等，根据会计专业人才培养的目标、要求、特点，从理念思路、内容质量、特色及创新、编印质量等方面，建立一套科学、合理、适用的会计专业职业教育教材质量评价指标体系。同时，健全教材监管和评价机制，具体包括：制定教材选用原则和审定程序，建立师生评价制度；选择一流出版媒体，树立优质品牌意识；监管“教材定价权下放”，确保“教材定价权下放”释放的红利惠及广大学生。

三、会计专业管理会计方向教学标准

（一）专业、学科与专业建设

1. 专业与学科

什么是专业？或许大家耳熟能详，但未必能说得清楚。《辞海》对“专业”的定义为：“在教育上，指高等学校或中等专业学校根据社会专业分工的需要设立的学业类别。”《现代汉语词典》中的“专业”是指“高等学校的一个系里或中等专业学校里，根据科学分工或生产部门的分工把学业分成的门类”。这里，“专业”是指学业门类，其划分依据为科学分工和生产部门分工。我国学者赵康教授根据专业社会学提出，专业也称为专业性职业（professional occupation），专业性职业具有一个共性，即每一个专业都有一个科学的知识体系（a scientific knowledge base）。潘懋元教授认为：“专业是课程的一种组织形式。课程的不同组合形成不同的专业。”从学校内部质量保障体系建立与运行角度来看，专业是支撑学校发展目标和人才培养定位实现的载体，它连接课程、教师和学生，具体体现人才培养的质量、教师的能力和水平。在西方高等教育中，专业是指范围大小不同的专门“领域”。联合国教科文组织所编的《国际教育标准分类》中没有出现“专业”一词，但对应出现了“课程计划”。教育部职教所姜大源教授认为，高职教育作为特殊的教育类型，集中体现了职业性原则，因此，高职教育中的“专业”不是对学科体系专业分类的简单复制，不是学科知识演绎的结果，而是对真实的社会职业群或岗位群所需要的共同知识、技能和能力的科学编码，是职业行动体系归纳的结果。高职教育的专业不等同于学科门类，不侧重于学科分类的学术性，不是学科内容或结构的“压缩饼干”；同时，它也不等同于社会职业或者劳动岗位，与社会职业并非一一对应，而是对社会职业的“岗位群”“职业群”所需知识、技能、态度的一种“科学编码”，是一种建立在职业分析基础上的教育“载体”。

学科是科学知识体系的分类，不同的学科就是不同的科学知识体系。专业是在一定学科知识体系的基础上构成的，离开了学科知识体系，专业也就丧失了其存在的合理性依据。在一个学科中，可以组成若干专业；在不同学科之间，也可以组成跨学科专业。学科和专业属于不同范畴的概念，其构成要素是不同的。构成一门独立学科的基本要素主要有：一是研究的对象或研究的领域，即独特的、不可替代的研究对象；二是理论体系，即特有的概念、原理、命题、规律等所构成的严密的逻辑化的知识系统；三是方法论，即学科知识的生产方式。专业的构成要素主要包括专业培养目标、课程体系和专业人员。其中专业人员主要包括教育者和受教育者，没有“人”的介入，专业活动不可能完成。

学科与专业的关系一直是教育界谈论的热点话题。学术界普遍认为，学科是专业发展的基础，它为专业建设提供发展的最新成果、可用于教学的新知识、师资培训、研究基地。专业是学科承担人才培养的基地，为社会的发展提供高素质的劳动者。专业的发展离不开学科水平的提高。学科与专业并存是高校的一种特有现象，两者相互依存、相互促进。高职院校要想建设高水平专业，必须对学科发展予以充分重视。2019 年 3 月，教育部、财政部印发了《关于实施中国特色高水平高职学校和专业建设计划的意见》(简称“双高计划”)，“双高计划”共有十项改革任务，其中第四项任务是打造高水平专业群，在专业群建设过程中，无疑要关注相应学科的发展，否则达不到预期效果，甚至会走偏。

专业建设往往是和课程结伴而行的。“课程”的词源是拉丁语“currere”，意为“跑道”。课程的历史是久远的，应该说，教育之始，就有教育内容，也就等同有了课程，只不过课程形态没有完全独立。关于课程的含义，有几种代表性的观点，例如：课程是教学科目；课程是有计划的教学活动；课程是学习经验；课程是预期的学习效果；课程是社会改造等。20 世纪 70 年代末期，美国学者古德莱德 (J. I. Goodlad) 对已有课程定义进行了梳理，按照课程存在的状态或课程发生的先后顺序，把课程分为五类，即理想的课程、正式的课程、领悟的课程、实行的课程和经验的课程，很有概括性和启发意义。今天我们讲的课程是指学生所应学习的学科总和及其进程与安排。课程是对教育的目标、教学内容、教学活动方式的规划和设计，是教学计划、教学大纲等诸多方面实施过程的总和。课程有广义和狭义之分。广义的课程是指学校为实现培养目标而选择的教育内容及其进程的总和，包括教师所教授的各门学科和有目的、有计划的教育活动。狭义的课程是指某一门学科。课程是教师一生的财富，教师的敬业精神更多地体现在对课程的“传道、授业、解惑”上。关于课程的重要性，教育部高教司吴岩司长认为，课程是人才培养的核心要素，学生从大学里受益的最直接、最核心、最显效的是课程。为什么要如此看重课程？吴岩司长有四个基本判断：第一，课程是教育最微观、最普通的问题，但它要解决的却是教育中最根本的问题——培养人。第二，课程是中国大学普遍存在的短板、瓶颈、软肋，是一个关键问题。第三，课程是体现“以学生发展为中心”理念的“最后一公里”。第四，习近平总书记说评价学校好与坏的根本标准是立德树人的成效，而课程正是落实“立德树人”根本任务的具体化、操作化和目标化。专业是我们为课程内容搭建起来的道路，我们要在这条道路上“上下求索”。专业设置、课程体系及其发展规律往往决定着职业教育的方向。学科、专业、课程三者之间，学科建设强调要建设一支高水平的科研队伍；专业建设强调要培养知识面广、应用能力强、就业竞争力强的专业人才；课程是大学的真正产品，通过课程这一产品最终来打造最终产品——学生。如上所述，专业建设主要围绕“三大”要素：一是专业培养目标。培养目标是依据国家的教育目的和各级各类学校的性质、任务提出的具体培养要求，对整个专业活动起导向和规范作用，专业建设很大程度上取决于对专业培养目标的定位与设计。重点要说清楚培养人的层次、培养人的服务面向和人才培养特色。二是人才培养方案。高等教育学告诉我们，教育必须受一定的社会经济、政治、文化所制约，并为一定的社会经济、政治、文化的发展服务。人才培养方案是人才培养过程中需要遵循的一个纲领性文件，在新时代制定人才培养方案要以习近平新时代中国特色社会主义思想为指导，把立德树人贯穿于人才培养全过程，按照特定的培养目标和人才规格，以相对稳定的教学内容和课程体系、管理制度和评估方式，实施人才教育的过程的总和。人才培养方案的核心是课程体系，专业教学以课程为基本单位，主要关注：课程体系的不断优化与课程内容的不断更新；教学方法的不断改进；课程学习评价的合理化；课程资源投入的不断满足；人才培养质量机制保障。三是专业中的人。专业中的人，不仅包括教师和学生，而且包括教材的编写者、企业合作者、实训平台提供者、网络环境维护者等，但主要考虑教学活动中师生的投入。从教育者角度来看，主要是专业负责人培养、教学团队建设、教学方法改革和教师教学投入等方面；从学习者角度来看，主要是学生的学习投入。

2. 专业设置与专业建设

在我国，要查看一定历史时期的专业建设，就要看该时期内专业目录的发展和变化。从我国高职教育的发展变化来看，我国高职专业目录总体上经历了从借鉴、上挂本科专业目录到逐步形成自身特点并自成体系的过程。2003 年 2 月，教育部成立了“全国高职高专指导性专业目录”课题组，其成果主要体现在教高〔2004〕3 号《普通高等学校高职高专教育指导性专业目录（试行）》和教高〔2004〕4 号《教育部关于印发〈普通高等学校高职高专教育专业设置管理办法（试行）〉的通知》之中。2010 年，按照教高〔2004〕3 号和教高〔2004〕4 号文件的要求，教育部组织专家对各地高职高专院校上报的 2010 年拟招生的专业进行了汇总、整理，完成了 2010 年度专业设置整理工作，为形成 2012 年普通高等学校高职高专教育指导性专业目录奠定了基础。之后，每年都进行了必要的增补和调整。目前，最新的专业目录是 2019 年教育部增补的《普通高等学校高等职业教育（专科）专业目录》。专业目录的变迁，主要是为了适应社会分工的发展、社会职业种类的变化以及职业教育自身发展的需要。

专业设置是专业建设的重要组成部分，它要符合区域产业发展需求、就业市场人才需求和学校自身办学实际，适度超前部署战略性新兴产业和改善民生急需的相关专业。对于相对稳定的长线专业，要在稳定中灵活机动，主动适应和发展，做到长线专业与短线专业并存，主干专业与辐射专业贯通，实现专业类别、数量等的整体优化。实践表明，缺少合理的专业设置，专业建设不可能科学。有鉴于此，研究专业建设，透视专业目录及设置是非常有必要的。

专业划分是专业设置的基础和前提，不仅应具有科学性、规范性、权威性，同时还要具有不断适应经济社会发展需要的灵活性，避免"一刀切"。专业划分既与职业分工的专门化程度相关，又受科学的合理性和效益性最大化的制约，要求专业划分应尽量覆盖更多的社会职业。目前，高职院校正在使用的《普通高等学校高等职业教育（专科）专业目录》（2015 年）共设 19 个专业大类，99 个专业类，共 769 种专业（2016 年、2017 年、2018 年、2019 年分别增补专业 13 个、6 个、3 个、9 个）。

教育部部长陈宝生指出，发展职业教育的措施之一是"把专业建在产业链上，把学校建在开发区里"。"工作过程驱动＋技术过程驱动＋创新过程驱动"是新时代专业建设逻辑起点的新变化。专业建设的目标可概括为"服务地方办专业、依托行业建专业、校企合作强专业"。通过项目管理、专业评估等方式，强化专业内涵建设。通过分期、分批调整专业结构，做精品牌专业，做优传统专业，做特新兴专业，形成资源配置合理、专业特色鲜明的专业发展格局，构建与区域经济社会发展相适应的，贴近需求、总量适度、结构合理、特色鲜明、优势互补、相关成群的专业体系，更好地为经济社会发展服务。

国务院 2019 年印发的《国家职业教育改革实施方案》明确提出，职业教育是一种类型教育，这跟 30 多年来高职教育专业聚焦国家示范校、骨干校和优质校建设所取得的成绩是分不开的。但伴随着"双高计划"的推进，我们也要重新审视高职教育专业建设还存在哪些问题。我国学者黄宏伟教授从专业设置角度，在其编写的《职业教育和专业建设新论》一书中指出，高职教育专业建设存在的问题主要表现在：专业设置不适应市场需求的变化；专业建设目标与高职人才培养目标不匹配；具体院校的专业设置不够科学规范；专业设置与产业发展不对接；专业建设的功能错位。2018 年 8 月，常州大学史国栋教授从专业建设的内涵要素和外部环境，指出高职教育专业建设存在 12 个方面的问题，即政策理念不清、价值理念迷失、行政指向明显、专业设置不合理、内涵建设不足、产教融合深度不够、专业建设团队、与人才培养的协同不够、专业结构混乱、专业文化建设不足、创新创业教育脱离实际、国际影响力问题。还有学者提出高职教育专业建设存在的主要问题是人才培养体系不健全、专业群集聚逻辑关系不清晰、实践教学设施建设力度不够、教师实践能力偏弱、区域经济分层及学校位置差异对高职院校专业建设的制约、专业建设项目评价体系不够完善等。其实，专业建设存在的问题可以通过专业剖析来发现，专业剖析的内容主要包括教育思想转变、产学研结合、专业设置和专业培养目标、人才培养计划、课程体系和教学内容改革、教学方法与手段改革、职业专门能力和技能培训、职业关键能力与素质培养、师资队伍建设、校内外实践教学基地建设、课程和教材建设、管理与队伍制度、质量控制以及学生知识、能力和素养培养效果、毕业生就业与社会声誉、专业特色或创新项目。

有问题不可怕，方法总比困难多，关键是我们怎么去认识它并加以解决。教育部职成司任占营提出专业（群）建设要做好七项工作：一是健全专业动态调整机制，坚持“有所为，有所不为”“差异化发展”“错位竞争”的理念。二是强化校企合作机制建设，将开放合作育人平台建在专业（群）上，以专业（群）为基础单元，独立面向产业和行业、面向企业和职业、面向行业主管部门和行业协会，将产教融合、工学结合、校企合作落到实处、扎根底层。三是建设“双师”结构教学团队，完善教师培养培训体系，建立教师专业化发展机制。四是重视课程开发与课堂教学。推动教学信息、资源与行业企业一线“零距离”对接的课程与课堂教学，改造教学流程和评价体系，开展分层课堂教学。五是系统推进实训体系建设，为学生创造真实的职业环境，使工与学有机结合在一起。六是开展国际交流与合作。引进和消化国际先进、成熟适用的职业标准、专业课程、教材体系、数字化教学资源，共建实训基地，建立教师交流、学生交换、学分互认等合作关系。七是优化专业（群）资源配置方式，引导优质资源向专业汇聚，支撑优势特色专业持续深化内涵建设。

他山之石，可以攻玉。《悉尼协议》值得我们借鉴。西方一些国家在 20 世纪中期已经意识到各地区实行实质等效的人才互认的重要性，到八九十年代已经形成了相对成熟的专业认证体系。到 21 世纪，根据工程职业能力的分类，工程专业教育认证体系被国际组织分为针对“专业工程师”的《华盛顿协议》、针对“工程技术专家”的《悉尼协议》和针对“工程技术员”的《都柏林协议》。其中，《悉尼协议》是针对接受三年制高等教育培养的工程技术教育的认证。《悉尼协议》的专业建设范式可以用四句话来描述：一是以学生为中心。“以学生为中心”的教育变革，是一种范式的改变，必须全面、整体、协调推进。首先应转变教育观念，从以“教”为中心，向以“学”为中心转变，围绕学生的培养去设置教学目标、教学内容和教学的方式方法。对教学的评价也应侧重于能反映学生学习状态、学习效果的指标，必须考虑到全体学生。二是以结果为导向。“以结果为导向”的专业发展要求专业建立完善的评估系统，多维度可持续地对学生、专业、学校进行评估。多维度的评估可以保证评估结果的客观性、全面性和有效性，一方面对专业建设的现有成果进行检验，另一方面则为未来改革指明方向。同时，可持续的进程式评估以及全程跟踪是专业能够持续不断发展与提高的重要保障。通过评估系统的建立，可检验教育目标与市场接轨的情况，也可考察专业的课程教学等是否达到设定目标。三是倡导持续改进。以往教学所重视的是静态的、封闭的质量保证体系，而《悉尼协议》等工程专业教育认证体系则是在推进动态的、开放的、持续改进的质量保证体系。只有不断反馈和评价教育教学工作的效果，发现需要改进的教学环节并进行及时的修正，才能根本保证培养质量的保持和提高。通过建立完善的持续改进体系，体现培养目标的质量要求，并确实稳定实施此体系，辅以有效的跟踪与反馈机制来进行持续改进，才能真正推动专业建设的内涵式发展。四是尊重专业个性。《悉尼协议》制定的专业认证标准注重培养目标的确定和课程体系的设置，但这些只是专业实施的框架和指导方针，教育过程本身还有宽松的发展空间。认证标准参照大专业领域的思想，划分专业认证范围，但不干涉具体的专业设置。这种以专业领域分类，每个专业领域里类似的专业按照同一套认证标准进行认证的方法，充分尊重高校专业设置的自主权，支持各专业办出自己的特色，有助于各专业结合市场需求和本学校专业的条件，确立自己的发展战略。

在专业建设持续改进过程中，柴福洪研究员认为要注意以下四点：一是更新专业建设理念是先导，突出专业培养目标的职业性、学生在专业建设中的主体性、专业教学中的实践性和专业办学中的企业性。二是培养双师型教师队伍是专业建设的关键。掌握高职教育规律，认识到位；参加生产实践和科技服务，实践到位；建立企业双师培训基地，培养到位。三是人才培养模式改革是核心。科学设计人才培养模式是前提，生产性实训和企业实习是主要实现途径。四是建设具有职业氛围的实训基地是基础。高职院校应建设具有生产和实训双重功能的实训基地。

（二）专业教学标准的制定

制定专业教学标准是人才培养过程中的一项重要工作，是制定人才培养方案的重要依据。制定专业教学标准要坚持问题导向，针对社会人才需求开展调研以及工作过程、岗位职业能力和典型工作任务分析，梳理出相应的素质、知识和能力。在此基础上，对应设置的课程包括公共基础课、专业基础课、专业核心课、专业方向课、专业拓展课以及实践教学环节，进行反复研讨和论证，使人才培养方案更为科学、合理。2018 年，教育部职业教育与成人教育司发布了《高等职业学校专业教学标准制订指南》。该指南内容丰富，对专业教学标准开发的基本理念、遵循的基本原则以及开发的程序等都给出了精准的诠释和图谱。

1. 专业教学标准的界定

专业教学标准是根据教学目的和培养目标制定的专业建设、专业教学，以及进行专业评估的指导性文件。它具体规定了专业培养目标、职业领域、人才培养规格、职业能力要求、课程结构、课程标准、技能考核项目与要求、教学安排和教学条件等内容。它是学校开设专业、设置课程、组织教学的依据，也可作为学生选择专业和用人单位招聘录用毕业生的依据。专业教学标准是人才培养方案制定的依据，而不是人才培养方案本身。国内职教专家徐国庆教授对专业教学标准与人才培养方案之间的关系做出如下阐述：专业教学标准建设是国家事权；人才培养方案是职业院校根据人才市场需求，在体现国家人才培养总体要求的前提下，依据职业教育国家教学标准及相关文件要求，结合学校办学实际，对人才培养目标与规格、课程体系与实施方案的整体设计与确定，是职业院校实施人才培养过程的基本依据，也是提高人才培养质量的基本保障。

2. 专业教学标准开发的基本理念

专业教学标准开发要以习近平新时代中国特色社会主义思想为指导，以就业为导向，以能力为本位，以岗位需要和职业标准为依据，满足学生职业生涯发展的需求，适应社会经济发展和科技进步的需要。要按照实际工作任务、工作过程和工作情境组织课程，形成以任务引领型课程为主体的具有高等职业教育特色的课程体系。

专业教学标准开发应确立以下理念：

（1）以职业生涯发展为目标——明确专业定位。

学生的职业生涯发展是实现学生自身发展和社会经济发展需要的结合点。专业定位要立足于学生的职业生涯发展，尊重学生基本学习权益，给学生提供多种选择方向，使学生获得个性发展与工作岗位需要相一致的职业能力，为学生的职业生涯发展奠定基础。

（2）以工作任务为线索——确定课程设置。

课程设置必须与工作任务相匹配。要按照工作岗位的不同需要划分专门化方向，按照工作任务的逻辑关系设计课程，打破“三段式”学科课程模式，摆脱学科课程的思想束缚，从岗位需求出发，尽早让学生进入工作实践，为学生提供体验完整工作过程的学习机会，逐步实现从学习者到工作者的角色转换。

（3）以职业能力为依据——组织课程内容。

知识的掌握服务于能力的建构。要围绕职业能力的形成组织课程内容，以工作任务为中心来整合相应的知识、技能和态度，实现理论与实践的统一。要避免把职业能力简单理解为操作技能，注重职业情境中实践智慧的养成，培养学生在复杂的工作过程中做出判断并采取行动的综合职业能力。课程内容要反映专业领域的新知识、新技术、新工艺和新方法。

（4）以典型产品（服务）为载体——设计教学活动。

按照工作过程设计教学活动。要以典型产品（服务）为载体来设计活动、组织教学，建立工作任务与知识、技能的联系，增强学生的直观体验，激发学生的学习兴趣。典型产品（服务）的选择要体现区域经济特点，兼顾先进性、典型性、通用性，活动设计要符合学生的能力水平和教学需要。

（5）以职业技能鉴定为参照——强化技能训练。

以职业技能鉴定为参照强化技能训练。课程标准要涵盖职业标准，要选择社会认可度高、对学生劳动就业有利的职业资格证书，具体分析其技能考核的内容与要求，优化训练条件，创新训练手段，提高训练效果，使学生在获得学历证书的同时能顺利获得相应的职业资格证书。

3. 专业教学标准开发的基本原则

（1）科学性原则。

开发专业教学标准要合理组建团队，遵循新的教育理念和课程价值，符合高等职业学校教学实际和学生成长规律，严格遵守开发流程和规范。要本着科学、严谨、务实的态度，按照“逆向设计、正向施工”的思路，做到边开发、边实施、边完善。

（2）规范性原则。

专业教学标准的组成要素要适当，要素内涵指向明确、解读精准，文字表达要准确、规范，层次要清晰，逻辑要严密，技术要求和专业术语应符合国家有关标准和技术规范，文本格式和内容应符合规定的要求。

（3）实用性原则。

专业教学标准要有利于职业学校的改革，能适应学生和企业岗位的实际需要，与职业标准相结合，各项内容和要求应清晰、明确，尽可能具体化、可度量、可检验、可操作。

（4）发展性原则。

专业教学标准要具有前瞻性，能反映科学技术进步和社会经济发展趋势，体现职业与职业教育的发展趋势。职业学校要建立一种不断优化和持续改进的机制。

4. 专业教学标准开发的程序

专业教学标准开发的程序，可从开发主体、开发过程和工作成果三个方面进行表述，其核心是开发过程，包括专业调研、工作任务与职业能力分析、课程结构分析、课程内容分析等主要环节，分别由不同的主体来承担，最终形成专业人才需求和专业改革调研报告、专业教学标准、专业课程标准三个成果。专业教学标准开发的基本程序如图 1 所示。

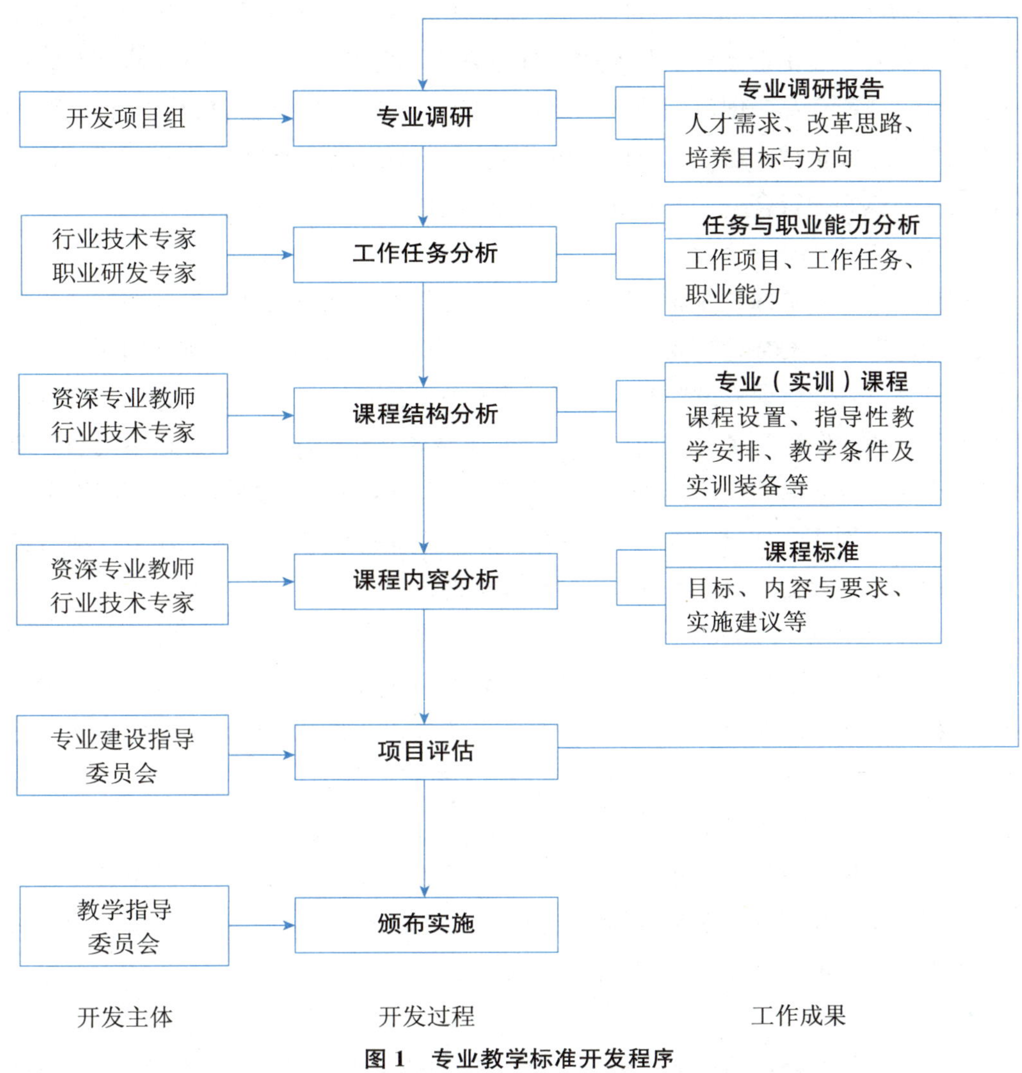

图 1　专业教学标准开发程序

（三）会计专业管理会计方向教学标准开发解决的主要问题

1. 确立了人才培养目标

培养理想信念坚定，德、智、体、美、劳全面发展，拥护中国共产党的领导，热爱社会主义祖国，能践行社会主义核心价值观，具有一定的科学文化水平、良好的职业道德、人文素养和创新意识，掌握会计和管理会计初级实务、成本管理、财务管理、生产运营管理、公司战略与风险管理等基本知识和基本技能，能够从事资金管理、成本管理、营运管理、预算管理、绩效管理、企业管理咨询等工作的高素质、复合型、懂管理的技术技能人才。

2. 界定了人才培养规格

培养德、智、体、美、劳全面发展的高素质技术技能人才。明确界定包括思想政治等 7 个方面的素质、经济理论等 9 个方面的知识、会计核算和管理会计工具应用等 10 个方面的能力要求。通过采用专题讲座和开设专业拓展课等形式，提高学生的政治素质、文化素质、职业素质和身心素质；通过组织和参加校园社团活动、公益劳动、技能竞赛、创新创业等，培养学生的合作精神、创新精神、劳动观念、创业能力、工匠精神；通过企业跟岗和顶岗实习、认知企业组织和工作流程、体验企业文化，达到知行合一，锻炼学生的社会适应能力和心理抗压能力。

3. 构建了新的课程体系

构建由公共基础课、专业基础课、专业核心课、专业方向课、专业拓展课以及实践教学环节组成的会计专业管理会计方向课程体系。公共基础课按照国家要求必须开齐开足。在专业课程设置上，为了夯实专业基础，应增加管理类课程和会计心理教育等素质类课程。考虑到管理型会计人才培养，充分体现 1+X 证书内容，除了开设必要的方向课外，还应增开“企业管理会计报告”“财务危机管理”“财务大数据”等新兴课程。实践教学环节包括专项技能训练、理实一体化教学、项目教学、顶岗实习、社会实践、毕业设计（论文）等。

4. 提出了师资配备标准

从专任教师的数量、双师型教师的比例以及兼职教师的基本条件等方面明确了标准，提出了要求。在“互联网+”背景下，不仅需要优化师资队伍结构，遴选产业教授，组建“大师工作室”，还要加大对教师知识、能力、态度的培养。

5. 提出了实践教学条件

校内应构建涵盖管理会计方向课程等的实践教学体系，包括专业教室和专业实训室，逐步完善和提升校内实训条件。校外实训基地应选择信息系统先进、业财一体、内控制度健全、财务转型起步较快的企业。

6. 明确了教学资源建设

为保证教学质量，满足学生学习、教师教学和科研等方面的需要，进一步明确了教材、图书资料以及数字资源等要求，提出优先选用国家规划教材、国家教学资源库配套教材、省重点教材和学校自编的特色教材。

7. 建立了质量保障机制

科学严格的管理制度、充足的经费保障、深度的校企合作、完备的在线平台是专业建设的坚实基础。学校应树立“专业为王”理念，聚焦内涵抓发展，建立毕业生跟踪反馈机制及社会评价机制，根据反馈结论和社会用人需求变化，不断优化人才培养方案，加强专业建设，促进人才培养质量的持续提升。

（四）高等职业学校会计专业（管理会计方向）教学标准

1. 专业名称及代码

专业名称：会计（管理会计方向）

专业代码：630302

2. 入学要求

普通高级中学毕业、中等职业学校毕业或具备同等学力者。

3. 基本修业年限

3 年。

4. 职业面向

会计专业（管理会计方向）主要面向企事业单位的管理会计、企业管理咨询服务机构的管理会计咨询服务等岗位的工作需求，除满足一般会计工作用人要求外，侧重满足管理会计方向的资金管理、成本管理、营运管理、预算管理、绩效管理等方面的人才需求。会计专业（管理会计方向）职业面向见表 2。

表 2　会计专业（管理会计方向）职业面向一览表

所属专业大类（代码）	所属专业类（代码）	对应行业（代码）	主要职业类别（代码）	主要岗位	职业资格（职业技能等级）证书举例
财经商贸大类（63）	财务会计类（6303）	会计、审计及税务服务（7241）	会计专业人员（管理会计） 管理会计专业人员（2－06－04）	1. 资金管理 2. 成本管理 3. 营运管理 4. 预算管理 5. 绩效管理 6. 普通会计（各岗位）	1. 数字化管理会计职业技能等级证书 2. 初级管理会计师 3. 会计专业技术初级证书

5. 培养目标

会计专业（管理会计方向）培养理想信念坚定，德、智、体、美、劳全面发展，拥护中国共产党的领导，热爱社会主义祖国，能践行社会主义核心价值观，具有一定的科学文化水平、良好的职业道德、人文素养和创新意识，掌握会计和管理会计初级实务、成本管理、财务管理、生产运营管理、公司战略与风险管理等基本知识和基本技能，能够从事资金管理、成本管理、营运管理、预算管理、绩效管理、企业管理咨询等工作的高素质、复合型、懂管理的技术技能人才。

6. 培养规格

会计专业（管理会计方向）的毕业生应在素质、知识、能力等方面达到以下要求：

（1）素质。

1）坚决拥护中国共产党的领导，热爱社会主义祖国，在习近平新时代中国特色社会主义思想指引下，践行社会主义核心价值观，具有正确的世界观、人生观和价值观。

2）具有现代公民的责任感和社会参与意识，崇尚宪法、遵纪守法、崇德向善、诚实守信，尊重生命、热爱劳动，履行道德准则和行为规范。

3）具有良好的职业态度和职业道德修养。

4）具有质量意识、环保意识、安全意识、信息素养、工匠精神、科学思维、创新思维、国际视野和市场洞察力。

5）具有职业生涯规划意识和自我管理能力，有较强的集体意识和团队合作精神。

6）具有健康的体魄、良好的心理和健全的人格，具有一两项健康向上的艺术特长或爱好，有一定的审美观和人文素养。

7）具有一定的跨学科理解能力和职业面向的岗位、环境适应能力。

（2）知识。

1）了解经济、金融、税收、管理、经济法等专业基础知识，掌握计算机基础、数据库系统、信息系统、大数据分析等辅助工具知识。

2）掌握财务会计、成本核算与管理、财务管理、管理会计基础、公司战略与风险管理、预算管理、绩效管理、企业内部控制与会计制度设计等专业知识。

3）掌握管理决策过程中的重复性决策程序、非规划性决策程序、战略性决策程序知识。

4）掌握企业管理会计报告方面的信息的收集、组织、表达和传递与处理知识。

5）了解财务危机管理知识，掌握财务报表分析、税收筹划、审计基础和管理会计应用指引等方面的知识。

6）了解并掌握生产与管理知识，熟悉企业的生产流程和设计、企业的关键控制点。

7）掌握企业主要经营活动的相关知识，熟悉财务和投资、项目研究和开发、日常生产经营与管理、销售和人力资源管理等相关的政策法规。

8）了解经营环境方面知识，包括法律环境、经济环境、道德和社会环境。

9）熟悉税务方面知识，如税收政策、税收要素和种类、税额计算、税收筹划与管理等。

（3）能力。

1）具有探究学习、终生学习、职业判断、分析问题和解决问题的能力。

2）具有良好的语言和文字表达能力，文字、表格和图像的计算机处理能力，熟练掌握 Excel 在会计中的应用技术。

3）具有良好的沟通协调、公共关系管理能力与写作能力，以及自主学习能力和创新能力。

4）具备会计的账务处理能力，能够进行财务信息的处理、分类、分析、输出，为各层次管理人员提供决策所需的信息。

5）具备生产运营管理能力，能运用管理会计工具参与日常管理工作。

6）具有成本管理与控制能力，能够合理选择产品成本计算的方法，参与企业成本管理工作，运用成本管理工具，进行成本核算与分析。

7）具有一定的理财能力，能有效而灵活地运用财务管理的方法参与筹资、投资及营运方案的分析与决策。

8）具有一定的预算和绩效管理能力，熟练并灵活使用预算和绩效管理的工具及方法。

9）具有一定的战略与风险管理能力，能对财务风险有足够的认识，并能对风险进行及时管控。

10）具备财务共享服务业务处理能力，能运用新技术工具开展智能会计核算工作。

11）具备企业内部管理与控制的基本能力，能够参与企业内部控制制度的设计及内部控制工作。

7. 课程设置及学时安排

（1）课程设置。

1）公共基础课程：公共基础课程应符合国家教育行政部门的有关规定。包括政治理论、形势与政策、思想道德修养与法律基础、大学语文、财经应用文写作、经济应用数学、大学英语、计算机应用基础、体育与健康，以及其他文化素质和身心素质类课程，如中国会计文化、沟通技巧、会计心理教育、人工智能概论等。

2）专业课程：包括专业基础课程、专业核心课程、专业方向课程、专业拓展课程，并涵盖有关实践教学环节。

专业基础课程（必修课）：包括财务会计基础、管理会计基础、管理学基础、经济学基础、经济法基础。

专业核心课程（必修课）：包括企业财务会计、成本核算与管理、企业财务管理、纳税实务、会计信息系统应用。

专业方向课程（必修课）：包括生产运营管理、预算管理、绩效管理、公司战略与风险管理、管理会计实践与案例。

专业拓展课程（选修课）：包括 ERP 沙盘管理、企业内部控制与会计制度设计、企业财务分析、财务危机管理、企业管理会计报告、审计基础等。

实践教学环节：包括专项技能训练、理实一体化教学、项目教学、顶岗实习、社会实践、毕业设计（论文）等。

3）课程主要教学内容。专业核心课程及主要教学内容见表 3，专业方向课程及主要教学内容见表 4。

表 3　专业核心课程及主要教学内容

序号	课程名称	主要教学内容
1	企业财务会计	存货、金融资产、长期股权投资、固定资产、无形资产、投资性房地产、资产减值等资产的核算，流动负债和非流动负债的核算，所有者权益的核算，收入的核算，费用的核算，利润的核算，财务会计报告的编制。
2	成本核算与管理	成本核算程序、费用归集和分配、品种法、分批法、分步法、作业成本法、目标成本法、标准成本法、变动成本法、成本报表的编制与成本分析。

续表

序号	课程名称	主要教学内容
3	企业财务管理	货币时间价值、风险与收益、筹资管理、投资管理、营运资金管理、收益分配管理、全面预算管理等。
4	纳税实务	流转税的计算与申报及会计处理，所得税的计算与申报及会计处理，资源税的计算与申报及会计处理，其他税收的计算与缴纳及会计处理；纳税筹划的方法、流程，各税种的纳税筹划，包括增值税、消费税、所得税等；税务报表的填制、申报、代扣税费等。
5	会计信息系统应用	会计信息系统、信息系统分析、设计与实施的基本概念和方法，会计信息系统分析（包括会计信息系统各主要子系统的业务流程和功能结构），重点进行各子系统的功能分析与应用、会计信息系统案例分析与设计（包括为满足教学需要，基于自主开发的适用于课程教学的实验原型案例），分析各原型案例的业务流程、功能结构、数据流程，编写数据字典，进行数据库设计并建立相关的物理数据模型等。

表 4　专业方向课程及主要教学内容

序号	课程名称	主要教学内容
1	生产运营管理	生产运营战略、新产品研发和工艺管理、生产运营流程组织与优化、生产运营系统选址与布置、流水生产组织、生产计划与产能决策、作业计划与调度控制、库存控制与优化、供应链管理、质量管理等。
2	预算管理	预算管理内容、职能、原则和应用环境，预算编制方法，滚动预算、零基预算、弹性预算、作业预算、全面预算以及预算报告的编制等。
3	绩效管理	绩效管理应用环境和基本流程、目标管理、标杆管理、绩效考核基础、平衡计分卡、绩效考评制度设计和绩效管理报告的编制等。
4	公司战略与风险管理	战略分析、战略选择、战略实施、战略控制、公司治理、风险管理和内部控制、评价与审计等。
5	管理会计实践与案例	成本管理或变动成本法案例、本量利分析案例、经营预测分析案例、投融资决策分析案例、全面预算案例、绩效管理案例、项目管理案例、敏感性分析案例等。

4）实践教学环节。

专项技能训练：包括财务会计实务处理、预算编制方法应用、管理会计实践与案例分析、企业绩效评价、平衡计分卡建立与运用、纳税筹划等；综合实训包括管理会计综合实训、跨专业综合实训等。

理实一体化教学课程：包括财务会计基础、企业财务会计、成本核算与管理、预算管理、ERP 沙盘管理等。

企业项目教学课程：包括管理会计基础、生产运营管理、企业财务管理、绩效管理、公司战略与风险管理等。

顶岗实习：包括学年顶岗实习和毕业顶岗实习。

社会实践：包括暑期社会实践和其他社会实践。

创新创业素质教育融入专业课程教学和实践教学各环节，通过创新思维训练、创新创业竞赛、实战项目等培养学生的创新精神和创业能力。

（2）学时安排。

总学时为 2 700 学时左右，其中：公共基础课学时占总学时的 25%；实践教学学时不少于总学时的 50%。顶岗实习累计时间为 6 个月。

8. 教学基本条件

（1）师资队伍。

1）学生数与本专业专任教师数比例不高于 25∶1，双师型素质教师占专业教师的比例不低于 60%，具有至少 1 名高级职称的专业带头人，兼职教师数量能满足实践教学要求，教师队伍的职称、年龄形成合理的梯队结构。

2）要求专任教师具有高校教师资格，有理想信念、有道德情操、有扎实学识、有仁爱之心，具有良好的师德师风，爱岗敬业，遵纪守法；原则上应具有管理会计师、会计师职称或相关专业硕士及以上学位，具备扎实的专业理论功底和实践能力；具有信息化教学能力，能够开展课程教学改革和科学研究；每 5 年累计不少于 6 个月的企业实践经历。专业带头人能够较好地把握国内外行业、专业发展，能密切联系行业和用人机构，具有较强的教学设计、专业研究能力，在本区域或本领域有一定的专业影响力。

3）兼职教师主要从企业会计、财务、管理相关岗位聘任，具备良好的思想政治素质、职业道德和工匠精神，具有扎实的专业知识和丰富的实际工作经验，在会计、管理会计业务工作中业绩突出，能承担课程与实训教学、实习指导等专业教学任务。

（2）教学设施。

教学设施主要包括正常的课程教学、实习实训所必需的专业教室、实训室或实训基地。

1）专业教室应达到的基本条件：应配置可活动课桌椅、黑板、投影幕或电子屏、基本教具、网络接口等，能够满足教师开展信息化教学的需要。

2）校内实训室应达到的基本要求：符合理实一体化教学要求，配备仿真的企业生产运营业务、管理决策业务、财务数据分析业务、销售业务历史数据等实训平台和网络环境，能够有效训练学生的业务操作能力；实训室工位数能满足专业人数的需要；鼓励学校创新校企合作模式，建设 ERP 管理会计实训平台开展项目教学，或建设虚拟的商业环境，包括配置隔断式工作平台，能够提供开展管理会计各环节活动的业务条件，配备一定的实训指导教师，规章制度齐全。

3）建立一定数量的紧密型校外实训基地，能够满足学生顶岗实习及教师挂职锻炼要求；实习生日常工作、学习、生活有安全保障。

4）配备能够满足泛在学习要求的无线网络、能够满足移动学习要求的智能终端、能够满足线上线下混合教学要求的课程平台。

（3）教学资源。

教学资源主要包括能够满足学生专业学习、教师专业教学研究和教学实施需要的教材、图书及数字资源等。

1）教材选用基本要求：优先选用国家规划教材、省重点推荐教材，禁止使用不合格的教材。建立由专业教师、行业专家和教研人员等组成的教材选用机构，完善教材选用的规章制度，按照规章制度，经过一定程序遴选评议，择优选用教材。

2）图书配备基本要求：配备能满足教、学、研一体化的工作需要，便于师生查阅和使用的政治、哲学、自然科学、文学、艺术等方面的基础类图书；配备经济、财税、会计及管理会计等专业方面的图书资料；配备相关的法律法规和政策资料；配备业务实训、案例分析等资料；配备与专业相关的报刊。

3）数字资源配备基本要求：应配备满足专业课程教学的网络资源，包括课程教学用专业教学资源库和课外学习资源，内容涉及课程教学资源和各种会计、经济、财税类文献、音视频资料、电子教材、教辅材料、案例库、实训软件、行业政策法规资料、就业创业信息。

9. 质量保障

（1）建立专业建设和教学过程质量监控机制，健全专业教学质量监控管理制度。从完善课堂教学管理、教学评价，到实习实训、毕业设计以及专业调研、人才培养方案优化、资源建设等方面，建立质量标准。通过教学实施、过程监控、质量评价和持续改进，达成人才培养规格。

（2）建立学校、二级院（系）和专业教研室“三位一体”的教学管理机制，制（修）订课程标准，高质量建设“金课”。加强日常教学组织的运行与管理，建立健全巡课、听课、评教、评学等制度，开展教学质量检查，严明教学秩序和课堂纪律，强化教学组织功能。通过公开课、示范课等教研活动，提高课堂教学质量，提升教师教学水平。

（3）专业教研室应充分利用专业、课程诊断评价分析结果，有效改进教学方法。借助智慧校园，开展智慧教学。针对人才培养过程中存在的问题，进行诊断与改进，持续提高人才培养质量。

（4）建立健全会计专业（管理会计方向）毕业生跟踪反馈机制及社会评价机制，对生源情况、在校生学业水平、毕业生就业质量等进行分析，定期评价人才培养质量和培养规格达成情况。

各个学校可根据本标准制定适合本校实际的人才培养方案，以下“高等职业学校会计专业（管理会计方向）教学计划进程表”（见表5）仅供参考。

表 5　高等职业学校会计专业（管理会计方向）教学计划进程表

类型	课程名称		课程代码	课程性质	基准学分	基准学时	学时结构		建议开设学期及周课时						考核类型
							理论	实践	第一学期	第二学期	第三学期	第四学期	第五学期	第六学期	
公共基础课程	思想道德修养与法律基础			必修课	3	54	36	18	3						考试
	毛泽东思想和中国特色社会主义理论体系概论			必修课	4	72	48	24		4					考试
	形势与政策			必修课	1	40	40		4×2	4×2	4×2	4×2	4×2		考试
	大学语文			必修课	4	72	72		2	2					考查
	大学英语			必修课	8	144	144		2	2	2	2			考试
	经济应用数学			必修课	4	72	72		4						考试
	计算机应用基础			必修课	3	54	18	36		3					考试
	体育与健康			必修课	6	108		108	2	2	1	1			考试
	军事理论与军训			必修课	2	56	16	40	2 周						考试
	创新创业教育			必修课	2	36	16	20		6×3			6×3		考查
	大学生职业发展与就业指导			必修课	1	18		18	9×2						考查
	公益劳动			必修课	2	40		40	1×8	1×8	1×8	1×8	1×8		考查
	小计				40	766	462	304	17	15	5	5	3		
	专题讲座（10 选 5）	专业导学		讲座	1	18	18								考查
		安全教育		讲座	1	18	18								考查
		社会责任		讲座	1	18	18								考查
		技术素养		讲座	1	18	18								考查
		人工智能应用		讲座	1	18	18								考查
		区块链技术应用		讲座	1	18	18								考查
		美育欣赏		讲座	1	18	18								考查
		中华优秀传统文化		讲座	1	18	18								考查

续表

教学计划进程表															
类型		课程名称	课程代码	课程性质	基准学分	基准学时	学时结构		建议开设学期及周课时						考核类型
							理论	实践	第一学期	第二学期	第三学期	第四学期	第五学期	第六学期	
公共基础课程	专题讲座（10选5）	廉政教育		讲座	1	18	18								考查
		校方自选		讲座	1	18	18								考查
		小计			5	90	90								
	公共选修课（9选3）	公司治理		公选课	2	36	36			2					考查
		财经应用文写作		公选课	2	36	36				2				考查
		中国会计文化		公选课	2	36	36			2					考查
		管理与沟通		公选课	2	36	36			2					考查
		哲学基础		公选课	2	36	36				2				考查
		财经法规与会计职业道德		公选课	2	36	36			2					考查
		会计心理教育		公选课	2	36	36			2					考查
		演讲与口才		公选课	2	36	36				2				考查
		人文经典选读		公选课	2	36	36				2				考查
		小计			6	108	108	0		4	2				
	合计				51	964	660	304	17	19	7	5	3		
专业课程	专业基础课	财务会计基础		必修课	4	72	36	36	4						考试
		管理学基础		必修课	2	36	18	18	2						考试
		经济学基础		必修课	2	36	36			2					考试
		经济法基础		必修课	4	72	72			2					考试
		管理会计基础		必修课	4	72	36	36			4				考试
		小计			16	288	198	90	6	4	4				

续表

类型		课程名称	课程代码	课程性质	基准学分	基准学时	理论	实践	第一学期	第二学期	第三学期	第四学期	第五学期	第六学期	考核类型
专业课程	专业核心课	企业财务会计		必修课	6	108	54	54		3	3				考试
		成本核算与管理		必修课	4	72	36	36			4				考试
		纳税实务		必修课	4	72	36	36				4			考试
		企业财务管理		必修课	4	72	36	36			4				考试
		会计信息系统应用		必修课	4	72	36	36				4			考试
		小计			22	396	198	198		3	11	8			
	专业方向课	生产运营管理		必修课	3	54	36	18			3				考试
		公司战略与风险管理		必修课	3	54	36	18				3			考试
		预算管理		必修课	3	54	36	18				3			考试
		绩效管理		必修课	3	54	36	18					6		考试
		管理会计实践与案例		必修课	2	36		36					4		考查
		小计			14	252	144	108			3	6	10	0	
	专业拓展课（10门选3～5门）	ERP 管理		选修课	2	36	18	18			2				考查
		企业内部控制与会计制度设计		选修课	4	72	54	18					6		考查
		EXCEL 在财务会计中的应用		选修课	3	54	18	36				3			考查
		企业财务分析		选修课	3	54	18	36				3			考查
		审计基础		选修课	2	36	30	6				2			考查
		财务大数据		选修课	2	36		36				2			考查
		财务危机管理		选修课	3	54	36	18				2			考查
		企业管理会计报告		选修课	2	36	18	18				2			考查
		会计心理教育		选修课	2	36	18	18				2			考查

续表

类型		课程名称	课程代码	课程性质	基准学分	基准学时	学时结构		建议开设学期及周课时						考核类型
							理论	实践	第一学期	第二学期	第三学期	第四学期	第五学期	第六学期	
专业课程		校本课程		选修课								2			考查
		小计			10	180	90	90			2	6	6		
	专项实践教学	管理会计综合实训		必修课	1	28		28				1 周			考查
		跨专业综合实训		必修课	2	56		56					2 周		考查
		毕业设计（论文）		必修课	6	168		168					6 周		考查
		顶岗实习		必修课	15	420		420						6 个月	考查
		小计			24	672		672							
	合计				86	1 788	630	1 158	6	7	20	21	17		
总计					137	2 752	1 290	1 462	23	26	27	26	20	0	

备注：课程以每 18 学时折算 1 学分；以周为授课单位的课程 1 周折算 1 学分，1 学分折算 28 学时。

四、管理会计教育与1+X证书

（一）实施1+X证书制度的重要意义

2019年1月，国务院印发了《国家职业教育改革实施方案》（以下简称职教20条）。把学历证书与职业技能等级证书结合起来，探索实施1+X证书制度，是职教20条的重要改革部署，也是重大制度创新。职教20条明确提出，“深化复合型技术技能人才培养培训模式改革，借鉴国际职业教育培训普遍做法，制订工作方案和具体管理办法，启动1+X证书制度试点工作”。2019年《政府工作报告》进一步指出，“要加快学历证书与职业技能等级证书的互通衔接”。

1+X证书制度体现了职业教育作为一种类型教育的重要特征，能有效对接职业标准和市场需求，是落实立德树人根本任务、完善职业教育和培训体系、深化产教融合及校企合作的一项重要举措和制度设计。它作为教师、教材、教法（“三教”）改革的重要抓手，是培养未来产业需要的一种人才培养模式创新。在人才培养目标上，达到了“基本+特色”的统一；在课程结构设计上，实现了学历教育与技能等级证书教育有机结合；在制度运行机制上，1+X证书制度与人才培养模式改革密切相关，在一定程度上，彰显了职业教育“专业为王”时代的核心内容，助力打造世界职业教育改革发展的中国职教品牌。

改革开放以来，我国职业教育进入一个快速发展的通道，国家和社会对职业教育的重视程度令人鼓舞，特别是习近平总书记多次就职业教育发表重要讲话，职业教育迎来了一个春天，职业教育的质量和社会满意度稳中有升。随着我国经济结构转型升级和供应侧改革不断深化，如何科学评价职业教育人才就显得尤为重要。围绕技能素养，坚持问题导向，中国职教学会职教质量保障与评估专业委员会理事长李志宏教授认为，当前我国职业教育人才评价主要存在以下问题：

首先，从评价内容看，侧重学校教育的内容，侧重普通教育的内容，在职业教育最核心的内容尤其是技术技能和职业素养等方面相对薄弱。

其次，从评价方式看，存在着学历证书与职业资格证书“两张皮”现象。社会化证书主要适用于职业领域，并没有考虑学校职业教育的特点和要求，两者不融通，难以在同一个培养方案中和教学过程中落地，增加了学生培训和考核的负担，也增加了学校组织工作的负担。

再次，从评价主体看，缺乏教育行政部门的统筹规划，缺乏权威的有公信力的培训评价组织参与。在深化“放管服”改革背景下，国家对职业资格证书的数量做了较大幅度减少，而社会上行业企业和培训组织开发的职业证书良莠不齐，存在口径宽窄不一、适应范围不广和规范性不强等问题，导致学校和学生在选择时无所适从。

最后，从评价效果看，缺乏职业教育作为一种类型教育的评价机制。由于缺乏对复合型技术技能人才评价体系的整体设计和制度支撑，导致教育系统与其他相关部门在职业教育人才评价体系建设上没有形成合力。此外，职业教育作为一种类型教育，是一个大的范畴概念，应该也包括应用型本科教育乃至专业硕士研究生教育。目前，在职业教育的高层应用方面如何科学地进行人才评价，无论是在理论上还是在实践上还基本处于空白状态。

基于以上分析，《国家职业教育改革实施方案》提出要大力实施 1+X 证书制度是非常必要的，其意义主要表现在以下三个方面：

一是提高人才培养质量的重要举措。更好地服务建设现代化经济体系和实现更高质量、更充分就业需要，是新时代赋予职业教育的新使命。随着新一轮科技革命、产业转型升级的不断加快，职业教育在人才培养的适应性、吻合度、前瞻性上还存在一定差距。学校通过引导以社会化机制建设的职业技能等级证书，加快人才供给侧结构性改革，有利于增强人才培养与产业需求的吻合度，培养复合型技术技能人才，拓展就业创业本领。

二是深化人才培养培训模式和评价模式改革的重要途径。1+X 作为证书制度只是表象，其背后所蕴含的是人才培养模式改革，即通过作为基础的核心内容与可选择的单项技能相结合的学习模式，培养具备核心职业能力的复合型技术技能人才。通过实施 1+X 证书制度试点，调动社会力量参与职业教育的积极性，引领创新培养培训模式和评价模式，深化“三教”改革，并将引导院校育训结合、长短结合、内外结合，进一步落实学历教育与职业培训并举并重的法定职责，高质量开展社会培训。

三是探索构建国家资历框架的基础性工程。职业技能等级证书是职业技能水平的凭证，也是对学习成果的认定。结合实施 1+X 证书制度试点，积极推进探索职业教育国家“学分银行”，制度设计与构建国家资历框架相衔接，畅通技术技能人才成长通道。

（二）1+X 证书的科学内涵

2019 年 11 月 9 日，教育部办公厅、国家发展改革委办公厅、财政部办公厅联合印发了《关于推进 1+X 证书制度试点工作的指导意见》，该意见给出了 1+X 证书的科学内涵。“1”为学历证书，全面反映学校教育的人才培养质量。“X”为若干职业技能等级证书，是毕业生、社会成员职业技能水平的凭证，反映职业活动和个人职业生涯发展所需要的综合能力。“+”的含义有可能是内部叠加，也有可能是外部延伸。事实上，学历教育中一部分内容的确可能与某种技能等级证书的内容重叠，学生在完成学历教育的同时可能获得对应的技能等级证书，但这里更应当把“+”理解为外部延伸，即在完成学历教育内容的基础上，进一步延伸出对特定技能的学习要求，否则就难以体现实施 1+X 证书制度的根本目的，即培养复合型技术技能人才。然而这种复合是一种什么样的复合？随意的叠加没有太大意义，实践中需要探索“1”和“X”之间的内在逻辑联系，使复合发挥更大效应。一般来讲，学历证书“1”与职业技能等级证书“X”两者间的关系是基础与强化、补充与拓展。“1”具有基础性、主体性，它主要解决学历教育中德、智、体、美、劳全面发展与职业对应的专业技术技能教育。“X”应具有针对性、引导性、先进性，它主要解决职业技能、职业素质或新技术新技能的强化、补充或拓展问题。学校要根据职业技能等级标准和专业教学标准要求，将1+X证书培训内容有机融入专业人才培养方案，优化课程设置和教学内容，统筹教学组织与实施，深化教学方式方法改革，提高人才培养的灵活性、适应性、针对性。

在“1”的基础上延伸“X”，意味着对原有教育内容进行了扩充。扩充的内容虽然对促进学生就业是有价值的，但如果只是用技能等级证书的形式来认可该部分学习成果，那么该模式的作用就比较有限。之所以认为该模式是职业教育人才培养模式的重要创新，是因为职教20条中提出要构建“1”和“X”之间的学分认定制度。该制度使得1+X的价值发生了根本性变化，即为职业教育人才培养打破学制界线、创建更加灵活的人才培养机制提供了重要制度基础。有了1+X，学生就可以在中职学校获得一部分高职教育的学分甚至是本科教育的学分，这为他们更加顺利地继续学习提供了条件。国内职教专家徐国庆教授如是说。

（三）1+X证书开发原则和流程

根据教育部教职所〔2020〕41号《关于〈职业技能等级标准开发指南（征求意见稿）〉公开征求意见的公告》，1+X证书开发应遵循科学性、规范性、广泛性和适应性四项原则，开发流程包括组建开发团队、前期调研与资料收集、确定职业技能领域和职业技能等级证书名称、确定职业技能等级证书范围和划分职业技能等级五个环节，具体内容如下所述。

1. 1+X证书开发原则

（1）科学性原则。

职业技能等级标准的开发应依据职业标准并结合岗位工作任务，客观、准确地确定标准的范围、等级及职业技能要求。

（2）规范性原则。

职业技能等级标准应依据教育部教职所〔2020〕41号文件所规定的标准框架、程序与方法等开发，表述准确、规范，层次清晰，逻辑严谨，专业术语符合所属行业最新国家标准和规范，前后一致，内容应及时反映产业主流技术，体现行业最新要求。

（3）广泛性原则。

职业技能等级标准的开发应联合行业、企业、院校等相关各方参与，提高标准含金量，赢得行业企业广泛认可，保障标准实施。

（4）适应性原则。

职业技能等级标准应反映行业、企业最新技术技能发展水平，体现产业发展新技术、新工艺、新规范、新要求，适应不同地域之间可能存在的差异，符合职业院校教学规律，满足院校教学实际需求，内容应具体化，可度量、可检验、可操作。

2. 1+X证书开发流程

（1）组建开发团队。

1）结构要求。

应覆盖标准所适用工作领域的相关专家，包括行业权威专家，龙头、优质企业管理和技术骨干、高技能人才，院校专业带头人或教学创新团队成员、骨干教师以及职业教育领域的专家学者等，其中行业企业专家原则上不少于三分之二。

2）能力要求。

专家应熟悉本行业法律法规及国家标准、行业标准，熟悉国民经济行业分类和国家职业分类，熟悉产业发展趋势和本行业、本专业领域最新的工艺流程、技术规范、操作规程等，熟悉企业生产组织方式和相关岗位职责、技能要求、用人标准及管理制度，具备较强的发现、分析和解决问题的能力，能开展相关领域职业及工作任务分析。

3）资历要求。

专家一般应具有15年以上相关工作经历，新兴行业技术人员、能工巧匠可适当放宽相关工作经历和年限要求；具有国家、行业或企业认可的高级以上专业技术职务或高级技师职业资格；具有参与相关行业企业标准建设和学校教学标准、课程标准、教材等建设的经验。

（2）前期调研与资料收集。

1）调研内容。

深入分析产业、行业发展、人才培养现状与个体生涯发展对该职业技能的需求，以及开发有关职业技能等级标准的必要性和可行性，形成职业技能等级标准需求与开发必要性和可行性调研报告。内容包括：

- 适应产业、行业发展对高水平技术技能人才的需求，各职业岗位要求个体具备的特别突出的职业技能；
- 工作任务涉及该职业技能的职业岗位；
- 教学内容涉及该职业技能的院校专业；
- 社会、企业对该职业技能等级标准的需求情况；
- 学校针对该职业技能的培养现状，其人才培养对拟开发的职业技能等级标准的需求情况；
- 实施该职业技能等级标准所需的条件，包括培训条件、考核条件等；
- 开发职业技能等级标准的具体思路和做法。

2）资料收集。

通过调研收集相关资料，形成初步预期，并为职业技能等级标准的最终形成提供多方面支撑。内容包括：

● 收集的资料应是相关标准、规范、制度的原始文本（不含原始文本的说明资料）；

● 收集的方法包括相关标准文件收集、网络下载和行业、企业、学校资料收集等；

● 收集的文本应有可用性，适用于职业技能等级标准开发、培训方案开发、考核方案开发等。

（3）确定职业技能领域和职业技能等级证书名称。

1）确定职业技能领域。

确定的职业技能领域应基于有关工作基础，进一步聚焦和反映产业、行业发展趋势和要求，主要包括：

● 反映新技术、新工艺、新规范、新要求，知识与技能更新迭代快速的职业技能领域；

● 需专门进行强化，达到一定专业水平的关键技能领域；

● 职业教育与培训中尚未形成完整培养体系，社会急需的职业技能领域；

● 针对职业岗位（群）或相近职业领域需进一步拓展的职业技能领域。

2）确定职业技能等级证书名称。

职业技能等级证书是职业技能水平的凭证，是对学习者职业技能的综合评价，体现单一或多个职业岗位的技能要求。证书对接职业标准，按职业技能领域划分，具体名称要直观反映其核心技术技能，不宜按师、工、员等职业岗位命名，也不宜直接使用专业名称。

职业技能等级证书名称统一采用“名词＋动词”的形式，清晰反映证书持有者具备的职业技能或能胜任的职业活动。应尽可能与中等职业学校、普通高等学校高等职业教育（专科）和普通高等学校本科专业目录相对应，明确面向的职业岗位（群）或主要工作领域。

（4）确定职业技能等级证书范围。

应清晰界定职业技能等级证书的范围，聚焦完成某一或多个职业岗位（群）关键工作领域的典型工作任务所需要的职业技能，不宜过于宽泛。职业技能等级证书的每一级别学习培训内容，原则上以不超过8学分为宜，其中30％左右的学习培训内容具有一定柔性，以适应区域产业发展对职业技能的差异化要求。

（5）划分职业技能等级。

职业技能等级分为初级、中级、高级，一般应依次递进，高级别涵盖低级别职业技能要求。

等级划分依据应明确、清晰，易于理解和操作，应与学历证书的层次相衔接，与职业岗位的层级相对应，与技术复杂程度和技能熟练程度相适应。

（四）如何让 1+X 证书制度落地

1+X 证书制度试点启动，标志着职业教育迎来一次重大改革。如何让 1+X 证书制度落地，应该“一步一个脚印”，至少要在三件事上细化落实：

一是对学历教育内容进行重构，大幅度减少重复内容，把实践教学中单项技能的训练内容进行多元整合，提升课程设置效益；重新定位学历职业教育的培养目标，优先把行业中具有普遍意义、对学生生涯发展具有长远意义的内容纳入教学。

二是创新办学形态。这包括在政策允许的情况下根据学习需要创新学制，增强技能等级证书的教学、考证和管理功能，开发先证书后学历的培养新模式。

三是构建专业级别的“职业技能等级选择指导体系”。帮助学生在“1”和“X”之间建立清晰、合理的延伸关系，使之成为一个有效增强毕业生就业竞争力和职业生涯发展潜力的完整体系。

（五）数字化管理会计职业技能等级标准

1. 数字经济与财务数字化

“数字经济”并不是今天才有的概念。早在 20 世纪 90 年代中期，入选全球最具影响力 50 位思想家的美国经济学家唐·塔普斯科特就出版了一本名为《数字经济》的著作。20 世纪 90 年代是数字技术发展的高潮，随着曼纽尔·卡斯特的《信息时代三部曲：经济、社会与文化》、尼葛洛庞帝的《数字化生存》等著作的出版和畅销，数字经济理念在全世界流行开来。

2016 年 G20 杭州峰会发布的《二十国集团数字经济发展与合作倡议》对数字经济的定义是：以使用数字化的知识和信息作为关键生产要素、以现代信息网络作为重要载体、以信息通信技术的有效使用作为效率提升和经济结构优化的重要推动力的一系列经济活动。2017 年《政府工作报告》再次提出要推动“互联网+”深入发展，并首次明确促进数字经济加快成长的要求。由“数字经济”倡导者、成功的实践者之一马化腾等创作的《数字经济：中国创新增长新动能》一书中指出，“互联网+”是手段，数字经济是结果，因此数字经济的发展必然深刻影响传统企业和互联网企业，成为中国创新增长的主要途径。易宝支付联合创始人余晨在为美国唐·泰普斯科特所著《数据时代的经济学》的译本作序时写道：20 年前，没有 Google，没有 Facebook，没有 Uber，更没有 AlphaGo，那时的弄潮儿还是 Microsoft 和 Sun Microstems。那时还没有颠覆诺基亚的 iPhone，发明第三方支付的 PayPal，也没有连接一切的微信，而唐·泰普斯科特却先知般地提出未来数字经济将走向分子化、虚拟化、一体化、去中心化、行业聚合化、产销合一化。时至今日，这些论断都一一得到了证实。数字经济让我们的时代精神从占有到共享，从精英到普惠，从自上而下到自下而上，从中心等级制到网络扁平制。如今在全球兴起的共享经济和普惠金融，都是这一时代精神的体现。

数字经济是财务数字化发展的内生动力。数字化经济转型势不可当，这将为企业带来更多机会。以“大智移云”为代表的新一轮科技革命的集结号已经吹响，这次科技革命更多地体现为数字化。IDC（国际数据公司）在其发布的《2018 中国企业数字化发展报告》中就曾预测：到 2021 年，全球至少有 50%的 GDP 将以数字化的方式实现，数字技术将全面渗透各个行业，并实现跨界融合和倍增创新。2020 年的开年就像一部大型灾难片，学校停课，工厂停工，众多实体企业也陷入寒冬期，原本可期的春节戛然而止。在打赢疫情阻击战的过程中，互联网的影响力越发显著，网络不但汇聚着联防联控、众志成城的精神和力量，也让不少行业、企业借助网络转变经营方略。这个方略就是向数字化模型转型。

数字化重塑未来财务组织、职能和运营模式。数字经济时代，财务价值创造来自三方面的重塑，即财务组织需要形成新的战略重点，培养新的专业技能，并建立新的工作模式。数字经济时代，数据是一项重要的资产，成为驱动经济社会发展的新要素、新引擎。对企业而言，谁拥有了数据，谁就赢得了市场的先机。甚至有学者说，信息还可以改变财务，对业务系统和业务流程进行分析、优化、改造；对业务管理和内部控制进行全盘审视和重新规划；对信息数据进行清理、比对、清洗、整合、管理等。企业作为经济活动的主体，企业的数字化转型正加速推进，数字企业以强劲动力蓬勃发展，财务的运营模式变革迫在眉睫。在推进企业数字化转型过程中，财务运营模式会带来三个方面的变革：一是改善数据分析和决策支撑能力；二是推进业财融合发展管理会计；三是建立财务共享服务中心。

2. 财务共享与管理会计

财务会计向管理会计转型始于财务共享服务中心建设。1981 年，美国福特公司在底特律创建了第一家财务共享服务中心。2005 年，中兴通讯成为第一家建立财务共享服务中心的中国企业。之后，海尔、长虹、平安、万科等也陆续开始尝试建设财务共享服务中心，越来越多的中国企业开始针对自身的业务活动内容与特点，建立适合其战略发展目标的财务共享服务中心。目前，世界 500 强中 90%的企业已经部署财务共享服务中心。财务共享服务作为一种由大数据等信息技术驱动的财务变革利器，引发了越来越多企业的关注与实践。财务共享服务是现代信息技术和先进管理思想融合的产物，其本质是一种由信息网络技术推动的财务管理创新模式。信息系统是财务共享服务不可或缺的组成部分，也是共享服务效率、质量和管理效益得以实现的重要支撑。但是，建立财务共享服务中心不是简单的新技术扩散过程，而是将新兴技术融入企业管理模式的创新和变革过程。

财务共享服务是集团企业将分散在各成员单位的同质化、重复性和易于标准化的财务工作剥离出来进行集中处理，这个集中处理的组织叫作财务共享服务中心，具体包括核算、资金和数据三大中心。智能报账、智能核算和智能共享是财务共享服务三大场景。近几年，我国财务共享服务中心建设得到快速发展，财务共享服务日趋成熟，财务共享服务中心成为企业的数据中心。这主要得益于人工智能、大数据、云计算、区块链等新兴技术以及新的商业范式变革的支撑。进入互联网和大数据时代，数据的价值逐渐被挖掘，以云计算、大数据处理、移动互联为代表的新一轮信息技术使财务共享服务中心可以对大量碎片化的数据进行有效管理，实时收集、整理、分析、报告，以满足企业财务监控、财务规划与战略决策的需要，财务共享服务中心已成为支持企业管理决策的服务中心。财务共享服务正朝着“云服务”“云平台”以及全球业务服务 GBS（global business service）模式发展。问卷调查表明，现代企业中，业务财务、共享财务及战略财务的财务转型模式逐渐形成。正如中兴新云总裁陈虎在世界会计论坛（2018 年）上所说：财务共享服务是一场财务的工业革命。财务就是 IT，未来财务一定是财务共享的天下。2019 年 2 月，华为总裁任正非提出财务人员需要从财务管理走向财经管理。财经是公司的底座，这个财经不仅仅指财务，“经”是除了技术方向外的全部经济活动，包括供应链、行政、后勤、物流、基建、研发等。未来的财经体系需要从财务管理走向名副其实的财经管理，融入项目，融入业务，夯实基础，横纵打通。财务共享思想油然而生。

3. 数字化管理会计职业技能等级标准

在财务转型的历史时期，财务共享和管理会计比翼双飞、共创会计未来已经成为一道亮丽的风景线。2019 年 6 月，北京国家会计学院秦荣生教授在《数字经济时代的财务转型》学术报告中，针对企业财务人员提出了 9 点要求，即财务人员应有政治意识、大局意识；实施财务与业务的紧密融合；提供个性化、定制化的财务服务；提高财务会计信息的及时性；通过数据计算、云计算、大数据支持建设财务共享服务平台；运用大数据技术实施财务分析；积极推进财务服务的智能化；形成财务资源的社会化配置；财务人员要努力提高数字化思维能力。这些要求对制定会计专业（管理会计方向）教学标准具有十分重要的指导意义。

在此背景下，由上海管会教育培训有限公司制定的《数字化管理会计职业技能等级标准》应运而生，2020 年 2 月已由教育部正式对外发布，现列示如下。

数字化管理会计职业技能等级标准

（2020年修订版）

上海管会教育培训有限公司　制定

2020年2月　发布

目　　次

前　言

本标准按照 GB/T 1.1－2009 给出的规则起草。

本标准起草单位：上海管会教育培训有限公司。

本标准主要起草人：刘红薇、程淮中、李锦元、董京原、杨则文、孔德兰、高丽萍、王红新、吴骏、井莹莹、王云、鲁冰荷、王森、渠子珠、李海燕、朱萌。

1. 范围

本标准规定了数字化管理会计职业技能等级对应的工作领域、工作任务及职业技能要求。

本标准适用于数字化管理会计职业技能培训、考核与评价，相关用人单位的人员聘用、培训与考核可参照使用。

2. 规范性引用文件

下列文件对于本标准的应用是必不可少的。凡是注日期的引用文件，仅注日期的版本适用于本标准。凡是不注日期的引用文件，其最新版本适用于本标准。

GB/T 1.1－2009 标准化工作导则 第1部分：标准的结构和编写

《企业内部控制基本规范》

《企业会计信息化工作规范》

《关于全面推进管理会计体系建设的指导意见》

《管理会计基本指引》

《小企业内部控制规范（试行）》

《会计基础工作规范》

3. 术语和定义

财政部发布的《关于全面推进管理会计体系建设的指导意见》《管理会计基本指引》《管理会计应用指引第100号——战略管理》等系列文件界定的术语和定义适用于本标准。

3.1 管理会计（management accounting）

管理会计是指主要服务于单位（包括企业和行政事业单位，下同）内部管理需要，通过利用相关信息，有机融合财务与业务活动，在单位规划、决策、控制和评价等方面发挥重要作用的管理活动。

3.2 数字化管理会计（digital management accounting）

数字化管理会计是指互联网、大数据、人工智能、云计算等数字化信息技术在财务领域的广泛运用，适应服务于现代企业的管理需求，以自动化和智能化的数据为基础，通过现代管理会计工具和方法，形成连接企业财务、业务、管理、战略的可视化和战略化运营体系。

3.3 战略管理（strategic management）

战略管理是指对企业全局的、长远的发展方向、目标、任务和政策，以及资源配置做出决策和管理的过程。

3.4 预算管理（budget management）

预算管理是指以战略目标为导向，通过对未来一定期间内的经营活动和相应财务结果进行全面预测、筹划，科学、合理配置企业各项财务和非财务资源，并对执行过程进行监督和分析，对执行结果进行评价和反馈，指导经营活动的改善和调整，进而推动实现企业战略目标的管理活动。

3.5 投资管理（investment management）

投资管理是指企业为了自身战略发展规划，以企业价值最大化为目标，对将资金投入营运进行的管理活动。

3.6 融资管理（financial management）

融资管理是指企业为实现既定的战略目标，在风险匹配的原则下，对通过一定的融资方式和渠道筹集资金进行的管理活动。

3.7 营运管理（operation management）

营运管理是指为了实现企业战略和营运目标，各级管理者通过计划、组织、指挥、协调、控制、激励等活动，实现对企业生产经营过程中的物料供应、产品生产和销售等环节的价值增值管理。

3.8 风险管理（risk management）

风险管理是指单位对风险进行有效评估、预警、应对，为单位风险管理目标的实现提供合理保证的过程和方法。

3.9 成本管理（cost management）

成本管理是企业在营运过程中实施成本预测、成本决策、成本计划、成本控制、成本核算、成本分析和成本考核等一系列管理活动的总称。

3.10 绩效管理（performance management）

绩效管理是指单位与所属部门、员工之间就绩效目标及如何实现绩效目标达成共识，并帮助和激励员工取得优异绩效，从而实现单位目标的管理过程。

3.11 企业管理会计报告（corporation management accounting report）

企业管理会计报告是指单位运用管理会计方法，根据财务和业务的基础信息加工整理形成的，满足单位价值管理和决策支持需要的内部报告。

4. 适用院校专业

数字化管理会计职业技能等级分为三个：初级、中级、高级。

数字化管理会计（初级）对应《中等职业学校专业目录》中的会计、会计电算化等专业。

数字化管理会计（中级）对应《普通高等学校高等职业教育（专科）专业目录》中的会计、财务管理、会计信息管理、金融管理、审计、统计与会计核算、税务、工商企业管理等专业。

数字化管理会计（高级）对应《普通高等学校本科专业目录》中的财务管理、工商管理、会计学、审计学、税收学、人力资源管理等专业。

5. 面向职业岗位（群）

数字化管理会计（初级）：主要面向企业业务部、财务部等部门和专业服务机构的管理会计基础工作岗位（群），从事采购作业、生产作业、销售作业、资金结算、财务报表分析等工作。

数字化管理会计（中级）：主要面向企业业务部、投融资部、财务部等部门和专业服务机构的管理会计主办工作岗位（群），从事预算管理、投融资管理、营运管理、成本管理等工作。

数字化管理会计（高级）：主要面向企业业务部、规划部、财务部等部门和专业服务机构的管理会计主管工作岗位（群），从事战略管理、风险管理、成本管理、绩效管理等工作。

6. 职业技能要求

6.1 职业技能等级划分

数字化管理会计职业技能等级依次递进，高级别涵盖低级别职业技能要求。

数字化管理会计职业技能（初级）：完成采购计划制订、物料采购与验收入库、生产计划制订、产品加工、成品缴库、销售订单确认、货物销售、货物出库、业务结算、费用结算、资金筹集与运用、财务报表分析等任务，具备从事数字化管理会计必备的业务流程操作、资金结算、财务分析等基础操作能力。

数字化管理会计职业技能（中级）：完成企业预算编制、预算分析、预算考核、投资管理、融资管理、本量利分析、营运数据分析、成本预测、成本控制和成本分析等任务，具备从事数字化管理会计必备的预算管理、投融资管理、营运管理和成本管理等管理能力。

数字化管理会计职业技能（高级）：完成企业内外部环境分析、战略分析与选择、战略制定、战略实施、风险识别、风险评估、风险预警分析、风险应对策略分析、标准成本分析、作业成本分析、绩效计划制订、绩效考核、管理会计报告体系建立、管理会计报告编制与分析、管理会计报告评价与优化等任务，具备从事数字化管理会计必备的战略管理、风险管理、成本管理和绩效管理等决策能力。

6.2 职业技能等级要求描述

数字化管理会计职业技能等级要求见表1～表3。

表 1　数字化管理会计职业技能等级要求（初级）

工作领域	工作任务	职业技能等级要求
1. 采购作业	1.1 采购计划制订	1.1.1 能根据企业内部控制规范、企业采购管理制度，结合企业生产、库存情况，运用定期订购法准确编制采购计划表并根据授权批准流程进行审批。 1.1.2 能根据企业内部控制规范、企业采购管理制度，结合企业生产、库存情况，运用定量采购法准确编制采购计划表并根据授权批准流程进行审批。 1.1.3 能根据企业内部控制规范、企业采购管理制度，编制采购申请单并根据授权批准流程进行审批。
	1.2 物料采购	1.2.1 能根据企业内部控制规范、企业供应商管理制度，准确编制供应商信息表，运用供应商综合审核方法对供应商资质信誉情况进行审查，依据“性价比”择优选择供应商并根据授权批准流程进行审批。 1.2.2 能根据企业内部控制规范、企业采购管理制度、市场价格变动趋势，运用招标采购、比价采购等方式编制采购比价单，合理确定采购价格并根据授权批准流程进行审批。 1.2.3 能根据企业内部控制规范、企业合同签订管理制度，准确编制采购合同评审表，准确审查供应商名称、采购方式、采购数量、采购价格以及双方权利、义务和违约责任等合同条款的准确性和合理性，并根据授权批准流程进行审批。 1.2.4 能根据企业内部控制规范、采购合同，准确填写采购订单状态报告表，及时处理交期异常情况并根据授权批准流程进行审批。 1.2.5 能根据企业供应商管理制度，结合供应商物料供应情况，准确编制供应商信用记录表，建立供应商信用管理档案。
	1.3 物料验收入库	1.3.1 能根据企业内部控制规范、企业采购管理制度、采购合同，按照验收标准和验收程序进行物资验收，编制验收报告。 1.3.2 能根据企业内部控制规范、企业采购管理制度，结合物资验收报告，按照授权批准流程对合格物资办理入库手续。 1.3.3 能根据企业内部控制规范、企业采购管理制度、采购合同，按照授权批准流程对不合格物资编制退（换）货申请单，进行退换货处理。 1.3.4 能根据货物入库实际情况，运用 ABC 分类法编制货物库存台账，确保入库数据、货物实物和单据的一致性，保证货物库存量及时更新。 1.3.5 能根据企业实际采购数据，准确编制采购及时率与合格率统计表，分析采购数据的准交率、合格率，对企业采购计划的调整提出合理化建议。 1.3.6 能根据企业实际采购数据，准确编制采购成本构成分析表，分析影响采购成本的关键因素，合理控制采购成本。

续表

工作领域	工作任务	职业技能等级要求
2. 生产作业	2.1 生产计划制订	2.1.1 能根据企业内部控制规范，结合企业销售发货情况、生产情况、成品盘点数据，运用零库存原则，确定符合既定安全库存数量的产品可用库存数量。 2.1.2 能根据企业内部控制规范、企业生产管理制度，结合销售计划、产品库存情况，准确编制主生产计划表并根据授权批准流程进行审批，确保需求和能力的基本平衡。 2.1.3 能根据企业内部控制规范，结合采购入库情况、生产领用情况、物料库存盘点数据，运用零库存原则，确定符合既定安全库存数量的物料可用库存数量。 2.1.4 能根据企业内部控制规范、企业生产管理制度，结合BOM物料清单、物料库存数据，准确编制物料需求计划表并根据授权批准流程进行审批，确保需求和能力的基本平衡。
	2.2 产品加工	2.2.1 能根据企业内部控制规范、企业生产管理制度，执行符合既定生产作业计划的领料、退料、补料、换料等授权审批，做到合理投料、用料。 2.2.2 能根据企业内部控制规范、企业生产管理制度，结合生产领料情况，准确编制库存台账，确保物料信息、出库数据、库存台账等的准确性、一致性。 2.2.3 能根据企业内部控制规范、企业生产管理制度，结合生产用料、人工投入、生产费用支出等情况，准确编制生产成本表并根据授权批准流程进行审批。 2.2.4 能根据企业内部控制规范、企业生产管理制度，运用ABC分类法等准确编制异常货物分类表，及时分类处理损耗的产品和物料并根据授权批准流程进行审批。 2.2.5 能根据生产计划、物料需求计划、实际生产情况，准确编制物料消耗分析表，运用物料利用率、回收率计算分析实际消耗与计划消耗的差异。
	2.3 成品缴库	2.3.1 能根据企业内部控制规范、企业生产管理制度，对产成品和半成品进行质检，编制产品质检报告，确保产品品种、规格、数量、质量等信息的准确性、一致性并根据授权批准流程进行审批。 2.3.2 能根据企业内部控制规范、企业生产管理制度，对产成品和半成品进行质检，编制产品质检报告，确保产品品种、规格、数量、质量等信息的准确性、一致性并根据授权批准流程进行审批。 2.3.3 能根据合格产成品、半成品入库的实际情况，设置产品库存台账，确保产品入库数据、实物和单据的一致性，保证产品库存量及时更新。 2.3.4 能根据企业生产、销售实际情况，结合产品成本数据，准确编制产品成本费用利润率计算表，分析成本费用控制情况。 2.3.5 能根据生产实际情况，准确编制产品生产成本构成分析表，分析各项成本费用要素在产品生产成本中的构成情况。 2.3.6 能根据生产实际情况，结合生产计划、定额成本数据，准确编制产品成本差异分析表，分析生产计划完成情况和成本差异情况。

续表

工作领域	工作任务	职业技能等级要求
3. 销售作业	3.1 销售订单确认	3.1.1 能根据企业内部控制规范、企业销售管理制度，结合客户订单情况等，运用成本导向定价法准确编制产品报价分析表，确定产品销售价格并根据授权批准流程进行审批。 3.1.2 能根据企业内部控制规范、企业销售管理制度，结合企业自身生产能力、已有订单情况等，准确编制订单有效性分析表，判断订单接受的可行性并根据授权批准流程进行审批。 3.1.3 能根据企业实际销售情况，准确编制产品订单分析表，分析产品订单进度、实际完成情况。
	3.2 货物销售	3.2.1 能根据企业内部控制规范、企业信用管理制度，结合客户基本情况等，准确编制客户信用等级评定表，对新增客户进行信用评定并根据授权批准流程进行审批。 3.2.2 能根据企业实际销售情况，准确编制客户信用分析表，分析客户应收款余额与信用额度的差额、信用期限与折扣政策的执行情况。 3.2.3 能根据企业内部控制规范、企业信用管理制度，结合客户财务状况变化情况和信用分析情况，准确编制客户信用等级调整表，调整已有客户的信用级别并根据授权批准流程进行审批。 3.2.4 能根据企业内部控制规范、企业合同管理制度，结合赊销政策、客户信用等级等，准确编制销售合同评审表，审查销售价格、信用政策、发货及收款方式等关键合同条款的准确性和合理性并根据授权批准流程进行审批。
	3.3 货物出库	3.3.1 能根据企业内部控制规范、销售合同，准确编制与合同内容一致的销售通知单并根据授权批准流程进行审批。 3.3.2 能根据企业内部控制规范、企业销售管理制度，准确审核销售通知单发货信息与出库实物的一致性，保证账实一致性。 3.3.3 能根据企业内部控制规范、企业销售管理制度，及时跟踪货物运输情况、验收情况，确保货物安全交付客户并取得验收确认。 3.3.4 能根据企业内部控制规范、销售合同，准确编制销售台账，登记商品开单、发货、收款等信息，确保掌握和控制销售进度。 3.3.5 能根据企业销售管理制度、销售合同，准确编制退换货申请单，判断客户退换货要求的合理性并根据授权批准流程进行审批。 3.3.6 能根据企业内部控制规范、企业销售管理制度，准确编制退换货处理报告，对退换货物质量和数量进行检验和清点，根据授权批准流程进行审批。

续表

工作领域	工作任务	职业技能等级要求
4. 资金结算	4.1 采购付款结算	4.1.1 能根据企业内部控制规范、《中华人民共和国发票管理办法》，准确审核发票的种类、金额、税额等方面的合规性、合法性，以及与采购合同的一致性。 4.1.2 能根据企业内部控制规范、企业资金管理制度，结合发票收到情况、货物入库情况，准确审核付款申请的付款时间和金额，选择低风险方式结算货款并根据授权批准流程进行审批。 4.1.3 能根据企业内部控制规范、企业资金管理制度，编制供应商账户余额表，定期向供应商寄发对账函，核对应付账款、应付票据、预付账款等往来款项，确保企业和供应商的往来账务一致、真实。 4.1.4 能根据企业内部控制规范、企业资金管理制度，结合采购合同、付款结算情况，审核退货凭证，办理退款或者取消付款的审批。
	4.2 销售收款结算	4.2.1 根据企业内部控制规范、企业销售管理制度，准确编制对账函进行对账工作，确保企业和客户的往来账务一致、真实。 4.2.2 能根据企业内部控制规范、企业销售管理制度、销售合同，及时编制应收账款催收函，保证账款在合同规定期限内入账。 4.2.3 能根据企业内部控制规范、企业资金管理制度，准确编制应收账款账龄分析表，监控应收账款数据变化情况，保证企业回款的及时性。 4.2.4 能根据企业内部控制规范、销售合同，开具符合合同要求的销售发票开票通知单并根据授权批准流程进行审批。 4.2.5 能根据《中华人民共和国发票管理办法》、销售发票开票通知单，及时、准确开具增值税发票。 4.2.6 能根据企业内部控制规范、企业资金管理制度，对收到的业务单据进行核对，确保会计记录与业务记录一致。
	4.3 费用结算	4.3.1 能根据企业内部控制规范、企业财务管理制度，准确判断报销凭证内容的合法性、合规性和合理性。 4.3.2 能根据企业内部控制规范、企业财务管理制度，准确执行不同费用报销形式的授权审批流程，保证费用报销的合规性。 4.3.3 能根据企业内部控制规范、企业财务管理制度，准确编制其他应收款台账，分析员工费用借款的增减变动、余额及每笔账龄等财务信息。 4.3.4 能根据企业内部控制规范、企业财务管理制度，准确编制员工费用借款催收通知，保证员工及时还款。
	4.4 资金筹集与运用	4.4.1 能根据企业实际经营情况，结合应收账款、应付账款、存货相关数据，准确编制现金周转期分析表。 4.4.2 能根据企业内部控制规范、资金需求计划，区分需求用途，选择合适的借款时间、借款期限、借款金额，准确编制借款申请书并根据授权批准流程进行审批。 4.4.3 能根据企业内部控制规范、借款合同，准确核实还款时间和金额，选择合适的还款时间和还款方式，编制资金调拨单并根据授权批准流程进行审批。

续表

工作领域	工作任务	职业技能等级要求
5. 财务报表分析	5.1 资产负债表分析	5.1.1 能根据企业多期资产负债表，准确编制总量分析表，对比分析资产、负债、所有者权益的总量变化情况。 5.1.2 能根据企业多期资产负债表，准确编制资产结构变动分析表，对比分析资产各项目结构及变化情况，及时发现异常数据。 5.1.3 能根据企业多期资产负债表，准确编制负债结构变动分析表，对比分析负债各项目结构及变化情况，及时发现异常数据。
	5.2 利润表分析	5.2.1 能根据企业多期利润表，准确编制利润分析表，对比分析收入、费用、利润等总量和结构及其变化情况。 5.2.2 能根据企业多期利润表，结合企业实际销售情况，准确编制销售收入构成分析表，分析各产品、各区域、各销售人员在产品销售收入中的构成及变化情况，及时发现异常数据。 5.2.3 能根据企业多期利润表，结合企业实际销售情况，准确编制销售费用构成分析表，分析销售费用明细项目的构成及变化情况，及时发现异常费用。 5.2.4 能根据企业多期利润表，结合企业实际销售情况，准确编制管理费用构成分析表，分析管理费用明细项目的构成及变化情况，及时发现异常费用。 5.2.5 能根据企业实际销售情况，准确编制产品市场占有率分析表，分析企业产品销售在同类产品销售中的占比情况。
	5.3 现金流量表分析	5.3.1 能根据企业多期现金流量表，准确编制现金流量项目组合分析表，分析现金流量各项目构成及变化情况。 5.3.2 能根据企业多期现金流量表，结合企业实际销售情况，准确编制现金流入结构分析表，分析现金流入构成及变化情况，及时发现异常流动。 5.3.3 能根据企业多期现金流量表，结合企业实际销售情况，准确编制现金流出结构分析表，分析现金流出构成及变化情况，及时发现异常流动。

表 2　数字化管理会计职业技能等级要求（中级）

工作领域	工作任务	职业技能等级要求
1. 预算管理	1.1 预算编制	1.1.1 能根据《管理会计应用指引》，结合企业数据信息，正确获取和理解企业的战略规划和企业的年度目标。 1.1.2 能根据《管理会计应用指引》，结合企业实际情况、战略规划和销售数据资料，采用固定预算、弹性预算、增量预算、零基预算、定期预算、滚动预算等工具方法，运用定量预测和定性预测等方法，准确编制销售部门预算。 1.1.3 能根据《管理会计应用指引》，结合企业实际情况、战略规划、生产数据资料等相关数据信息，采用固定预算、弹性预算、增量预算、零基预算、定期预算、滚动预算等工具方法，运用“以销定产”的原则和存货管理模式，准确编制生产部门预算。

续表

工作领域	工作任务	职业技能等级要求
1. 预算管理	1.1 预算编制	1.1.4 能根据《管理会计应用指引》，结合企业实际情况、战略规划、供应商数据资料等相关数据信息，采用固定预算、弹性预算、增量预算、零基预算、定期预算、滚动预算等工具方法，运用直接采购、比价采购、协议采购、招标采购等多种方式，准确编制采购部门预算。 1.1.5 能根据《管理会计应用指引》，结合企业实际情况、战略规划、管理部门数据资料等相关数据信息，采用固定预算、弹性预算、增量预算、零基预算、定期预算、滚动预算等工具方法，准确编制管理部门预算。 1.1.6 能根据《管理会计应用指引》，结合企业实际情况、战略规划、财务数据资料等相关数据信息，采用固定预算、弹性预算、增量预算、零基预算、定期预算、滚动预算等工具方法，准确编制财务部门预算。
	1.2 预算分析	1.2.1 能根据《管理会计应用指引》，结合销售预算执行数据进行分析，监督销售预算执行情况，分析销售预算执行差异，调整销售部门预算。 1.2.2 能根据《管理会计应用指引》，结合生产预算执行数据进行分析，监督生产预算执行情况，分析生产预算执行差异，调整生产部门预算。 1.2.3 能根据《管理会计应用指引》，结合采购预算执行数据进行分析，监督采购预算执行情况，分析采购预算执行差异，调整采购部门预算。 1.2.4 能根据《管理会计应用指引》，结合管理费用预算执行数据进行分析，监督管理费用预算执行情况，分析管理费用预算执行差异，调整管理部门预算。 1.2.5 能根据《管理会计应用指引》，结合财务费用预算执行数据进行分析，监督财务费用预算执行情况，分析财务预算执行差异，调整财务部门预算。
	1.3 预算考核	1.3.1 能根据《管理会计应用指引》，结合企业的实际销售数据，采用直接法，对比销售预算实际执行情况与销售部门指标，明确销售差异及其产生的原因。 1.3.2 能根据《管理会计应用指引》，结合企业的实际生产数据，采用直接法，对比生产预算实际执行情况与生产部门指标，明确生产差异及其产生的原因。 1.3.3 能根据《管理会计应用指引》，结合企业的实际采购数据，采用直接法，对比采购预算实际执行情况与采购部门指标，明确采购差异及其产生的原因。 1.3.4 能根据《管理会计应用指引》，结合企业的实际管理费用数据，采用直接法，对比管理预算实际执行情况与管理部门目标，明确管理费用差异及其产生的原因。 1.3.5 能根据《管理会计应用指引》，结合企业的实际财务数据，采用直接法，对比财务预算实际执行情况与财务部门目标，明确预算执行差异及其产生的原因。

续表

工作领域	工作任务	职业技能等级要求
2. 投融资管理	2.1 投资管理	2.1.1 能根据《管理会计应用指引》，结合企业战略规划和数据信息，分析企业资金、销售和生产状况，确定企业投资项目。 2.1.2 能根据《管理会计应用指引》，结合企业生产数据，采用投资回收期、净现值、内含报酬率等指标和方法，对投资项目进行可行性分析。 2.1.3 能根据《管理会计应用指引》，结合企业生产数据和实际投资执行情况，对项目投资结果做出评价。
	2.2 融资管理	2.2.1 能根据《管理会计应用指引》，结合企业实际资金量和投资项目，判断企业是否需要进行融资。 2.2.2 能根据《管理会计应用指引》，结合企业实际资金量和投资项目，通过资本成本、贷款金额、贷款条件等信息选择合理的融资方法。 2.2.3 能根据《管理会计应用指引》，结合企业投资项目和融资执行情况，对融资计划和执行结果做出评价。
3. 营运管理	3.1 本量利分析	3.1.1 能根据《管理会计应用指引》，结合企业各部门预算数据，采用边际分析方法，对企业的边际贡献和利润进行分析。 3.1.2 能根据《管理会计应用指引》，结合企业各部门预算数据，采用本量利分析方法，对企业盈亏平衡时的销售量或销售额进行分析。 3.1.3 能根据《管理会计应用指引》，结合企业各部门预算数据，采用本量利分析方法，对企业实现目标利润时的业务量、收入和成本进行分析。 3.1.4 能根据《管理会计应用指引》，结合企业各部门预算数据，采用敏感性分析方法，对单价、单位变动成本、固定成本等因素对实现企业目标利润的影响及其敏感程度进行分析。
	3.2 营运数据分析	3.2.1 能根据《管理会计应用指引》，结合企业销售执行情况，识别影响销售目标实现的风险因素，从销售目标、执行情况和结果差异三个方面对销售环节进行评价分析。 3.2.2 能根据《管理会计应用指引》，结合企业采购执行情况，识别影响采购目标实现的风险因素，从采购目标、执行情况和结果差异三个方面对采购环节进行评价分析。 3.2.3 能根据《管理会计应用指引》，结合企业生产执行情况，识别影响生产目标实现的风险因素，从生产目标、执行情况和结果差异三个方面对生产环节进行评价分析。 3.2.4 能根据《管理会计应用指引》，结合企业资金运动情况，识别影响财务目标实现的风险因素，并从财务目标、执行情况和结果差异三个方面对资金运用环节进行评价。

续表

工作领域	工作任务	职业技能等级要求
4. 成本管理	4.1 成本预测	4.1.1 能根据《管理会计基本指引》，结合企业实际生产状况，分析产品成本性态，把各项成本分为固定成本和变动成本。 4.1.2 能根据《管理会计基本指引》，结合统计的数据信息，采用加权平均法，把固定成本总额和变动成本按照其确定的权数进行加权，从而预测产品未来成本总额。 4.1.3 能根据《管理会计基本指引》，结合企业数据信息，采用目标成本法，利用产品的价格构成来分析计算产品的目标成本。 4.1.4 能根据《管理会计基本指引》，结合现有的生产技术水平，采用技术测定法，在充分挖掘生产潜力的基础上，对影响人力、物力消耗的各因素进行技术测试，分析计算产品的单位标准成本。
	4.2 成本控制	4.2.1 能根据《管理会计基本指引》，结合企业现有生产条件，采用对比法，在技术水平不变和提高技术水平的基础上分析产品成本的大小。 4.2.2 能根据《管理会计基本指引》，结合企业材料采购和投产的数据信息，采用对比法，分析材料价格、材料消耗定额和材料利用率等因素对产品单位成本的影响程度。 4.2.3 能根据《管理会计基本指引》，结合企业生产的数据信息，采用对比法，分析直接人工、变动制造费用等因素对产品单位成本的影响程度。
	4.3 成本分析	4.3.1 能根据《管理会计基本指引》，结合企业采购和生产数据信息，采用标准成本法，计算材料数量差异和材料价格差异。 4.3.2 能根据《管理会计基本指引》，结合企业生产数据信息，采用标准成本法，计算直接人工工资率差异和工时耗量差异。 4.3.3 能根据《管理会计基本指引》，结合企业生产数据信息，采用标准成本法，计算变动制造费用分配率差异和效率差异。 4.3.4 能根据《管理会计基本指引》，结合企业生产数据信息，采用标准成本法，计算固定制造费用开支差异、能力差异和效益差异。

表3　数字化管理会计职业技能等级要求（高级）

工作领域	工作任务	职业技能等级要求
1. 战略管理	1.1 内外部环境分析	1.1.1 能根据《管理会计基本指引》，结合全面、真实和可靠的宏观环境（包括政治、经济、社会、文化、法律及技术等信息）、行业竞争环境等外部环境信息，采用外部因素评价矩阵（EFE）分析企业面临的机会和威胁。 1.1.2 能根据《管理会计基本指引》，结合行业、竞争对手和外部市场环境信息，采用竞争态势矩阵（CPM）分析主要竞争对手的优势和弱点。 1.1.3 能根据《管理会计基本指引》，结合当前的实际经营状况，分析现行的战略、资源、能力和核心竞争力等因素，运用内部因素评价矩阵（IFE）分析企业自身的优势和劣势。

续表

工作领域	工作任务	职业技能等级要求
1. 战略管理	1.2 战略分析与选择	1.2.1 能根据《管理会计基本指引》，结合分析出的企业优势和劣势、企业面临的机会和威胁等信息，运用SWOT分析法对每一业务流程按照其优势强弱划分等级，为制定战略目标奠定基础。 1.2.2 能根据《管理会计基本指引》，结合企业的数据信息，运用波士顿矩阵法，有效分析企业的产品模式或产品组合。 1.2.3 能根据《管理会计基本指引》，结合企业的数据信息，通过分析供应商的讨价还价能力、购买者的讨价还价能力、潜在竞争者进入的能力、替代品的替代能力、行业内竞争者现在的竞争能力，运用波特五力分析方法，确定企业的市场地位。
	1.3 战略制定	1.3.1 能根据《管理会计基本指引》，结合战略分析结果，选择自上而下、自下而上或上下结合的方法确定企业长期的战略方向。 1.3.2 能根据《管理会计基本指引》，结合战略目标，分析现有服务对象、可能的客户、新产品和新服务，寻求业务改善的最大路径，从财务维度准确确定年度战略目标。 1.3.3 能根据《管理会计基本指引》，结合企业客户数据信息，从产品质量、技术领先等方面分析，从客户维度准确确定年度战略目标。 1.3.4 能根据《管理会计基本指引》，结合企业客户数据信息，从业务提升路径和服务定位方向分析梳理流程，从内部业务流程的角度准确确定年度战略目标。
	1.4 战略实施	1.4.1 能根据《管理会计基本指引》，结合企业战略规划，采用零基预算法，建立滚动预算模型，准确确定业务预算数据和财务预算数据。 1.4.2 能根据《管理会计基本指引》，结合企业战略规划，运用投资回收期、净现值和内含报酬率等指标和方法准确确定投资计划。 1.4.3 能根据《管理会计基本指引》，结合数据信息资料，通过资本成本、贷款金额、贷款条件等信息筹备资金量。 1.4.4 能根据《管理会计基本指引》，结合企业数据资料和相关信息，对企业进行标准的季度和年度经营。
2. 风险管理	2.1 风险识别	2.1.1 能根据《管理会计基本指引》，结合企业经营过程中的环境风险数据，运用清单法、专家调查法等方法，通过对外部环境变化的资料和对偏离企业预定生产经营计划产生经济风险的记录来分析、归纳和整理，进行环境风险识别分析。 2.1.2 能根据《管理会计基本指引》，结合企业经营过程中的市场风险数据，运用风险矩阵法等方法，通过对市场结构的资料和对企业生产经营计划偏离企业既定经营目标产生经济风险的记录来分析、归纳和整理，进行市场风险识别分析。 2.1.3 能根据《管理会计基本指引》，结合企业经营过程中的技术风险数据，运用安全检查表分析法、风险矩阵分析法等方法，通过对技术、商业或者市场的资料和对技术创新过程中的风险记录来分析、归纳和整理，进行技术风险识别。

续表

工作领域	工作任务	职业技能等级要求
2. 风险管理	2.1 风险识别	2.1.4 能根据《管理会计基本指引》，结合企业经营过程中的生产风险数据，运用生产流程分析法等方法，通过对生产计划执行过程中产生的偏离企业预定生产计划而产生的风险记录来分析、归纳和整理，进行生产风险识别。 2.1.5 能根据《管理会计基本指引》，结合企业经营过程中的财务风险数据，运用定性分析法、定量分析法、数据分析法等，通过对企业收支状况偏离预定计划而产生的风险记录来分析、归纳和整理，进行财务风险识别。
	2.2 风险评估	2.2.1 能根据《管理会计基本指引》，结合企业自身情况和识别出的风险，根据列出的风险清单和风险评级，对风险成因和特征、风险之间的相互关系，以及风险发生的可能性、对目标影响程度和可能持续的时间进行分析。 2.2.2 能根据《管理会计基本指引》，结合企业自身情况和风险分析情况，运用定性风险分析法或风险率风险评价法等方法，确定对企业实现目标的影响程度、风险的价值，确定风险重要性水平。
	2.3 风险预警分析	2.3.1 能根据《管理会计基本指引》，结合企业自身情况和数据信息，运用风险矩阵法，建立定量和定性风险预警指标体系。 2.3.2 能根据《管理会计基本指引》，结合企业自身情况、建立的风险预警指标体系，通过将指标值与预警临界值的比较，对企业风险的状况进行监测。 2.3.3 能根据《管理会计基本指引》，结合企业自身情况，根据风险监测的结果，识别预警信号，进行风险预警分级。
	2.4 风险应对策略分析	2.4.1 能根据《管理会计基本指引》，结合企业自身情况，通过对风险预警等级进行分析，对于不可预见的在整体风险承受能力和可接受的风险范围内的风险，采取风险接受策略应对。 2.4.2 能根据《管理会计基本指引》，结合企业自身情况，通过对风险预警等级进行分析，对于风险预警等级较高、潜在威胁极大、超出整体风险承受能力和可接受的风险，采取项目管理方法、原型法等相应的风险规避方法应对。 2.4.3 能根据《管理会计基本指引》，结合企业自身情况，通过对风险预警等级进行分析，对不能接受又不能回避或缓解的风险，采取合同或保险等风险转移策略应对。 2.4.4 能根据《管理会计基本指引》，结合企业自身情况，通过对风险预警等级进行分析，对于无法降低风险概率等的风险，根据风险控制的阶段，采取事前、事中或事后风险减轻策略应对。

续表

工作领域	工作任务	职业技能等级要求
3. 成本管理	3.1 标准成本分析	3.1.1 能根据《管理会计基本指引》，结合企业的生产数据信息，采用标准成本法，从耗量和价格方面分析并准确计算直接材料差异。 3.1.2 能根据《管理会计基本指引》，结合企业的生产数据信息，采用标准成本法，从直接人工工资率和工时耗量方面分析并准确计算直接人工差异。 3.1.3 能根据《管理会计基本指引》，结合企业的生产数据信息，采用标准成本法，从费用分配率和效率方面分析并准确计算变动制造费用差异。 3.1.4 能根据《管理会计基本指引》，结合企业的生产数据信息，采用标准成本法，从开支、能力和效率方面分析并准确计算固定制造费用差异。
	3.2 作业成本分析	3.2.1 能根据《管理会计基本指引》，结合企业的生产经营数据，采用作业成本法，分析和确定企业生产流程中需要的各项资源耗费。 3.2.2 能根据《管理会计基本指引》，结合企业的生产流程，采用作业成本法、作业流程法或价值链分析法，确定生产系统中的各个作业。 3.2.3 能根据《管理会计基本指引》，结合资源动因的不同，通过作业成本法，把各个资源归集到不同的作业中。 3.2.4 能根据《管理会计基本指引》，结合成本与作业之间的作业动因，通过作业成本法，确定不同作业的作业量。 3.2.5 能根据《管理会计基本指引》，结合资源耗费和作业量，通过作业成本法，准确计算产品成本。
4. 绩效管理	4.1 绩效计划制订	4.1.1 能根据《管理会计基本指引》，结合战略目标、企业不同的管理要求和绩效管理对象，选择关键绩效指标法、经济增加值法或平衡计分卡法等绩效管理方法，综合考虑内外部因素，构建绩效指标体系。 4.1.2 能根据《管理会计基本指引》，采用指标权重方法，确定指标的权重。 4.1.3 能根据《管理会计基本指引》，结合行业、企业内部标准，确定目标值。 4.1.4 能根据《管理会计基本指引》，结合企业内部管理的需求，选择定量法、定型法确定绩效评价方法。
	4.2 绩效考核	4.2.1 能根据《管理会计基本指引》，结合制订的绩效计划，形成完整的书面文件，落实到每个部门、每位员工，形成全方位的责任体系。 4.2.2 能根据《管理会计基本指引》，结合绩效计划执行情况，建立监督机制并及时记录，进行偏差分析，持续优化流程。 4.2.3 能根据《管理会计基本指引》，结合绩效计划实际执行的情况，收集绩效计划的相关信息，获取实际值并计算相关评价分值。

续表

工作领域	工作任务	职业技能等级要求
5. 管理会计报告	5.1 管理会计报告体系建立	5.1.1 能根据《管理会计基本指引》，结合企业实际组织机构设置确定管理会计报告体系。 5.1.2 能根据《管理会计基本指引》，结合企业实际组织机构设置制定管理会计报告的编制、审批、报送、使用、评价流程。 5.1.3 能根据《管理会计基本指引》，结合企业实际管理需要和管理会计活动的性质设定管理会计报告编制期间。 5.1.4 能根据《管理会计基本指引》，结合企业管理会计报告使用者所处的层级制定不同层次管理会计报告的范围。
	5.2 管理会计报告编制与分析	5.2.1 能根据《管理会计基本指引》，结合企业战略规划、决策、控制和评价等管理活动，设计战略管理、投融资、运营、全面预算与业绩评价等战略管理层管理会计报告的内容及指标。 5.2.2 能根据《管理会计基本指引》，利用信息化技术，对企业内外部环境进行分析，选择设定战略目标，编制服务于股东大会、董事会、监事会等的战略层管理会计报告。 5.2.3 能根据《管理会计基本指引》，结合企业的经营管理活动，设计预算、投资、项目可行性分析、融资、资金管理、成本管理等经营层管理会计报告的内容及指标。
	5.3 管理会计报告评价与优化	5.3.1 能根据《管理会计基本指引》，对战略层管理会计报告的使用效果进行反馈，做出评价，提出优化建议。 5.3.2 能根据《管理会计基本指引》，对经营层管理会计报告的使用效果进行反馈，做出评价，提出优化建议。

参考文献

[1]《企业内部控制基本规范》(财会〔2008〕7 号).

[2]《企业会计信息化工作规范》(财会〔2013〕20 号).

[3]《小企业内部控制规范（试行）》(财会〔2017〕21 号).

[4]《关于全面推进管理会计体系建设的指导意见》(财会〔2014〕27 号).

[5]《管理会计基本指引》(财会〔2016〕10 号).

[6]《会计基础工作规范》(中华人民共和国财政部令第 98 号).

（六）大数据财务分析职业技能等级标准

1. 扑面而来的大数据时代

国内读者最早阅读的大数据方面的书籍或许是 2013 年由涂子沛教授出版的《大数据》，这是一本视角独特、取材新颖、别开生面的好书。古希腊数学家与哲学家毕达哥拉斯曾言简意赅地指出："万物皆数"，这一切正在成为现实。自从资讯革命以来，资讯工具、硬件、软件平行发展，与时俱进。大数据之所以产生，是因为今天无处不在的传感器和微处理器，我们正在迈进普适计算的数据时代。

21世纪是数据信息大发展的时代，移动互联、社交网络、电子商务等极大拓展了互联网的边界和应用范围，各种数据正在迅速膨胀。2008年9月《自然》杂志刊登了一个名为"BigData"的专辑，首次提出大数据概念。忽如一夜春风来，千"数"万"数"梨花开。大数据这个概念突然之间席卷全球，势不可当。其实早在20世纪60年代，美国就意识到数据在教育决策中的重要地位。世界上最早提出大数据时代到来的是全球知名咨询公司麦肯锡。2011年6月，麦肯锡全球研究所发布一份研究报告——《大数据的下一个前沿：创新、竞争和生产力》，报告中称："数据，已经渗透到当今每一个行业和业务职能领域。"2011年和2012年达沃斯世界经济论坛都将大数据作为专题讨论的主题之一。大数据浪潮汹涌来袭，与互联网的发明一样，这绝不仅仅是信息技术领域的革命，更是在全球范围启动透明政府、加速企业创新、引领社会变革的利器。2012年新加坡成立了德勤数据分析研究所(DAI)，其目的就是引领政府和企业对于数据的研究和应用。大数据真正的精髓，不是数据量的爆炸性增长和数据形态的多样性，而是数据与数据之间关联形式的变化。所以，唐斯斯等学者说，大数据是一种技术，大数据是一种能力，大数据是一种理念，大数据是一个时代。大数据对会计行业的促进作用，将直接驱动会计的第三次革命，一定程度上会彻底改变企业财务分析的范式。

2015年8月31日，国务院印发了《促进大数据发展行动纲要》，该纲要鼓励高等院校、职业院校和企业合作，加强职业技能人才实践培养，积极培育大数据技术和应用创新型人才。纲要中有四个关键词：大数据、共享、开放、安全，其中"大数据"就出现198次。大数据能告诉我们什么是最有效率的，并且揭示那些过去无从发现的谜题。

从传统教育转向智能学习已是教育发展的大趋势。智能学习平台只是大数据大潮在教育领域掀起的一朵浪花。正如维克托·迈尔-舍恩伯格和肯尼思·库克耶联袂出版的《与大数据同行——学习和教育的未来》一书中所说，"大数据改善学习的三大核心要素：反馈、个性化和概率预测。大数据有能力将数据的生存与处理、利用分隔开来——在信息上与教育松绑，同时将学校和课本转化为数据平台，促进学习效果的改善。有了大数据，教育的性质将从根本上发生改变。"

黎加厚教授在为《与大数据同行——学习和教育的未来》一书作序时写道，大数据对社会生产和生活的影响，在教育以外的行业已经十分明显，无论是银行、电信、铁路、航空，还是军事、政治、工业、商业，基于大数据的决策已经成为现代社会各行业运行的基础。大数据已经且必将继续影响我们的经济和生活，2020年新冠肺炎疫情防控的健康码就是大数据的充分应用。

但是，至今为止，我们的教育系统依然沿袭远古教育的范式，主要依靠教师的个人教学经验对课堂上学生的学习行为进行判断和制定教学策略。

2. 大数据是会计的未来

会计学术联盟于2018年1月21日刊文，新加坡管理大学会计学院院长程强教授认为：科技将改变会计行业的趋势是毋庸置疑的。我们更该关注的是，科技将如何改变会计和会计专业？会计师事务所和教育工作者应如何应对？以一家大型跨国公司为例，过去，它必须派出一组会计人员到各个子公司，以确保数据被收集、处理和与总部进行沟通。现在，大公司一般都有一个庞大且全面的会计信息系统，它可以自动地收集和处理数据。数据比以往任何时候都更加丰富。在这个转型过程中，那些只做常规工作和收集数据的会计师很可能会失去工作。与此同时，需要更多的会计师来处理这些数据，并为高层管理者提供有用的信息，以帮助他们做出更有效的决策。

未来，会计行业将会变得更加重要。因为会计天天跟数据打交道，而且自身还会源源不断产生新的数据，为企业决策提供数据支撑。会计行业的发展进化，也一定离不开科技的影响，重复性、低层次的工作将被自动化。这些变化表明，未来的会计专业人士需要更好地发展未来所需的技能——批判性思维、专业判断能力、沟通技巧以及懂得如何运用科技来处理数据等。仅仅记住会计准则，能够编制交易分录，这是远远不够的。而且，未来财务人员利用大数据在决策支持、预见性分析及绩效管理上花费的时间将从现在的25%上升至75%。大数据就是会计的未来。

南京审计大学董必荣教授认为，在大数据时代，大数据会计具有全新特点，如数据来源广泛且凸显个性化，数据种类繁杂且数量巨大，价值数据难于识别且异质需求普遍等。传统会计时代，会计数据基本来源于结构化数据；大数据会计时代，会计数据更多来源于半结构化数据以及非结构化数据。传统会计流程是以结构化数据为核心对企业发生的经济业务进行复式记账、填制凭证、成本核算、登记账簿和编制财务报告，但在互联网、大数据、云计算相互融合的当下，传统会计流程发生了“质”的改变，大数据会计时代出现，传统会计流程将成为大数据会计流程中的一小部分。大数据会计流程将更加关注于半结构化数据与非结构化数据的处理、归纳、核算与监控，以满足组织内部全面、实时、动态的战略管理需求，以及会计信息外部需求者多样化与个性化的决策需求，大数据财务分析的重要性不言而喻。

大数据时代对会计人员的执业能力有了更高的要求。新道科技股份有限公司的贾大明博士提出了大数据时代财务人员应具备的六大能力要素：一是数据采集能力（具备采集企业各种经营活动、财务活动、生产活动中由外部或内部产生的各种凭证的能力）；二是数据清洗能力（具备数据识别、数据转换、数据校验与数据回溯能力，确保原始数据的真实性和有效性）；三是数据挖掘建模分析能力（具备对企业财务数据进行数据挖掘建模分析的能力，从而发现企业经营中的问题和风险）；四是数据应用与决策分析能力（能够运用大数据分析方法，通过对企业财务与经营数据进行分析，辅助经营和决策）；五是数据分析工具操作能力（熟悉常用的大数据分析工具的操作，可以通过数据分析工具对企业财务数据进行分析挖掘、构建模型）；六是数据呈现能力（具备根据企业财务数据进行图表展现的能力，以便分析数据背后反映的趋势、警示与价值）。

2020年1月9日，中兴新云与南京大学智能财务研究院、厦门大学会计系联合发布2020财务未来发展报告《财务的自动化 智能化 数字化》，报告探讨了数字经济浪潮下，财务的角色正在被重塑——基于共享服务完成信息化再造，进而逐步迈向自动化、智能化和数字化，成为企业的“数字神经系统”。数字技术正在重塑全球经济，毋庸置疑，这是一次 CFO 能够有效把握的绝佳契机。财务作为企业重要的数字部门，运用大数据技术，精准开展并帮助财务人员对企业经营过程中的大数据进行实时分析，为企业经营和发展提供专业洞见，就是一个最佳的行动指南。

3. 大数据财务分析职业技能等级标准

什么是大数据财务分析？大数据财务分析是对组织内外部规模巨大的财务相关数据（除财务数据和结构化数据之外，也包括大量的非财务数据和非结构化数据）进行收集、准备、分析、行动的一套专门技术和方法，是会计学科和信息学科跨界融合的产物。

大数据财务分析职业技能等级证书对标国际、立足本地，较好地融合了财务与数据分析两大专业领域的相关知识体系与技能要求，旨在培养学生运用通用商业智能工具解决实际财务与经营分析问题的能力，实现用数据来管理，用数据来决策，用数据来创新，用数据为组织经营活动与战略决策赋能，协同创造价值。在研发大数据财务分析职业技能等级标准过程中，相关人员除了开展问卷调查、走进企业实地调研、组织有关专家座谈，还参阅众多文献，融合多方智慧，比如：《数据分析思维能力框架》（美国安永基金会，2017 年）；《洞见数据价值：大数据挖掘要案纪实》（毕马威中国大数据团队，2018 年）；《中国管理会计师胜任能力框架》（北京国家会计学院，2018 年）；《全球特许管理会计师（CGMA）职业能力框架》（英国皇家特许管理会计师公会，2019 年）；《会计数据分析》（弗农·理查德森等，2019 年）等。可以说，这些文献是大数据财务分析职业技能等级标准开发的重要思想源泉。

大数据财务分析职业技能等级证书主要面向企业及各类经济组织、专业服务机构从事财务及业务基层运营的管理岗位，主要负责账表生成、需求分析、信息收集、数据整理、报表分析、经营分析、业务财务、审计合规、财务规划、预算绩效、决策支持、战略分析、风险管理、数据策略等工作。

大数据财务分析职业技能等级分为初级、中级、高级，三个级别依次递进，高级别涵盖低级别职业技能要求。

大数据财务分析职业技能（初级）：初步掌握大数据思维，具备运用基础数据技能在工作中从事数据初始准备、数据收集整理、数据工具选择、财务应用场景辨识的能力，并具备大数据基本职业操守。

大数据财务分析职业技能（中级）：掌握大数据思维，具备在工作中发现财务与业务数据需求，并运用相关专业工具进行数据准备与清理、建模与分析、可视化呈现的能力，具备运用数据库工具生成财务报表的能力。

大数据财务分析职业技能（高级）：熟练运用大数据思维，具备运用数据分析工具与方法融合财务专业技能进行财务报表分析、业绩管理分析、审计分析及内部控制系统分析的能力，为经营管理层提供专业建议，做好决策参谋。

《大数据财务分析职业技能等级标准》由北京首冠教育科技集团有限公司组织有关专家研发，2020 年 3 月已由教育部正式对外发布，现列示如下。

大数据财务分析职业技能等级标准

（2020 年 2.1 版）

北京首冠教育科技集团有限公司　制定

2020 年 3 月　发布

目　次

前　言

本标准按照 GB/T 1.1－2009 给出的规则起草。

本标准起草单位：中国信息协会大数据分会、北京国家会计学院、中国中煤能源集团有限公司、中车集团长春轨道客车股份有限公司、天职国际会计师事务所、北京大账房网络科技股份有限公司、北京首冠教育科技集团有限公司、北京国际广告传媒集团有限公司、美注在线（上海）科技有限公司、首都经济贸易大学、北京联合大学、北京财贸职业学院、桂林航天工业学院、广西大学行健文理学院、南宁学院、广西职业技术学院、广西经贸职业技术学院、重庆青年职业技术学院、上海东海职业技术学院、浙江工商职业技术学院、湖州职业技术学院、上海商业会计学校、杭州市财经职业学校。

本标准主要起草人：徐国栋、肖汉峰、山雨鑫、陈岗、岳将、阚振芳、袁小勇、张孝昆、王晓耕、严玉康、何勇、王莉萍、舒苏平、吴兰生、张杰、石意如、吴兴兴、张则岭、王昊、闭乐华、牛力、夏倩、文辉玲。

声明：本标准的知识产权归属于北京首冠教育科技集团有限公司，未经北京首冠教育科技集团有限公司同意，不得印刷、销售。

1. 范围

本标准规定了大数据财务分析职业技能等级对应的工作领域、工作任务及职业技能要求。

本标准适用于大数据财务分析职业技能培训、考核与评价，相关用人单位的人员聘用、培训与考核可参照使用。

2. 规范性引用文件

下列文件对于本标准的应用是必不可少的。凡是注日期的引用文件，仅注日期的版本适用于本标准。凡是不注日期的引用文件，其最新版本适用于本标准。

GB/T 19581 - 2004 会计核算软件数据接口

GB/T 12991.1 - 2008 数据库语言 SQL 第 1 部分：框架

GB/T 19024 - 2008 实现财务和经济效益的指南

GB/T 24589.1 - 2010 会计核算软件数据接口（共四部分）

GB/T 25500 - 2010 可扩展商业报告语言（XBRL）技术规范（共四部分）

GB/T 32180.1 - 2015 企业资源计划软件数据接口（共六部分）

GB/T 35274 - 2017 大数据服务安全能力要求

GB/T 35295 - 2017 大数据术语

GB/T 35589 - 2017 大数据技术参考模型

GB/T 37721 - 2019 大数据分析系统功能要求

GB/T 37722 - 2019 大数据存储与处理系统功能要求

GB/T 37973 - 2019 大数据安全管理指南

3. 术语和定义

GB/T 35295 - 2017 界定的以及下列术语和定义适用于本标准。

3.1 大数据（big data）

具有体量巨大、来源多样、生成极快且多变等特征，并且难以用传统数据体系结构有效处理的包含大量数据集的数据。

注：国际上，大数据的 4 个特征普遍不加修饰地直接用 volume、variety、velocity 和 variability 予以表述，并分别赋予了它们在大数据语境下的定义。

（1）体量（volume）：构成大数据的数据集的规模。

（2）多样性（variety）：数据可能来自多个数据仓库、数据领域或多种数据类型。

（3）速度（velocity）：单位时间的数据流量。

（4）多变性（variability）：大数据的其他特征，即体量、多样性和速度等特征都处于多变状态。

3.2 数据（data）

信息的可再解释的形式化表示，以适用于通信、解释或处理。

注：可以通过人工或自动手段处理数据。

3.3 元数据（metadata）

关于数据或数据元素的数据（可能包括其数据描述），以及关于数据拥有权、存取路径、访问权和数据易变性的数据。

3.4 结构化数据（structured data）

一种数据表示形式，按此种形式，由数据元素汇集而成的每个记录的结构都是一致的，并且可以使用关系模型予以有效描述。

3.5 非结构化数据（unstructured data）

不具有预定义模型或未以预定义方式组织的数据。

3.6 大数据生存周期模型（lifecycle model for big data）

用于描述大数据的“数据—信息—知识—价值”生存周期和指导大数据相关活动的模型。这些活动主要以收集、准备、分析和行动等阶段覆盖。

注：几个阶段的主要活动如下：

（1）收集阶段：采集原始数据并按原始数据形式存储；

（2）准备阶段：将原始数据转化为干净的、有组织的信息；

（3）分析阶段：利用有组织的信息产生合成的知识；

（4）行动阶段：运用合成的知识为组织生成价值。

3.7 数据仓库（data warehouse）

在数据准备之后用于永久性存储数据的数据库。

3.8 数据科学家（data scientist）

数据科学专业人员，他们具有足够的业务需求管理机制方面的知识、领域知识、分析技能以及用于管理数据生存周期每个阶段的端到端数据过程的软件和系统工程知识。

3.9 数据治理（data governance）

对数据进行处置、格式化和规范化的过程。

注1：数据治理是数据和数据系统管理的基本要素。

注2：数据治理涉及数据全生存周期管理，无论数据是处于静态、动态、未完成状态还是交易状态。

3.10 数据处理（data processing）

数据操作的系统执行。

注：术语“数据处理”不能用作“信息处理”的同义词。

3.11 数据管理（data management）

在数据处理系统中，提供对数据的访问、执行或监视数据的存储，以及控制输入输出操作等功能。

3.12 关系数据库（relational database）

数据按关系模型来组织的数据库。

3.13 查询语言（query language）

一种供用户用以对数据库中的数据进行检索并可能加以修改的数据操纵语言。例：结构化查询语言（SQL）。

3.14 可扩展商业报告语言（extensible business reporting language，XBRL）

一种基于可扩展置标语言（extensible markup language，XML）的开放性业务报告技术标准。它通过给财务会计报告等业务报告中的数据增加特定标记、定义相互关系，使计算机能够“读懂”这些报告，并进行符合业务逻辑的处理。

3.15 分析（analytics）

根据信息合成知识的过程。

3.16 财务分析（financial analytics）

以会计核算和报表资料及其他相关资料为依据，采用一系列专门的分析技术和方法，对企业等经济组织过去和现在有关筹资活动、投资活动、经营活动、分配活动的盈利能力、营运能力、偿债能力和增长能力状况等进行分析与评价的经济管理活动。它是为企业的投资者、债权人、经营者及其他关心企业的组织或个人了解企业过去、评价企业现状、预测企业未来做出正确决策提供准确的信息或依据的经济应用学科。

3.17 大数据财务分析（big data financial analytics）

对组织内外部规模巨大的财务相关数据（除财务数据和结构化数据之外，也包括大量的非财务数据和非结构化数据）进行收集、准备、分析、行动的一套专门技术和方法，是会计学科和信息学科跨界融合的产物。

3.18 商业智能（business Intelligence，BI）

又称商业智慧或商务智能，是指用现代数据仓库技术、线上分析处理技术、数据挖掘和数据展现技术进行数据分析以实现商业价值。

4. 适用院校专业

中等职业学校：会计、会计电算化、金融事务、统计事务、计算机应用、软件与信息服务等专业。

高等职业学校：会计、财务管理、审计、资产评估与管理、会计信息管理、财政、税务、金融管理、国际金融、信用管理、信息统计与分析、统计与会计核算、经济信息管理、工商企业管理、商务数据分析与应用、物流金融管理、计算机应用技术、计算机信息管理、软件与信息服务、大数据技术与应用等专业。

应用型本科学校：会计学、财务管理、审计学、资产评估、财务会计教育、财政学、税收学、金融学、金融数学、计算金融、信用管理、统计学、应用统计学、经济统计学、工商管理、信息资源管理、管理科学、信息管理与信息系统、信息与计算科学、数据科学与大数据技术、大数据管理与应用、数据计算及应用等专业。

5. 面向工作岗位（群）

大数据财务分析主要面向企业及各类经济组织、专业服务机构财务及业务基层运营及经营管理岗位人员，主要负责账表生成、需求分析、信息收集、数据整理、报表分析、经营分析、业务财务、审计合规、财务规划、预算绩效、决策支持、战略分析、风险管理、数据策略等岗位的工作。

6. 职业技能要求

6.1 职业技能等级划分

大数据财务分析职业技能等级分为三个：初级、中级、高级，三个级别依次递进，高级别涵盖低级别职业技能要求。

大数据财务分析职业技能（初级）：初步掌握大数据思维，具备运用基础数据技能在工作中从事数据初始准备、数据收集整理、数据工具选择、财务与业务应用场景辨识的能力，并具备大数据基本职业操守。

大数据财务分析职业技能（中级）：掌握大数据思维，具备在工作中发现财务与业务数据需求，并运用相关专业工具进行数据准备与清理、建模与分析、可视化呈现的能力，具备运用数据库工具生成财务报表的能力。

大数据财务分析职业技能（高级）：熟练运用大数据思维，具备运用数据分析工具与方法融合财务专业技能进行财务报表分析、业绩管理分析、审计分析及内部控制系统分析的能力，为经营管理层提供专业建议，做好决策参谋。

6.2 职业技能等级要求描述

职业技能等级要求分别包括初级（见表 1）、中级（见表 2）和高级（见表 3）。

表1　大数据财务分析职业技能等级要求（初级）

工作领域	工作任务	职业技能等级要求
1. 大数据初始与基础工作	1.1 组织内外大数据类型与量级辨识	1.1.1 理解什么是大数据 1.1.2 了解大数据的不同量级
	1.2 财务工作中的大数据问题识别	1.2.1 了解财务职能与大数据的关系 1.2.2 识别财务领域的大数据问题
	1.3 大数据分析分类	1.3.1 了解大数据相关术语 1.3.2 辨识大数据分析类型 1.3.3 理解大数据的价值
2. 大数据收集与辨识	2.1 大数据在财务及中小企业中的应用	2.1.1 从财务人员的视角理解大数据 2.1.2 从财务人员的视角理解数据发展史 2.1.3 从中小企业的视角理解大数据
	2.2 大数据收集与辨识工作	2.2.1 按来源收集大数据 2.2.2 根据特征辨识大数据 2.2.3 大数据的应用举例：零售调查
3. 大数据前瞻与趋势调研	3.1 大数据发展趋势追踪	3.1.1 了解大数据的最新发展趋势 3.1.2 了解大数据领域的专业研究机构
	3.2 大数据调研报告查询	3.2.1 了解高德纳公司（Gartner） 3.2.2 了解埃森哲公司（Accenture） 3.2.3 了解 New Vantage 公司
4. 大数据的业务应用：平台与工具选择	4.1 大数据业务场景化应用	4.1.1 理解大数据的应用目标 4.1.2 了解大数据的业务应用场景
	4.2 大数据应用风险识别	4.2.1 识别大数据的业务应用挑战 4.2.2 了解错误数据带来的风险 4.2.3 知晓 IT 领域的大数据常见错误
	4.3 大数据应用能力评价	4.3.1 评价组织的大数据能力 4.3.2 了解大数据的应用平台
	4.4 大数据分析平台与工具了解	4.4.1 知晓主流业务数据分析工具，如 Tableau 4.4.2 了解大数据开源框架 Hadoop、地图还原工具与 R 语言
5. 大数据的财务应用：场景与工具选择	5.1 大数据现实应用举例	5.1.1 提供大数据的现实应用举例 5.1.2 从电子商城案例中接触实际企业数据 5.1.3 了解各行业的大数据应用现状 5.1.4 识别大数据的现实应用场景
	5.2 利用大数据进行定价优化	5.2.1 使用大数据进行定价优化 5.2.2 利用大数据优化邮轮线路定价的案例
	5.3 各类大数据应用工具解析	5.3.1 了解预测型数据分析工具 5.3.2 了解其他大数据读取工具 5.3.3 了解数据库工具 5.3.4 了解大数据可视化工具
	5.4 大数据财务应用场景辨析	5.4.1 从财务人员的视角了解大数据 5.4.2 了解大数据的各类财务应用场景
	5.5 财务工作中的大数据应用	5.5.1 在财务工作中应用预测型数据分析 5.5.2 了解证券监管机构的数据分析应用

续表

工作领域	工作任务	职业技能等级要求
6. 大数据操守与安全问题考量	6.1 大数据应用合规	6.1.1 辨析大数据应用中的伦理问题 6.1.2 知晓大数据滥用的影响与后果 6.1.3 了解大数据失范行为的实例
	6.2 大数据安全管理	6.2.1 解读大数据安全与隐私问题 6.2.2 了解位置追踪与全域视频监控

表 2　大数据财务分析职业技能等级要求（中级）

工作领域	工作任务	职业技能等级要求
1. 财务与业务中的数据应用——需求发掘	1.1 数据分析与业务和财务的关系描述	1.1.1 了解数据分析的内涵 1.1.2 理解数据分析如何影响业务 1.1.3 理解数据分析如何影响财务
	1.2 数据分析的应用框架解析	1.2.1 掌握用 IMPACT 框架进行数据分析的流程 1.2.2 具备财务人员必备的数据分析思维 1.2.3 掌握将通用业务与财务问题转换为数据分析问题的能力
2. 数据准备与清理——数据认知	2.1 数据存储技术运用	2.1.1 识别会计循环中的数据使用与存储 2.1.2 了解关系型数据库的数据关系 2.1.3 了解数据字典的应用
	2.2 数据提取、转换与加载（ETL）运用	2.2.1 掌握数据提取方法 2.2.2 掌握数据转换方法 2.2.3 掌握数据加载方法
3. 数据建模与评价——数据分析	3.1 数据分析预处理	3.1.1 实施测试计划，选取分析方法 3.1.2 描述数据画像 3.1.3 缩减数据（规约）
	3.2 实施数据分析	3.2.1 应用回归分析方法 3.2.2 应用分类分析方法 3.2.3 应用聚类分析方法
4. 数据可视化呈现——结果分享	4.1 图表展示应用	4.1.1 定义分析结果的目标受众 4.1.2 选取适合的展示图表
	4.2 高阶展示应用	4.2.1 优化图表实现更佳呈现效果 4.2.2 有效沟通及分享分析洞见
5. 财务人员的数据库运用——实践案例	5.1 从交易型数据中检索、汇总、生成财务报表	5.1.1 设计并创建关系型数据库：交易型财务数据存储 5.1.2 从财务报表使用者的视角设计并创建数据库：SQL 应用 5.1.3 整合运用数据库技能与初阶 Python 技能

表 3　大数据财务分析职业技能等级要求（高级）

工作领域	工作任务	职业技能等级要求
1. 财务报表数据分析	1.1 可扩展商业报告语言（XBRL）在财务报表数据分析中的应用	1.1.1 利用 XBRL 标注财务报表数据 1.1.2 利用 XBRL 强化不同类型的财务比率分析 1.1.3 创建并解读财务报表数据可视化结果 1.1.4 掌握财务报表分析中的文本挖掘和情感分析技术

续表

工作领域	工作任务	职业技能等级要求
2. 业绩管理数据分析	2.1 关键绩效指标(KPIs)的创建与跟踪	2.1.1 识别管理需求，从指标库中选取适合的 KPIs 2.1.2 评价用于 KPIs 生成的基础数据质量 2.1.3 创建 KPIs 仪表盘 2.1.4 展示结果并持续跟踪
3. 审计数据分析	3.1 最新审计技术与持续审计的应用	3.1.1 了解最新审计技术 3.1.2 评估自动化生成的审计计划 3.1.3 理解审计测试的性质、范围与时间 3.1.4 选择适合的审计工作方法 3.1.5 评价持续审计中的审计警报 3.1.6 掌握审计工作底稿与工作流平台的使用
	3.2 审计数据分析的应用	3.2.1 理解不同类型的审计数据分析及其适用场景 3.2.2 掌握描述型审计数据分析方法 3.2.3 掌握诊断型审计数据分析方法，含本福特定律(Benford's Law) 3.2.4 掌握预测型审计数据分析方法 3.2.5 掌握处方型审计数据分析方法
4. 内部控制系统数据分析——实践案例	4.1 内部控制工具运用	4.1.1 理解"结果可控"：让员工对结果负责 4.1.2 理解"人员可控"：辨识选择、雇佣、晋升"对"的员工 4.1.3 理解"文化可控"：倡导正确的组织文化与行为准则
	4.2 内部控制系统中的数据分析应用	4.2.1 定义需求：将企业面临的管理控制问题分解为具体的数据问题 4.2.2 提出问题：向管理层和相关员工提出具体问题 4.2.3 收集数据：设计数据结构，收集归档记录以解释以上数据问题 4.2.4 分析数据：分析评价所收集的数据样式的意义 4.2.5 报告结果：向组织决策层报告沟通分析结果

参考文献

[1] GB/T 19581-2004 会计核算软件数据接口.

[2] GB/T 12991.1-2008 数据库语言 SQL 第1部分：框架.

[3] GB/T 19024-2008 实现财务和经济效益的指南.

[4] GB/T 24589.1-2010 会计核算软件数据接口（共四部分）.

[5] GB/T 25500-2010 可扩展商业报告语言（XBRL）技术规范（共四部分）.

[6] GB/T 32180.1-2015 企业资源计划软件数据接口（共六部分）.

[7] GB/T 35274-2017 大数据服务安全能力要求.

[8] GB/T 35295-2017 大数据术语.

[9] GB/T 35589-2017 大数据技术参考模型.

[10] GB/T 37721－2019 大数据分析系统功能要求.

[11] GB/T 37722－2019 大数据存储与处理系统功能要求.

[12] GB/T 37973－2019 大数据安全管理指南.

[13] 美国安永基金会. 数据分析思维能力框架 (2017).

[14] 毕马威中国大数据团队. 洞见数据价值：大数据挖掘要案纪实. 北京：清华大学出版社，2018.

[15] 北京国家会计学院. 中国管理会计师（CNMA）胜任能力框架（2018).

[16] 英国特许管理会计师公会. 全球特许管理会计师（CGMA）职业能力框架（2019).

[17] 弗农·理查德森，等. 会计数据分析. 麦克劳·希尔（McGraw Hill）出版集团，2019.

[18] 美国伊利诺伊大学德勤基金会商业分析中心案例，2019.

五、管理会计人才培养质量的检验与改进

（一）专业建设的价值取向：人才培养质量

价值取向是高职院校专业（群）建设的核心问题。系统推进会计专业和课程的结构调整，改革传统的学科型专业和课程模式，实现社会用人需求和学生个人成长需求有机融合，全面提高人才培养质量，是会计专业转型发展和持续改进的价值取向。

学术界一般认为现代大学有四大功能，即人才培养、科学研究、社会服务和文化传承与创新，其中人才培养是大学的核心功能。《中华人民共和国高等教育法》第三十一条明确规定，高等学校应当以培养人才为中心。2015 年 6 月 2 日，华东师范大学袁振国教授在《当代教育的五大使命》一文中指出："教育的定力来自对教育功能、价值、使命的正确、深刻的理解。教育的功能在于育人，教育的价值在于促进人的发展，促进所有人的发展，促进人的全面发展，促进人的个性发展，促进人的主动发展，促进人的终身发展是教育的当代使命。"2019 年 6 月 19 日，厦门大学邬大光教授在《光明日报》发表《大学人才培养须走出自己的路》一文，指出"大学必须守住人才培养这个根"。人才培养体系必须立足于培养什么人、怎样培养人这个根本问题来建设，可以借鉴国外有益经验，但必须扎根中国大地。可见，人才培养乃至人才培养质量保障是大学办学过程中需要着力解决的问题。毋庸置疑，改革开放以来，我国高等教育进行了若干重大领域改革，取得了显著成就。但同时也存在一个事实，我们必须重视，那就是与高等教育其他领域改革相比，高校人才培养仍是我国高等教育改革发展中的短板。

人才培养的主战场是课堂教学，课堂教学质量直接影响人才培养质量。

现实已经给我们敲响了警钟。2017 年 7 月 7 日，《人民日报》发文痛批"沉睡

中的大学生：你不失业，天理难容!”令人深思。今天有部分大学生不爱学习，“上课睡觉，课后刷剧，考试小抄”，学生常有“为什么学”的困惑。以下这份问卷调查就很能说明问题，2017 年，江苏某职业技术学院以“聚焦手机依赖行为、关爱青年学生成长——大学生手机依赖行为与课堂质量影响”为主题，对全省 16 所本专科院校的 1 000 余名大学生开展了为期 7 个月的走访调研。调查结果显示：上课时经常使用手机的学生占比 32.5%，偶尔使用手机的学生占比 41.3%，两项之和已达 73.8%。学生走进课堂本应是一个享受的过程，但现实恰恰是一个备受煎熬的过程。为什么会出现这样的状况？教师教学方法和信息化手段落后，“满堂灌”不能不说是一个重要原因。互联网时代，教师拥有知识的优势正在逐步消失，难怪有老师感慨，现在当老师真难。大学课堂教学究竟存在哪些问题，尽管仁者见仁、智者见智，但大家对有些问题的看法还是比较一致的，如：课堂教学只重知识，忽视过程与方法，更忽视意义与价值的习得。清华大学邱勇校长常讲：大学培养什么?排在第一位的是价值塑造，而不是知识和能力。曾任耶鲁大学校长的理查德·莱文在一次演讲中说：真正的教育，不传授任何的知识与技能。面对大智移云时代，我们会发现：关爱心灵、塑造品质、提升思维、促进成长才是教育的本质。课堂教学内容仅局限于教材与习题，忽视与学生经验、社会生活的连接，会使知识成为一座“孤岛”。2002 年，美国提出“21 世纪技能”，其内容包括：学习和创新技能，信息、媒体与技术技能和生活与职业技能。21 世纪初，欧盟提出了核心素养框架，即个人发展、社会融入和经济生活。课堂教学教师只关注教什么、怎么教，而没有很好地思考“学生真的在学习吗?”“学生到底学会了什么?”部分教师盲目追求课堂的大容量、高难度、快节奏，片面追求课堂的正确率和达成度，刻意追求教学形式的花哨与新奇，而学生缺乏真实的思考、探究和体会。课堂教学评价方式单一，重结果、轻过程、重分数、轻素养，“一看就会、一做就对”的机械训练结果仍被不少教师视为一种教育的“成功”。这种“虚假繁荣”的背后却是学生的迷茫和厌倦。教师站在讲台上“言不由衷”地在说教，学生常常“集体失语”。事实上，课堂教学的主要任务绝不是简单的传授知识，而是如何调动、激发学生积极地思考、自主地探究、大胆地质疑、踊跃地表达。这与韩愈讲的“传道、授业、解惑”一脉相承。课堂教学过分强调“标准化”，忽视了“有教无类”“因材施教”。卓别林主演的《摩登时代》生动揭示了标准化、流程化生产对人的戕害。现代教育的正确选择，应该是不断探索个别化、选择性、富有弹性的教育制度和方法，努力为学生的个性发展创造条件，使不同的学生在教育过程中变得更加不同，而不是把不同的学生变成相同的人。

基于较为普遍存在的“水课”现象，教育部部长陈宝生吹响了“课堂革命”的集结号。陈宝生部长强调：“把质量作为教育的生命线，坚持回归常识、回归本分、回归初心、回归梦想。深化人才培养模式改革，掀起‘课堂革命’，努力培养学生的创新精神和实践能力。”“课堂是教育的主战场，课堂一端连接学生，一端连接着民族的未来，教育改革只有进入到课堂的层面，才真正进入了深水区。课堂不变，教育就不变。教育不变，学生就不变。课堂是教育发展的核心地带。只有抓住课堂这个核心地带，教育才能真正发展。”

那么，什么是好的课堂教学？美国加利福尼亚大学洛杉矶分校的一位学者是这样回答的：大学课堂教学有五重境界，第一重境界是“安静（silence）”，即课堂上很安静，学生不发言；第二重境界是“回答（answer）”，即老师课堂上提出问题，学生们只回答对或不对，是或不是；第三重境界是“对话（dialogue）”，即老师与学生之间有一定的互动；第四重境界是“批判（critical）”，即学生会对老师的讲授内容提出质疑；第五重境界是“辩论（debate）”，即学生与老师互相反驳。我们认为：一堂好课的标准可能因人而异，但“无人袖手旁观，无人置身度外”一定是高水平的课堂。过去的课堂是以教师为中心的，其特征表现在：聚焦于教师的教，课堂是以讲授为主，学生交谈时间很少，学生少有发言权，教师控制着课堂，教室井井有条。未来课堂是以学生为主，其特征表现在：聚焦于学生的学，课堂是以任务为主，学生协作完成任务，学生交谈时间很多，学生控制着课堂，教室似乎有点混乱。优化课堂教学，是老师一生不懈的追求，要持续做好“五度”工作，即高度（教学和课程设计）、宽度（传授知识和技能）、厚度（教学内容和综合实训）、效度（教学方法和教学效率）、显度（教学资源和教学环境）。德国希尔伯特·迈尔教授的《怎样上课才最棒》一书的第二章写道，优质课堂教学的十项特征包括：清晰的课堂教学结构；高比例的有效学习时间；促进学习的课堂气氛；教学内容清晰明确；有意义的师生交流；教学方法多样化；促进学生个体发展；“巧妙”地安排练习任务；明确的学习成果期望；完备的课堂教学环境。

翻转式学习是21世纪学习的革命。风靡全球的“翻转课堂”是提高课堂质量的一个有益尝试。什么是翻转课堂？翻转课堂是指老师把课堂上“听课”的环节安排成预习作业，要求学生课前去观看课程视频，而学生在课堂上则主要进行小组讨论，就视频中的教学内容提出自己的观点和疑问。老师从讲台上解放出来，参与到学生的讨论中。翻转课堂起源于美国，有两个经典的范本：一个源于科罗拉多州林地公园高中两位科学教师的探索；另一个源于孟加拉裔美国人萨尔曼·可汗的实验。翻转课堂改变了传统授课方式，用视频再造教育，翻转式学习带来了教学方式的转变。传统教学方式：传统教学环境下的学习；课堂学习；讲课—作业—讲课—作业—考试；按理论点、技能点讲授，偶有项目案例；教师课堂讲授为主，学生被动学习；注重教学内容；缺少教学活动设计。新型教学方式：互联网环境下的学习；网络学习；世界课堂，基于视频课程开发的学习资源；按工作过程传授知识技能；在线课程学习、在线自测、自主学习；更加注重学习活动的设计和实施；体现能力本位。翻转课堂最重要的是学习理念的进步和教学设计的精细化、学习评价的多元化、智能化，并与最新的信息技术相结合，走向基于云计算的基础设施和基于大数据的分析，实现更加规模化、个性化、多元化、智能化的学习。

MOOC（慕课）风暴来袭，放大了翻转课堂效应。弗吉尼亚大学的校长曾对开放课程反应过慢，引起校董会的不满，被迫辞职。斯坦福大学教授预言：未来整个世界将只有 10 所大学。早在 2010 年，比尔·盖茨就说过，“未来世界上最好的大学是在互联网上”。2013 年斯坦福大学校长接受《纽约客》采访时称：“一场海啸正在来临”，相信“教育技术将颠覆现有高等教育体系，这是不容否认的”；“再见了，讲堂，学生已经厌倦了传统课堂并准备拥抱网络教育”。同年，当时的清华大学校长陈吉宁表示，在线教育提供了一种全新的知识传播模式和学习方式，将引发全球高等教育的一场重大变革。这场重大变革，与以往的网络教学有着本质区别，不单是教育技术的革新，更会带来教育观念、教育体制、教学方式、人才培养过程等方面的深刻变化。曾任上海交通大学校长、中科院院士张杰说：“慕课是印刷术发明以来最大的教育革新，更重要的是，它将改革大学教育，重塑高等教育版图。”2014 年，中国高水平大学大规模在线开放课程联盟宣告成立，首批上线的有“法与社会”“国际谈判与文化软实力”等 12 门课程。从 2015 年开始，微课在我国兴起，它回应着翻转课堂和 MOOC 浪潮。与 MOOC 一样，微课灵感来源于可汗学院（Khan Academy）的实验。利用微课资源，学生可以在家自主学习，如果学有困惑，可以暂停、倒退、重放，方便个性化地达成学习目标，实在不能解决的问题，可以记录下来，方便教师提供指导。课堂上可以通过作业、实验、工作坊等活动内化所学知识，很有翻转课堂中国化的味道。翻转课堂成功的关键，取决于老师讲课要有吸引力，老师提出的问题要有挑战性以及教学设计注重“理解”。麦可思曾经做过一次问卷调查，“学生眼中完美教师十要素”，依次排在前 10 位的是：对教学有热情；能够将学习材料联系到现实世界；抓住学生的注意力；合理组织教学内容；学生能够接触到；不照着 PPT 读课件；能够关联到重要内容；提供学习材料和学习指导；有互动；口齿清楚。完美教师具有五大特征：一是只要老师清楚自己在讲些什么，老师背景无足轻重；二是掌握恰当的语言表达；三是穿着职业，懂得打理自己，精神面貌良好；四是要有热情、有激情，引导学生学习，关心学生；五是有在现实世界中相关领域的工作经历，并且自身经历与主题相关，或与学生的未来相关。

无论是科学进步、技术突破、新的政治和经济结构、解决环境问题，还是适应 21 世纪生活的道德新代码，一切都在变化，一切都需要创新。教育应着眼于促进创新，将好奇心、批判性思维、深刻思考、质疑的规则和工具、创新头脑风暴等植入课程。北京大学李国丽博士翻译的《21 世纪教师的 10 种创新教学法》中介绍了 10 种教学法，即从项目转换为基于项目的学习；教概念，而不是教事实；从重要信息中识别概念；使素质与技能和知识一样重要；组建团队，而不是小组；使用思维工具；使用创造性的工具；奖励新发现；使反思成为课程的组成部分；修炼成为创新的自己。

用“智慧课堂”逐步代替“传统课堂”。构成“智慧课堂”的六个要素是：一张“网”（移动互联网）；一个“台”（“教”与“学”系统支持平台）；一个“库”（数字化资源库，包括数字化课程、教材、教参、多媒体课件、手机课程、试题库等）；一个“端”（移动终端，包括教师的教学终端与学生的学习终端）；一个“数”（教育大数据支持“教”与“学”的精准对接）；一朵“云”（云计算，为“教”与“学”精准对接架桥铺路）。

2016 年以来，一场颠覆传统教室布局的革命正在全世界各大高校上演。未来教室模式创新，是从“以教为主”转向“以学为主”，满足学生个性化、自主式学习之需要。未来教室是将传播学、心理学、空间设计、教学论、科学技术等相关理论有机地融合在一起，构建出更适合学生进行知识探索和技能训练的优化学习环境。未来教室概念的提出，是将具有高科技含量的信息技术与传统教学环境整合的探索，从而重构学生的学习环境，使多种学习方式得以顺利开展，促进学生的自主探究、协作能力与心智等全面发展。未来课堂具有七个特性，即混合性、开放性、交互性、灵活性、智能性、人性化和生态化。

在专业建设的复杂系统中，影响人才培养质量的因素除了课堂教学环节外，还有其他因素，如“双师型”教师队伍水平、教材的选择与使用、信息化教学环境、灵活的教学管理制度、跟岗与顶岗实习、有效课堂认证等，因篇幅所限，这些因素就不一一阐述了。

（二）“三教”改革是提高人才培养质量的重要抓手

2019 年以来，教师、教材、教法之“三教”改革浪潮袭来，热度渐增，成为媒体上曝光频率最高的教育词汇。“三教”改革事关职业教育“谁来教”“教什么”“怎么教”，是落实《国家职业教育改革实施方案》的根本要求，是进一步推动职业教育发展方式由注重规模扩张向质量提升转变的必由之路，是新时代推进中国特色高水平高等职业学校和专业建设的重要内容。

2018 年 5 月 2 日，习近平总书记在北京大学师生座谈会上提出，要形成高水平的人才培养体系，包括教学体系、教材体系、管理体系等。这其中包含着丰富的理论意蕴和系统的实践指导。习近平总书记说：“大学是立德树人、培养人才的地方，是青年人学习知识、增长才干、放飞梦想的地方。”希望青年学生要“爱国、励志、求真、力行”。

教学是高职院校的中心工作，教学改革是高职院校人才培养的核心环节。教育部高教司司长吴岩曾说过一句话：“改到深处是课程，改到痛处是教师，改到实处是教材。”要想提高职业教育的人才培养质量，必须提高教学的有效性，这需要在“教师、教材和教法”方面进行改革和创新。当前高职院校在“三教”方面存在的主要问题是：教师不发展、教材不更新、教法不改革。

“教师不发展”主要表现在：教育教学理念落后，师德师风有待加强；来源固化，总体数量不足，专兼职教师结构失衡；高层次人才引进匹配度差，头雁效应不明显；单兵作战，团队凝聚力弱，“形式重于实质”；领军人物匮乏，核心竞争力不强；实践锻炼不足，“双师”有名无实，成长缓慢；培养培训体系不完备，教师发展标准尚未形成；科研和社会服务能力不强，贡献意识淡薄；“三教”改革缺乏内生动力；教师考核评价机制不完善，激励不到位；兼职教师管理重视不够，“放羊”色彩较浓；校、院两级领导联系教授（博士）制度缺失。

“教材不更新”主要表现在：学科逻辑不更新；教材内容不更新；呈现形式不更新；技术手段与应用不更新；评价和选用机制不更新。一本教材质量的抽查评价要素应包括：思想性、系统性、知识正确性、内容先进性、教学适用性、认知规律性、结构完整性、职业性、可读性、规范性、特色与创新性、编印质量等。

“教法不改革”主要表现在：满堂灌、闭门造车，以教师为中心，创造性、批判性思维培养受到限制；“水课”俯拾皆是，不能满足有教无类、因材施教；课件与板书融合度差；线上线下脱节，教学资源不丰富；专业教学能力低，如课堂驾驭能力、教学内容处理能力、信息化应用能力等；教学艺术与策略研究缺位；教学评价考核无创新，老面孔、监控缺失；信息化教学环境落后，难以满足课堂革命之需要。

由此看来，“三教”改革势在必行。职教专家、浙江金融职业学院周建松教授进一步指出，“三教”改革具有规范性、综合性和联动性三项特征。规范性是指教学是一项具有严格规范性的活动。专业标准、课程标准、教师发展标准、实训实施配备标准等无不是规范性的要求。没有标准就没有质量，2018 年，教育部发布《关于完善教育标准化工作的指导意见》（教政法〔2018〕17 号）指出，标准是可量化、可监督、可比较的规范，是配置资源、提高效率、推进治理体系现代化的工具，是衡量工作质量、发展水平和竞争力的尺度，是一种具有基础性、通用性的语言。事实上，“三教”改革与教学标准体系的形成是同步的，即要遵循“边改边建，边建边用，边用边改”的原则，以保持教学规范性与创新性之间的张力与平衡。综合性是指“三教”改革融教师、教材、教法改革为一体，是一项综合改革。这是教学的复杂性导致的情形，由于存在教的复杂性与学的复杂性，因此，任何对教学的简单化理解甚至曲解可能会导致“三教”改革进程受挫。“职教 20 条”提出逐步实现职业教育“三个转变”，即在办学格局上，加快由政府主办为主向政府统筹管理、社会多元办学的格局“转”；在办学模式上，加快由参照普通教育办学模式向企业社会参与、专业特色鲜明的类型教育“转”；在办学取向上，加快由追求规模扩张向提高质量“转”。联动性是指上述教育内部各要素之间的联动，也包括教育与产业之间的互动。

1. 教师改革

教师是立教之本、兴教之源。“谁来教”是育人根本问题，不论是教材的编写与选择，还是教学新理念的落地与贯彻，都需要由教师的具体工作来实现。

2014 年 5 月 4 日，习近平总书记在与北京大学师生代表的座谈中指出：“教师要时刻铭记教书育人的使命，甘当人梯，甘当铺路石，以人格魅力引导学生心灵，以学术造诣开启学生的智慧之门。”

2014年教师节前夕，习近平总书记在与北京师范大学师生代表座谈时指出：“教师是人类历史上最古老的职业之一，也是最伟大、最神圣的职业之一。”“教师重要，就在于教师的工作是塑造灵魂、塑造生命、塑造人的工作。”

怎样的老师才是好老师？习近平总书记提出了“四有好老师”标准，即要有理想信念、道德情操、扎实学识、仁爱之心。理想信念，是源头活水，是好老师的不竭动力；道德情操，是境界修为，是好老师的成长阶梯；扎实学识，是行动利器，是好老师的实践工具；仁爱之心，是幸福之本，是好老师的成就之根。同时要求教师“做学生锤炼品格的引路人，做学生学习知识的引路人，做学生创新思维的引路人，做学生奉献祖国的引路人”。

新时代六大举措，助力教师队伍建设：

一是健全师德引领机制，落实立德树人根本任务。坚持把师德师风作为教师素质评价的第一标准，引导教师成为德高身正、学高守正、技高气正的好教师。严格执行师德师风一票否决制，引导教师关爱学生、回归本分，以德立身、以德立学、以德施教，把知识教育同价值观教育、能力教育结合起来，把思想引导和价值观塑造融入教学之中。立德树人是发展中国特色社会主义教育事业的核心所在，是培养德智体美劳全面发展的社会主义建设者和接班人的本质要求。要加大《新时代高校教师职业行为十项准则》的宣传学习和执行情况检查的力度。制订和落实学校进一步加强师德师风建设的实施方案、教师师德失范行为负面清单及相应处理办法，修订教师考核办法，落实师德建设主体责任，强化日常管理，严格师德惩处。

二是推进“三教”改革，全面提升教师执教能力和水平。捷克教育家夸美纽斯在《大教学论》中对教与学各环节进行了阐述，奠定了教与学的基本理论逻辑和操作框架。“三教”是构成这种理论逻辑和操作框架的重要元素。教师、教材、教法分别对应解决“谁来教”“教什么”“如何教”三个核心问题。

三是聚焦专业和课程建设，开展有效课堂认证。坚持把专业建在产业链上。积极发展同新一轮科技革命与产业变革相关的新专业，推进新商科、新工科、新农科和新文科专业建设，积极发展新兴战略和学科交叉专业。优先建设品牌、重点专业，保证传统优势专业健康发展。推进1+X制度试点。科学制定课程标准，关注教材、教学内容、教学方式和教学效果评价等内涵指标，全面梳理各门课程间的知识架构和逻辑关系。实施课程准入制度，规范新开设课程准入审核，严格课程质量标准，重视课程档案建设。持续开展有效课堂认证工作。有效教学内涵包括有“效果”（指教学活动结果与预期教学目标的吻合程度）、有“效率”（以适当的投入换得较多的回报）、有“效益”（教学活动的收益、教学活动价值的实现，具体是指教学目标与特定社会和个人的教育需求是否吻合及吻合的程度）。

四是运用信息化教学平台，改革教学方法。运用信息化平台，推动“课堂革命”，全面梳理各门课程的教学内容、教学方法和教学手段，淘汰“水课”，打造具有高阶性、创新性和挑战度的“金课”。教学过程中坚持贯穿“做中学”理念，有效应用移动教学 App、混合式学习及翻转课堂等教学方法。发挥信息技术对教学改革的促进作用，引导教师广泛参与在线开放课程建设。加大在线开放课程推广力度，发挥在线开放课程的示范带动作用；开发虚拟仿真实验教学项目，集成虚拟仿真实验课程，进行虚拟仿真实验教学。丰富网络课程资源，积极引进国内优质课程，探索出台校外在线开放课程学分认定办法。

五是加大教授（博士）引培力度，赋能学校高质量发展。建立校、院两级领导联系教授（博士）制度，营造崇尚名师、争做名师的氛围。每个专业群至少有 3～5 名博士，建立教师攻读博士学位遴选和教授（博士）沙龙机制，引导教授（博士）在学校高质量发展中发挥“智囊团”的作用。

六是完善教师考核评价机制，坚决克服“五唯”现象。习近平总书记在全国教育大会上强调，要扭转不科学的教育评价导向，坚决克服唯分数、唯升学、唯文凭、唯论文、唯帽子的顽瘴痼疾，从根本上解决教育评价指挥棒问题。总书记用“顽瘴痼疾”这四个字来形容教育评价中存在的问题，足见这些问题积淀之久、弊害之深、解决之难。“五唯”评价标准的特征是简单化、片面化、绝对化，“一叶障目，不见森林”，给教育带来了诸多负效应。彻底治愈“五唯”痼疾，要从根本上解决教育评价指挥棒问题。这就要求教育评价要回归教育的本质、回归教育的规律、回归教育的初心，坚决扭转不科学的教育评价导向。要坚持把立德树人作为根本任务，着眼提高人的综合素质、促进人的全面发展。

围绕教育教学能力、学术科研能力、社会服务能力、团队合作能力，每一位老师至少应做好以下工作：有效认证一门课程并学会反思；熟练应用一个教学信息化平台；研究一门课程思政；主持一项教改（横向）课题；参与一本职业化教材开发；接受一次国内、国（境）外学习研修；结对一名产业教授或企业高水平技术能手；指导一个学生社团或一项创业实践；联系一家紧密型合作企业跟岗锻炼。

2. 教材改革

教材是课程内容的载体，是规定教学内容、设计教学方法、展开教学模式的主要依据，是课程与教学体系的一个重要组成部分。从一般意义上讲，教材是根据课程标准的规定，对每一教学活动的内容进行选择，并按一定的逻辑顺序加以组织的教学媒体。职教专家姜大源教授认为：“教材是课程的记录，更应该是课程的设计，体现教学设计思想。”它是课程内容的主要表现形式，在很大程度上决定着教师的教和学生的学，有什么样的教材往往就会有什么样的教学方法和教学结果。教材既是开展教学活动的基本依据和主要工具，也是深化教学改革、保障教学质量的重要基础。

多年以来，国家规划教材、国家精品教材以及国家精品课程、国家资源共享课配套教材的遴选，往往缺乏一定的数据支撑。如果只是以传统的行政力量和所谓的专家意见作为决策依据，即使评出各种带有“光环”的“经典”教材，在实际的教学实践中也会显得不够。大数据正在进入教育的方方面面，并将对这个世界的学习产生深远的影响。教育家朱永新教授在推荐维克托·迈尔-舍恩伯格的力作《大数据时代》时讲过这样一句话：“从电视到互联网，再到慕课、大数据，技术不断影响甚至改变着教育。”有了大数据，教育的性质将从根本上发生改变。大数据给予了我们更全面、更精细的视角，来看待世界的复杂性和我们身处其中的位置。在这样的背景下，如果老师拒绝认可信息技术对教材的影响，不充分利用信息技术的优势来变革当下教材的不当之处，是注定要被时代淘汰的。

教材建设是高等职业教育人才培养的重要载体，教材的内容和结构在很大程度上决定着教师的教与学生的学。有什么样的教材往往就会有什么样的教学方法和教学结果。教材通过“教什么”决定了学生“学什么”，对于学生职业知识掌握、职业技能获取、职业素养提升、职业道德养成具有重要的价值和现实指导意义。有一份问卷调查表明：教师和学生通过阅读、批判与反思、提问与建构等方式从教材文本中获得新的知识与理解。90％的教师使用教材教学，学生90％的时间花在教材上，教师95％的教学时间花在使用教材上。教材是专业建设和课程改革的重要成果之一，一本好教材可以助推专业建设和课程改革。教材建设是职业教育课程改革的“最后一公里”，是事关职业教育人才培养质量提升的重要战略工程。全面提高人才培养质量，强调建好、用好、评价好教材的重要性一点都不过分。然而，当前教材市场存在的问题不得不引起我们高度重视。职教专家石伟平教授的评价恰如其分：数字化时代，人人皆可出版；教材市场已成了好书不少，垃圾更多的“跳蚤市场”。据2019年秋季《全国大中专教学用书汇编》统计，仅仅“高等数学”一门课程的教材就达968种。可见，选用一本好教材的意义更为重大。

2019年2月23日，中共中央、国务院印发《中国教育现代化2035》，文件中提出要“健全国家教材制度，统筹为主、统分结合、分类指导，增强教材的思想性、科学性、民族性、时代性、系统性，完善教材编写、修订、审查、选用、退出机制”。这标志着职业教育教材建设与管理进入了“国家议程”。国务院专门成立国家教材委员会，聘请200余名专家委员会委员正式“上岗”。教育部成立教材局，教育部职成司教学与教材处具体负责职业教材的规划与管理工作。

2019年国务院印发的《国家职业教育改革实施方案》中，关于教材改革提出了教学内容和教材形式改革的两大任务：

第一，教学内容改革。“每3年修订1次教材，其中：专业教材随信息技术发展和产业升级情况及时动态更新”。国务院副总理孙春兰强调，“教材建设的重点是解决陈旧老化的问题”。现在科学技术日新月异，新职业、新岗位不断涌现，传统职业也不断产生新知识、新技能、新工艺，职业院校的教材如果不能及时跟上职业的这种变化，培养的人才等到毕业甚至还不到毕业就很有可能已过时。根据1＋X证书制度试点的进展，每3年修订1次教材正是基于职业技术的时代变化提出的。

教学内容的改革，重点做好“三件事”：一是突出教材内容的德育主线，落实立德树人根本任务。始终坚持正确的价值导向和政治方向，坚守马克思历史唯物主义世界观，将社会主义核心价值观融入教材之中，牢牢把握意识形态工作的主动权。二是彰显教材设计的职教特色，贯彻能力本位的育人思想。以学生为中心，跳出特定教材章节的约束，以问题为导向对知识技能点进行重新梳理和归并，培养学生知识整合、技能提升和解决问题的能力。打破学科化的教材设计模式，联合行业企业共同研制反映行业企业新技术、新工艺、新流程、新规范的课程教学标准，并联合开发活页式、工作手册式的新形态教材，保持同产业、行业变化的紧密跟随。三是完善教材开发的多方协同，推动教材市场的规范发展。对违规使用教材的职业院校进行公示与处罚；同时要建立并完善职业教育教材编写与审定的责任追究制度，并对教材编写人员资质进行明晰，建立全国统一的职业教育教材质量检测平台，开展全国性的质量监测工作。

第二，教材形式改革。职教 20 条明确提出要“倡导使用新型活页式、工作手册式教材并配套开发信息化资源”。法国社会学家、教育学家涂尔干在《教育思想的演进》中指出“教育的素材与形式之间有着密切的关联”。“新的职业教育学习中，以学习为中心，情境性学习、开放性学习和自主学习成为主导，师生关系、学习与学习材料的关系已经转向”。任何以思想为素材的教育都必然是形式性的。使用活页式、工作手册式教材便于随时将新的学习内容补充到教材中来，将旧的、过时的内容及时从教材中拿掉。建立考核机制，督促和指导学校编写活页式教材，看改革过程中活页式教材使用了多少、具体占学校专业课程的比例又是多少。通过几年的改革行动，完成专业活页式教材的编写，形成使用活页式教材的意识和习惯。教材趋向“工作手册式”“活页式”，教学内容一步一图，学生“按图索骥”，获取知识点的能力极大提升。但需要说明的是，教材不是产品说明书、不是操作手册，教材要体现思想性和科学性。

互联网时代，教材的信息化不仅是教学改革的要求，更是信息技术发展的时代要求。“双高计划”中提出遴选认定一大批职业教育在线精品课程，建立动态化、立体化的教材和教学资源体系等措施，助推信息化教学改革，适应新时代职业教育的发展需要。“拿出手机扫一扫，疑难问题不见了。”学生在上课时遇到不懂的地方，会自然地拿出手机扫一扫教材上的二维码，教材立马变立体，相关学习资料、视频内容都以项目的形式立即呈现，学生理解很容易。

一本“好教材”的标准，最核心的特征是质量，不同质量观有着不同的质量内涵，具有多样性。赵丽生教授认为，“好教材”有四个标准，即符合认知规律（术与道），具有思想性、文化性、艺术性，融入新技术、新工艺、新规范，引入典型生产案例。石伟平教授提出职业教育“好教材”是“三好教材”：作为物品——产品质量，质量好；作为服务——过程质量，使用过程、顾客满意度好；作为工具——结果质量，使用结果的效果好。建立和完善职业教育“好教材”的评价标准体系，可以从五个教材分析框架和评价标准来分析：一是内容评价标准，体现价值性、正确性、科学性、先进性；二是设计评价标准，体现逻辑性、合理性、实用性、多样性；三是制作评价标准，体现规范性、艺术性、立体性、实惠性；四是应用评价标准，体现便利性、适用性、广泛性、有效性；五是特色评价标准，体现思想性、文化性、学术性、国际性。职业教育"好教材"的评价除了产品质量、使用满意度和功能发挥的评判维度之外，更需要有可观测、可量化的评价指标体系。

教材是教学相长的纽带，是教师授课取材之源，也是学生求知解惑之本。提高职业教育教材的建设水平并不是一件容易的事，教材建设不仅是教师长期教学经验的累积，更是科技进步和社会发展最新成果的反映。因此，加强教材建设是一个长期的过程，不可能仓促上马，更不可能一蹴而就，对职业教育教材建设的研究还需要提出更加科学有效的思路，找出更加有效的对策。

3. 教法改革

哈佛大学原校长德里克·博克认为，大学以何种形式开展教学甚至比学习的内容更为重要。改变教学方法比改变教学内容需要更多的努力。教法是"三教"改革的基本核心，是高职教育人才培养的实现途径。通过探讨"怎么教"，摸索出更适合培养学生的方法与路径，确保学生真正学到新技术、新工艺、新知识，有效提高教育教学质量。现代化的技术手段从根本上变革了传统教学方法和手段，为教育活动的开展开辟了更加广阔的空间，提供了更加丰富的资源，提出了更高的挑战。"双高计划"明确了"以学生为中心"的改革理念，进一步强调了学校在人才培养过程中的"主阵地"作用，全面推动以课堂教学模式改革为核心的教法改革。

教法带有经验性，教师要在教学过程中系统化、科学化地通过多种方法和途径对学生进行学习方法的传授、诱导和矫正，使学生掌握科学的学习方法并灵活地应用于学习中。教学过程不仅是传授知识和技能、培养正确职业态度的过程，同时也是教会学生学习的过程。其中包含内容与方法、教法与学法、启发与导学、课内与课外等内容，这既是课堂教学各要素的增量过程，同时又是课堂教学要素排列与组合方式的演变过程，通过教法改革，高职教育改革发展注入了生机和活力。

教法改革要坚持实用性和创新性原则。教育界有句名言："合适的，就是最好的。"以"实用性"为原则，学校要按照"准员工"的标准，推行项目教学、情景教学等教法，将课堂搬到工厂、车间等生产服务一线，实现在"做中学、训中学、研中学、创中学"，激发学习者主动思考，在工作过程中把基础知识与实践技能结合起来，在解决工作难题的过程中把基础知识与创新能力结合起来，不断提升学习者的职业素养和职业能力。以"创造性"为原则，构建"全覆盖播种、个性化栽培、精准化扶持”三阶式创新创业教育体系，打造创新创业课程，开发创新性训练项目，建立创新创业案例库，系统培养学生创新创业素养。

改变传统的“满堂灌”“课堂讲”模式。按照《国家职业教育改革实施方案》的说法则是要大量引入典型生产案例，“普及项目教学、案例教学、情境教学、模块化教学等教学方式”，让学生在专业学习中有项目可做、有案例可参考、有时间可练习。要“适应‘互联网＋职业教育’发展需求，运用现代信息技术改进教学方式方法，推进虚拟工厂等网络学习空间建设和普遍应用。”

实施“三个课堂”教学模式，推进教学改革。根据职业教育的总体特点，着力创新校内课堂、网上课堂和企业课堂“三个课堂”教学模式。校内课堂教授基本理论、完成项目教学、教师答疑解惑，这是教育部部长陈宝生提出“课堂革命”的主战场。传统课堂有三大无法破解的难题：一是无法破解学生全面发展的问题。传统课堂是教师拿着一个自己事先预备好的备课簿，面对有个性差异的学生去讲同一个内容，这样的课堂没有办法满足全体学生的需要，也根本找不到新课程标准提出的情感、态度、价值观的实现途径，收获不到很好的德育教育效果。二是无法破解教师进步和职业幸福感的问题。提高教师的专业素质，拥有教育的职业幸福感，是教师进步的两个标志。教师有自己的信仰，能够解决课堂教学中学生提出的各种问题，是教师进步的两个条件。传统课堂中的教师在唱独角戏，填鸭式的“满堂灌”，布置大量的课后作业，使学生没有时间去思考、提问，根本无法培养学生的创新能力与实践能力。课堂上没有精彩的知识生成，看不到学生精彩的表现，时间长了教师就会产生职业倦怠，就会失去职业幸福感。三是无法破解学生的素质和应试水平共同提高的问题。在考试制度不变的情况下，教师更多地通过考试来给学生学业成绩评分，难以落实国家多年来提倡的素质教育要求。这就是陈宝生部长发起“课堂革命”的根本原因。网上课堂传授基本知识、促进拓展学习。德国著名的哲学家雅斯贝尔斯在《什么是教育?》中曾提道：教育的本质意味着，一棵树摇动另一棵树，一朵云推动另一朵云，一个灵魂唤醒另一个灵魂，教育是如此的心心相连。在互联网时代，互联网教育与未来科技的深度结合，是点燃了教育创新的普罗米修斯之火？还是打开了充满未知的潘多拉魔盒？教育界的普遍共识是：互联网教育代表着教育未来发展的一种趋势，满足了人们对于教育的更高层级的需求，使教育从“有教无类”到“因材施教”。新东方创始人俞敏洪有一句话，“互联网本身不是教育，是为教育服务的，互联网是中性的，教育本身是有目的的，任何有责任的教育机构，都应该以学生的全面发展为前提，把互联网和教育结合起来”。正确认识互联网教育是教育新纪元的开始，互联网是个性化教学环境的“建构师”，教育则是当中塑造多彩世界的“花艺师”。教育部近年来一直推动在线开放课程建设就是一个鲜活的例子。网上课堂的建设通过开发网络课程、建设智慧学习环境来完成。2020

年初因新冠肺炎疫情而开展的“停课不停学、停课不停教”，更加彰显网络课程的重要性。企业课堂完成综合技能训练，创新实践教学，提升实践能力。企业课堂是将课堂搬到企业中去，由学校专业课教师与企业员工根据实际岗位技术需求进行联合授课，手把手有针对性地进行指导，实现了优势互补和资源共享，切实提升学生的专业技能和岗位操作能力。通过企业课堂，学生不仅提高了学习兴趣，切实体会到具体岗位的工作流程，学习到企业的管理制度，对自己的专业有更加深刻的了解，学到许多课本上学不到的知识，而且对自己今后的就业选择有了更明确的认识和方向。企业课堂实现了老师换了新讲台，师傅换了新徒弟，学生换了新课堂。通过升级网上课堂，搭建智慧学习平台，实现了“三个课堂”实时连接、资源共享、相互促进，建立师生互动、企业深度参与的“以学习者为中心”的职业教育课堂教学模式。

建设智慧学习环境，实现教法改革。构建“自主、泛在、个性化”的教学环境，完善“互联网＋职场化”教学模式，探索利用云计算、大数据、移动互联网、VR 等技术，推广虚拟工厂、慕课、微课等网络学习空间的应用，实施线上线下混合式教学模式，实现全场景立体式交互，提高学生利用信息技术自主学习、分析问题和解决问题的能力，促进“知识课堂”向“智慧课堂”转变，以信息技术的深度应用为抓手推动课堂效能的提升。职业院校课堂教学生态的改变离不开信息技术手段的深度应用，尤其是随着虚拟现实、5G、云计算等新技术实现了重大突破，可以有效解决职业院校某些专业实习难的问题，而且新的信息技术手段还可以帮助教师更为精准地了解学生的学习状况，帮助教师进行教学辅助决策。

余文森等学者在《中国大学教学》2019 年第 9 期上发文指出，教法改革就是“让学习真实发生的意蕴”。内容包括三点：一是让学生主动地用心学习。部分大学课堂“人在心不在”，动力和思维缺位。“兴趣”和“责任”是推进学习运行的两个轮子，两者在学习过程中互相促进和转化。只有自觉的学习才是真实发生的学习。大学教育不应该让学生成为一个愁眉苦脸、苦大仇深的人，而是敬畏学习，学出意义、价值和尊严。二是让学生深度学习、用脑学习。深度学习在于学生想得深、想得透。唯有思考，才能转识成智，学习才会深刻发生。深度学习是学生深度思考和高阶思维的过程（独立精神和批判思维），“学而不思则罔”。学习是课堂的应有之义，思维则是学习的应有之义。没有思维的学习就只剩下学习的“形式”和“外壳”。学生在解释和理解、质疑和批判、推理和论证中进行学习，学习才能深刻发生。三是让每个学生有结构地完整学习。学习是一个过程、一个系统，完整性是学校的内在特性。从学习对象讲，完整的学习是一种活动的、合作的、反思的学习。从学习内容讲，完整的学习是有结构的整体性学习。从学习过程讲，儒家认为完整的学习包括博学、审学、慎思、明辨、笃行五个环节。

“三教”改革，既有历史回放和反思的一面，更有鲜明的时代特征和新要求。历史的经验告诉我们，“三教”改革不可一蹴而就，我们要有“功成不必在我”的精神境界和“功成必定有我”的历史担当，持续推进“三教”改革，为实现职业教育高质量发展奠定坚实的基础。

（三）管理会计技能竞赛是检验与改进管理会计人才培养质量的重要手段

1. 职业教育与技术技能教育

技术是指关于劳动工具的规则（即制作方式与使用方法）体系，其目的在于提高劳动工具的效率性、目的性与持久性。对于技术，也可理解为是人在改造自然、改造社会，以及改造自我的过程中所用到的一切手段、方法的总和。具体包括物体形态、智能形态、社会形态三个方面。可见，技术是劳动工具的延伸与扩展，是一种特殊的劳动工具。从现实来看，技术最常见的解释是：技巧、手法、技艺、专门技术以及技术装备、技术设备等。《中国大百科全书》将技能定义为：“通过练习获得的能够完成一定任务的动作系统。”孙福万教授在《有效学习面面观：技术与技能》一文中指出，“人们运用技术的能力就是技能”“技术是一种外在于人的客观力量，技能则是一种内在于人的主观能力”。张振元教授认为：“把技能界定在行动的领域，揭示了技能的本质特征”，也就是“做”或“操作”。姜大源教授从技术与技能的关系上阐述了职业教育指向的技术，应是形而上的、人所应该掌握的“以操作为主要特征”的方法和能力的技术，即基于人的技术，就是技能。哲学史上首先竖起理性大旗的苏格拉里，其所言的“techne”一词，从一开始指的就是技能。技术教育与技能教育是“水乳交融”式的集成整合的，职业技术领域里的技术教育与技能教育是并行不悖的教育。

培养高素质技术技能人才，教育是基础，职业教育是关键，可以说，职业教育是高素质技术技能人才成长的摇篮。纵观各国对职业教育的重视程度，德国、美国、澳大利亚等国，其发展都离不开大批技术精干的高技能人才。21 世纪技能合作研究委员会（2003）为 21 世纪学习界定了六个核心要素：（1）21 世纪学习强调对核心课程更高层次的理解；（2）21 世纪学习强调学习技能，例如信息和技术技能、思考和解决问题的技能，以及人际交往和自我指导的技能；（3）21 世纪学习使用 21 世纪工具，例如数字科技和沟通，由此学生能够“获取、管理、整合和评估信息，建构新知识，以及与他人沟通”，发展学习技能；（4）教育者运用有意义且切合学生实际生活的实例和经验，对学生开展适于 21 世纪语境的教学；（5）教育者教授、学生学习 21 世纪新兴领域的内容，比如全球意识和金融、经济、商业，以及公民素质；（6）教师在标准考试和课堂评估中使用 21 世纪的评估方式，测评 21 世纪技能。该委员会将 21 世纪学习框架描述为“学生在工作和生活中获取成功必须掌握的技能、素质和专门知识”，提出了 21 世纪学生应具备的“四 C 素养”，即创造创新、批判性思维和解决问题、人际沟通和与人合作。学习是让学生参与其中，并且受到激励去继续学习的过程。教育者的目的应该是让学习过程可视化，使学生能够反思他们自己的学习过程和技能，并提升它们。

2014 年 6 月，国务院印发《关于加快发展现代职业教育的决定》，决定中提出：强化职业教育的技术技能积累作用。制定多方参与的支持政策，推动政府、学校、行业、企业联动，促进技术技能的积累与创新。大力宣传高素质劳动者和技术技能人才的先进事迹和重要贡献，引导全社会确立尊重劳动、尊重知识、尊重技术、尊重创新的观念，促进形成“崇尚一技之长、不唯学历凭能力”的社会氛围，提高职业教育社会影响力和吸引力。2014 年 6 月，教育部等六部委联合印发《现代职业教育体系建设规划（2014—2020 年）》，要求根据国家发展先进制造业的战略部署，按照现代生产方式和产业技术进步要求，重点培养掌握新技术、具备高技能的高素质技术技能人才。2014 年 6 月 23 日至 24 日，全国职业教育工作会议在北京召开，习近平总书记就加快发展职业教育做出重要指示，弘扬劳动光荣、技能宝贵、创造伟大的时代风尚。国务院总理李克强在会前接见与会全体代表并讲话，强调要加快培养高素质劳动者和技能人才，为推动经济发展和保持比较充分就业提供支撑。2015 年 10 月，教育部印发《高等职业教育创新发展行动计划（2015—2018 年）》，提出要加强技术技能积累，提升人才培养质量，为实现“两个一百年”奋斗目标和中华民族伟大复兴的中国梦提供坚实人才保障。技术技能人才培养质量大幅提升，高等职业院校的布局结构、专业设置与区域产业发展结合更加紧密；培养杰出技术技能人才，增强专业教师和毕业生在行业企业的影响力，提升学校对产业发展的贡献度，争创国际先进水平。2015 年 4 月 17 日，国务院决定将每年 5 月第二周设为“职业教育活动周”。2016 年职业教育活动周主题：弘扬工匠精神，打造技能强国。2014 年 12 月 18 日，联合国大会第 69 届会议将每年的 7 月 15 日设立为“世界青年技能日”。世界青年技能日的设立，对于促进我国现代职业教育发展、引导社会重视职业教育具有重要意义。2016 年世界青年技能日主题：“技能成就梦想”。2019 年世界青年技能日主题：“技能扶贫”。世界技能大赛最大的启迪就是转变教育理念，世界技能大赛更接近于对职业教育内容的高标准考试，并非另起炉灶。比赛内容是职业院校平时教学的内容，并非只是天分特别的人才能参与。技能和智能有些许差异，兴趣、热爱和练习比智商、天分重要。大赛考核的内容都是解决相关技术工种的技术问题，与我们平时的教学内容相吻合。过去的考试强调结果，现在应改为强调阶段、过程，让学生通过正确的操作流程和技能解决问题。对职业院校学生而言，努力钻研练习，才能让自己拥有人生出彩的机会。

2. 管理会计技能教育的主要内容

会计学是一门经济应用性学科，其内容更侧重于方法，注重于应用。高职会计教育就是教学生掌握会计方法，解决“做什么”与“怎么做”的问题。因此，要根据会计学科的特点及会计工作岗位的要求，设计并提出会计职业技能所涵盖的内容和要求。

管理会计技能教育的主要内容包括：

（1）会计职业基本技能（语言表达能力、人际沟通和团队协作能力、岗位礼仪和心理抗压能力、Excel在财务会计中的应用等）；

（2）会计职业岗位技能（职业判断能力、财务共享服务业务处理技能、公司理财能力、管理会计工具应用技能、会计信息系统应用技能、会计软件维护技能、代理记账能力、企业财务分析能力等）；

（3）会计职业发展技能（企业管理咨询、企业管理会计报表编制、财务危机管理能力、财务决策分析能力、企业内部管理与控制能力等）。

为了检验管理会计人才培养质量并持续改进管理会计教学，针对上述管理会计技能教育的内容，中国商业会计学会牵头组织一支团队，根据教育部等部门联合发布的《全国职业院校技能大赛章程》和世界技能大赛办赛机制，精心设计了“管理会计技能大赛方案”，确保大赛“精彩、公平、专业、安全、廉洁”。期间还得到了厦门网中网软件有限公司、中华会计网校和北京正保会计教育科技有限公司的鼎力支持，2018年和2019年分别在全国高职院校中举办“全国高职院校技能大赛、管理会计竞赛”。举办管理会计竞赛的目的，就是要遵循教育部提出的“以赛促教促学、以赛促建促改”，通过“赛教融合、赛训融合”，达到“检验教改成果、展示职业技能、激发学习兴趣、提升人才质量”。实践证明，管理会计竞赛促进会计教育质量提升的作用得到进一步发挥，培育工匠精神成效和培养高素质技术技能人才的贡献率明显提高。

3. 2019年全国职业院校技能大赛高职组管理会计竞赛试卷及参考答案

2019年全国职业院校技能大赛高职组管理会计竞赛试卷及参考答案

一、企业信息

（一）公司概况

公司名称：北京鸿源仓储服务有限公司

成立时间：2016年10月15日

经营范围：货物仓储、货物装卸、货物分拣、物流咨询及物流配送服务

注册地址：北京市通州区兴丰街康庄路129号

注册资本：人民币壹仟万元整

法定代表人：李弘轩

（二）财务工作组织及分工

公司财务部单独设置管理会计核算中心，划分为资金管理、成本管理、营运管理、绩效管理四个工作岗位，具体分工如下：

欧阳雪：资金管理岗位，负责筹资管理、营运资金管理、长期投资决策、现金预算、财务报表预算编制等相关业务。

陈玉斌：成本管理岗位，负责成本核算、成本分析、营业成本预算、应交税费预算编制等相关业务。

肖雅文：营运管理岗位，负责本量利分析、短期经营决策、经济订货批量确定、期间费用预算、营业收入预算等相关业务。

丁晓风：绩效管理岗位，负责业绩评价、财务分析、绩效考核、管理会计信息报告等相关业务。

（三）会计核算方法及财务管理制度

（1）公司是增值税一般纳税人；仓储服务、装卸服务、分拣服务和咨询服务适用税率6%；2018年运输服务适用税率10%；为了简化计算，2019年运输服务适用税率9%。

（2）公司适用的城市维护建设税税率为7%，教育费附加征收率为3%，地方教育附加征收率为2%。

（3）公司适用的企业所得税税率为25%，并假设这一税率适用于未来可预见的期间，公司不享受其他税收优惠政策；企业所得税缴纳采用按季预缴、按年汇算清缴的方式。

（4）营业成本由堆存直接费用和营运间接费用组成，其中折旧费和租赁费划分为固定营业成本，其他费用划分为变动营业成本；管理费用全部为固定性管理费用。

（5）进项税额：只考虑场地租赁费、广告费和保险费取得的增值税专用发票；广告费和保险费适用税率6%；2018年租赁费适用税率10%；为了简化计算，2019年租赁费适用税率9%。

（6）销项税额：只考虑储存收入和其他收入开具的增值税专用发票。

（7）收款政策：营业收入采用预收50%营业额的形式，剩余款项给予60天的信用账期。根据历史统计资料，当季收回营业收入额的70%，剩余30%在下季度全部收回。

（8）付款政策：只考虑场地租赁费、广告费和保险费产生的应付款项，按协议当季应支付50%的费用，剩余50%费用在下季度支付；其他各项费用均于当季采用现金支付。

(9) 应收账款坏账准备采用个别认定法计提，其他应收款项不计提坏账准备。

(10) 固定资产折旧和无形资产摊销采用年限平均法，固定资产折旧方法、折旧年限和无形资产摊销方法与税法的规定一致，固定资产预计净残值率为4%，无形资产无净残值。

(11) 房屋建筑物折旧年限为20年，年折旧率为4.8%；生产设备折旧年限为10年，年折旧率为9.6%；运输设备折旧年限为4年，年折旧率为24%；管理设备折旧年限为5年，年折旧率为19.2%。

(12) 公司根据有关规定，每年按当年净利润（扣减以前年度未弥补亏损后）的10%的比例计提法定盈余公积，不计提任意盈余公积。

(13) 预算及实际利润表中的财务费用全部为利息支出。

(14) 所有计算结果均保留2位小数；涉及百分号的计算结果保留百分号前2位小数（若用小数表示，要保留4位小数）。

(15) 本赛题投资决策数据不影响年度预算的编制。

(四) 业务部员工绩效考核制度

业务部员工绩效考核制度

一、总则

1. 考核目的：为了使业务员明确自己的工作任务和努力方向，保证公司营业目标顺利完成，特制定本方案。

2. 考核原则：采用可衡量的量化指标进行考核，减少主观评价。

二、考核周期

每月一次，考核业务员当月的营业业绩，考核时间为次月1日至10日。

三、绩效考核指标

1. 绩效考核指标包括营业目标完成率、营业增长率、营业额回款率、新客户开发数四部分，权重分别为45%、20%、25%、10%。

2. 将业务员当月完成营业额的3%作为绩效奖金基数，根据当月绩效考核得分乘以绩效奖金比例，确定绩效奖金。

四、考核实施程序

1. 由财务部根据当月完成的营业情况对业务员进行考核。

2. 考核必须在每月10日前完成，行政部完成考核表汇总，并发给业务部经理确认，如无异议，由总经理审批核准。

五、考核结果

1. 考核结果以分数确定，最终转换为A、B、C、D四个等级，以总经理最终评定为准。

2. 各个等级对应分数及基本标准如下：

等级	等级说明	考核得分	绩效奖金比例
A级	超额完成当月工作任务，工作成绩优异	90（含）分以上	100%
B级	全面完成当月工作任务，工作成绩良好	80（含）分至90分	80%
C级	基本完成当月工作任务，工作成绩一般	60（含）分至80分	60%
D级	未完成当月工作任务，工作成绩较差	60分以下	30%

六、执行时间

本制度自2018年1月1日正式开始实施。

日　　期：2017年12月25日

公司名称：北京鸿源仓储服务有限公司

（五）公司经营安全性检验标准

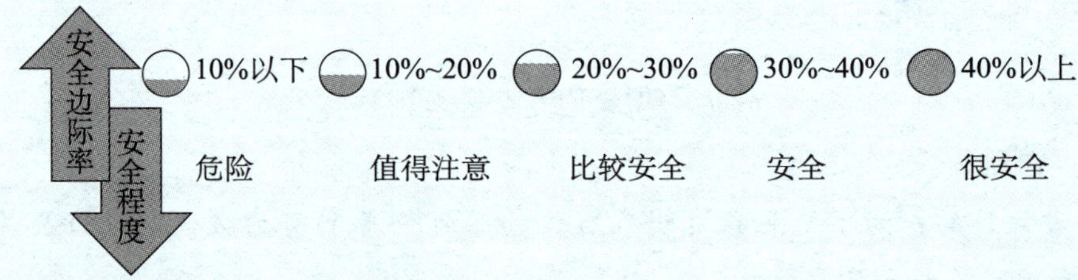

二、业务数据

业务数据汇总表

2018年		2019年	
预算数据	2018年12月预计资产负债表	预算数据	2019年度管理费用测算表
	2018年度预计利润表		2019年度采购低值易耗品预算表
经营数据	2018年12月资产负债表		2019年度资本支出预算表
	2018年度利润表		2019年度应交所得税预算表
	2018年度营业收入明细表		2019年第1季度营运间接费用及项目作业量测算表
	2018年度营业成本明细表	经营数据	2019年1月业务部员工营业额统计表
	2018年度管理费用明细表		2019年第1季度堆存直接费用汇总表
	2018年度销售费用明细表		2019年第1季度营运间接费用归集表
	2018年度财务费用明细表		2019年第1季度项目作业量统计表
	2018年度借款信息表		
	2018年度营业成本预算与实际明细表		
	2018年度营业中心息税前利润与净资产占用额资料表		
	2018年12月固定资产折旧计算表		
	2018年12月无形资产摊销计算表		

（一）2018 年预算数据

1. 2018 年 12 月预计资产负债表

预计资产负债表（简表）

编制单位：北京鸿源仓储服务有限公司　　2018 年 12 月 31 日　　单位：元

资产	期末余额	年初余额	负债和所有者权益（或股东权益）	期末余额	年初余额
流动资产：			流动负债：		
货币资金	1 716 156.27	465 969.27	短期借款	1 800 000.00	2 700 000.00
应收账款	988 188.78	755 673.77	应付账款	398 469.48	412 964.20
其他应收款	163 000.00	0.00	其他应付款	0.00	250 000.00
存货	29 315.50	22 057.18	应付职工薪酬	442 091.17	466 651.79
			应交税费	198 495.35	240 442.66
流动资产合计	2 896 660.55	1 243 700.22	流动负债合计	2 839 056.00	4 070 058.65
非流动资产：			非流动负债：		
固定资产原值	13 730 000.00	13 730 000.00	长期借款	2 000 000.00	2 000 000.00
减：累计折旧	2 078 440.00	1 119 160.00	非流动负债合计	2 000 000.00	2 000 000.00
固定资产净值	11 651 560.00	12 610 840.00	负债合计	4 839 056.00	6 070 058.65
无形资产	3 732 229.09	3 896 979.13	所有者权益（或股东权益）：		
			实收资本(或股本)	10 000 000.00	10 000 000.00
			资本公积		
			盈余公积	344 139.36	168 146.07
			未分配利润	3 097 254.28	1 513 314.63
非流动资产合计	15 383 789.09	16 507 819.13	所有者权益(或股东权益)合计	13 441 393.64	11 681 460.70
资产总计	18 280 449.64	17 751 519.35	负债和所有者权益（或股东权益）总计	18 280 449.64	17 751 519.35

单位负责人：李弘轩　　主管会计工作负责人：周怡芸　　会计机构负责人：丁晓风

2. 2018 年度预计利润表

预计利润表

编制单位：北京鸿源仓储服务有限公司　　2018 年度　　单位：元

项目	第 1 季度	第 2 季度	第 3 季度	第 4 季度	合计
一、营业收入	3 274 080.00	3 527 369.00	3 443 100.00	3 690 626.00	13 935 175.00
减：变动营业成本	1 173 555.00	1 259 200.99	1 237 364.99	1 341 994.02	5 012 115.00
变动性销售费用	197 892.00	206 573.00	201 780.00	216 175.00	822 420.00
税金及附加	19 112.17	19 744.21	19 293.20	20 440.17	78 589.75
二、边际贡献	1 883 520.83	2 041 850.80	1 984 661.81	2 112 016.81	8 022 050.25
减：固定营业成本	322 800.00	322 800.00	322 800.00	322 800.00	1 291 200.00
固定性销售费用	436 868.00	498 325.00	497 200.00	586 025.00	2 018 418.00
管理费用	512 698.00	553 666.00	542 232.00	594 274.00	2 202 870.00

续表

项目	第1季度	第2季度	第3季度	第4季度	合计
财务费用	49 700.00	26 000.00	35 520.00	51 765.00	162 985.00
三、利润总额	561 454.83	641 059.80	586 909.81	557 152.81	2 346 577.25
减：所得税费用	140 363.71	160 264.95	146 727.45	139 288.20	586 644.31
四、净利润	421 091.12	480 794.85	440 182.36	417 864.61	1 759 932.94

单位负责人：李弘轩　　主管会计工作负责人：周怡芸　　会计机构负责人：丁晓风

（二）2018 年经营数据

1. 2018 年 12 月资产负债表

资产负债表（简表）

编制单位：北京鸿源仓储服务有限公司　　2018 年 12 月 31 日　　单位：元

资产	期末余额	年初余额	负债和所有者权益（或股东权益）	期末余额	年初余额
流动资产：			流动负债：		
货币资金	1 732 747.92	465 969.27	短期借款	1 800 000.00	2 700 000.00
应收账款	1 162 575.03	755 673.77	应付账款	423 903.70	412 964.20
其他应收款	163 000.00	0.00	其他应付款	0.00	250 000.00
存货	38 510.25	22 057.18	应付职工薪酬	491 212.41	466 651.79
			应交税费	215 755.81	240 442.66
流动资产合计	3 096 833.20	1 243 700.22	流动负债合计	2 930 871.92	4 070 058.65
非流动资产：			非流动负债：		
固定资产原值	13 730 000.00	13 730 000.00	长期借款	2 000 000.00	2 000 000.00
减：累计折旧	2 078 440.00	1 119 160.00	非流动负债合计	2 000 000.00	2 000 000.00
固定资产净值	11 651 560.00	12 610 840.00	负债合计	4 930 871.92	6 070 058.65
无形资产	3 732 229.09	3 896 979.13	所有者权益（或股东权益）：		
			实收资本(或股本)	10 000 000.00	10 000 000.00
			资本公积		
			盈余公积	354 975.04	168 146.07
			未分配利润	3 194 775.33	1 513 314.63
非流动资产合计	15 383 789.09	16 507 819.13	所有者权益（或股东权益）合计	13 549 750.37	11 681 460.70
资产总计	18 480 622.29	17 751 519.35	负债和所有者权益（或股东权益）总计	18 480 622.29	17 751 519.35

单位负责人：李弘轩　　主管会计工作负责人：周怡芸　　会计机构负责人：丁晓风

2. 2018 年度利润表

利润表

编制单位：北京鸿源仓储服务有限公司　　2018 年度　　单位：元

项目	第1季度	第2季度	第3季度	第4季度	合计
一、营业收入	3 446 400.00	3 424 630.00	3 586 562.00	3 654 085.00	14 111 677.00
减：变动营业成本	1 222 403.62	1 214 682.03	1 272 117.68	1 295 851.32	5 005 054.65
变动性销售费用	199 891.20	198 628.54	208 020.60	211 936.94	818 477.28

续表

项目	第1季度	第2季度	第3季度	第4季度	合计
税金及附加	19 502.93	19 169.02	20 097.56	20 237.72	79 007.23
二、边际贡献	2 004 602.25	1 992 150.41	2 086 326.16	2 126 059.02	8 209 137.84
减：固定营业成本	336 300.00	336 300.00	336 300.00	336 300.00	1 345 200.00
固定性销售费用	441 281.00	483 811.00	512 577.40	568 956.00	2 006 625.40
管理费用	517 877.51	537 540.01	559 002.01	576 965.01	2 191 384.54
财务费用	62 125.00	25 000.00	37 000.00	50 750.00	174 875.00
三、利润总额	647 018.74	609 499.40	641 446.75	593 088.01	2 491 052.90
减：所得税费用	161 754.69	152 374.85	160 361.69	148 272.00	622 763.23
四、净利润	485 264.05	457 124.55	481 085.06	444 816.01	1 868 289.67

单位负责人：李弘轩　　主管会计工作负责人：周怡芸　　会计机构负责人：丁晓风

3. 2018年度营业收入明细表

2018年度营业收入明细表

单位：元

项目（不含税）		第1季度	第2季度	第3季度	第4季度	合计
储存收入	冷藏仓库	486 400.00	583 680.00	700 416.00	512 000.00	2 282 496.00
	恒温仓库	825 000.00	948 750.00	1 041 825.00	893 625.00	3 709 200.00
	普通仓库	1 075 000.00	917 500.00	916 625.00	1 119 250.00	4 028 375.00
	露天货场	782 000.00	661 300.00	680 396.00	837 430.00	2 961 126.00
储存收入小计		3 168 400.00	3 111 230.00	3 339 262.00	3 362 305.00	12 981 197.00
其他收入	货物装卸收入	154 500.00	185 400.00	123 600.00	160 680.00	624 180.00
	货物分拣收入	49 000.00	52 000.00	47 500.00	45 400.00	193 900.00
	咨询服务收入	32 500.00	29 000.00	33 200.00	37 700.00	132 400.00
	运输服务收入	42 000.00	47 000.00	43 000.00	48 000.00	180 000.00
其他收入小计		278 000.00	313 400.00	247 300.00	291 780.00	1 130 480.00
合计		3 446 400.00	3 424 630.00	3 586 562.00	3 654 085.00	14 111 677.00

审核：丁晓风　　编制：肖雅文

4. 2018年度营业成本明细表

2018年度营业成本明细表

单位：元

项目（不含税）			第1季度	第2季度	第3季度	第4季度	合计
堆存直接费用	冷藏仓库	工资	170 600.80	169 523.37	177 542.47	180 884.12	698 550.76
		折旧费	57 000.00	57 000.00	57 000.00	57 000.00	228 000.00
		保险费（不含税）	77 540.00	77 050.00	80 690.00	82 210.00	317 490.00
	冷藏仓库小计		305 140.80	303 573.37	315 232.47	320 094.12	1 244 040.76
	恒温仓库	工资	201 617.20	200 345.87	209 821.05	213 764.27	825 548.39
		折旧费	67 200.00	67 200.00	67 200.00	67 200.00	268 800.00
		保险费（不含税）	93 050.00	92 460.00	96 830.00	98 660.00	381 000.00
	恒温仓库小计		361 867.20	360 005.87	373 851.05	379 624.27	1 475 348.39

续表

项目（不含税）			第 1 季度	第 2 季度	第 3 季度	第 4 季度	合计
堆存直接费用	普通仓库	工资	217 132.80	215 760.45	225 961.29	230 212.58	889 067.12
		折旧费	72 300.00	72 300.00	72 300.00	72 300.00	289 200.00
		保险费（不含税）	69 780.00	69 340.00	72 620.00	73 990.00	285 730.00
	普通仓库小计		359 212.80	357 400.45	370 881.29	376 502.58	1 463 997.12
	露天货场	工资	155 096.40	154 117.94	161 402.70	164 442.44	635 059.48
		折旧费	19 800.00	19 800.00	19 800.00	19 800.00	79 200.00
		保险费（不含税）	85 290.00	84 750.00	88 760.00	90 430.00	349 230.00
		租赁费（不含税）	120 000.00	120 000.00	120 000.00	120 000.00	480 000.00
	露天货场小计		380 186.40	378 667.94	389 962.70	394 672.44	1 543 489.48
堆存直接费用合计			1 406 407.20	1 399 647.63	1 449 927.51	1 470 893.41	5 726 875.75
营运间接费用	办公费		15 508.80	15 410.84	16 139.53	16 443.38	63 502.55
	水电费		66 687.84	66 266.59	69 399.97	70 706.54	273 060.94
	维修费		39 082.18	38 835.30	40 671.61	41 437.32	160 026.41
	其他费用		31 017.60	30 821.67	32 279.06	32 670.67	126 789.00
营运间接费用合计			152 296.42	151 334.40	158 490.17	161 257.91	623 378.90
营业成本合计			1 558 703.62	1 550 982.03	1 608 417.68	1 632 151.32	6 350 254.65

审核：丁晓风　　　　编制：陈玉斌

5. 2018 年度管理费用明细表

2018 年度管理费用明细表

单位：元

项目（不含税）	第 1 季度	第 2 季度	第 3 季度	第 4 季度	合计
工资	357 000.00	365 400.00	373 800.00	382 200.00	1 478 400.00
办公费	22 000.00	24 500.00	27 300.00	29 500.00	103 300.00
招待费	28 600.00	31 850.00	35 490.00	38 350.00	134 290.00
差旅费	30 030.00	33 442.50	37 264.50	40 267.50	141 004.50
折旧费	12 960.00	12 960.00	12 960.00	12 960.00	51 840.00
无形资产摊销	41 187.51	41 187.51	41 187.51	41 187.51	164 750.04
其他费用	26 100.00	28 200.00	31 000.00	32 500.00	117 800.00
合计	517 877.51	537 540.01	559 002.01	576 965.01	2 191 384.54

审核：丁晓风　　　　编制：肖雅文

6. 2018 年度销售费用明细表

2018 年度销售费用明细表

单位：元

项目		变动性费用率	第 1 季度	第 2 季度	第 3 季度	第 4 季度	合计
变动性费用	销售佣金	4.5%	155 088.00	154 108.35	161 395.29	164 433.83	635 025.47
	客户返利	1.3%	44 803.20	44 520.19	46 625.31	47 503.11	183 451.81
变动性费用小计			199 891.20	198 628.54	208 020.60	211 936.94	818 477.28

续表

项目		变动性费用率	第1季度	第2季度	第3季度	第4季度	合计
固定性费用	工资		121 500.00	126 900.00	132 300.00	137 700.00	518 400.00
	办公费		11 000.00	12 250.00	13 650.00	14 750.00	51 650.00
	折旧费		10 560.00	10 560.00	10 560.00	10 560.00	42 240.00
	广告费（不含税）		240 000.00	270 000.00	285 000.00	330 000.00	1 125 000.00
	差旅费		36 036.00	40 131.00	44 717.40	48 321.00	169 205.40
	其他费用		22 185.00	23 970.00	26 350.00	27 625.00	100 130.00
固定性费用小计			441 281.00	483 811.00	512 577.40	568 956.00	2 006 625.40
合计			641 172.20	682 439.54	720 598.00	780 892.94	2 825 102.68

审核：丁晓风　　　　编制：肖雅文

7. 2018年度财务费用明细表

2018 年度财务费用明细表

单位：元

项目	第1季度	第2季度	第3季度	第4季度	合计
借款利息支出	62 125.00	25 000.00	37 000.00	50 750.00	174 875.00

审核：丁晓风　　　　编制：肖雅文

8. 2018年度借款信息表

2018 年度借款信息表

单位：元

借款银行	借款日期	借款金额	年利率	借款期限	预计还款日期	借款用途
农业银行北京通州支行	2017-10-01	2 000 000.00	5%	24个月	2019-09-30	资金周转
建设银行北京通州支行	2018-07-01	800 000.00	6%	9个月	2019-03-31	资金周转
工商银行北京通州支行	2018-10-01	1 000 000.00	5.5%	9个月	2019-06-30	资金周转

审核：丁晓风　　　　编制：肖雅文

9. 2018年度营业成本预算与实际明细表

2018 年度营业成本预算与实际明细表

单位：元

项目	2017年度实际数据			2018年度预算数据			2018年度实际数据		
	堆存直接费用	营运间接费用	合计	堆存直接费用	营运间接费用	合计	堆存直接费用	营运间接费用	合计
冷藏仓库	1 119 636.68	133 800.38	1 253 437.06	1 293 802.39	133 800.38	1 427 602.77	1 244 040.76	145 435.20	1 389 475.96
恒温仓库	1 313 060.07	179 329.76	1 492 389.83	1 445 841.42	179 329.76	1 625 171.18	1 475 348.39	192 827.70	1 668 176.09

续表

项目	2017 年度实际数据			2018 年度预算数据			2018 年度实际数据		
	堆存直接费用	营运间接费用	合计	堆存直接费用	营运间接费用	合计	堆存直接费用	营运间接费用	合计
普通仓库	1 332 237.38	142 241.52	1 474 478.90	1 537 196.98	166 765.92	1 703 962.90	1 463 997.12	163 496.00	1 627 493.12
露天货场	1 358 270.74	104 593.20	1 462 863.94	1 497 184.80	137 430.60	1 634 615.40	1 543 489.48	121 620.00	1 665 109.48
合计	5 123 204.87	559 964.86	5 683 169.73	5 774 025.59	617 326.66	6 391 352.25	5 726 875.75	623 378.90	6 350 254.65

审核：丁晓风　　　　编制：陈玉斌

10. 2018 年度营业中心息税前利润与净资产占用额资料表

2018 年度营业中心息税前利润与净资产占用额资料表

单位：元

项目	储存营业中心				其他营业中心	合计
	冷藏仓库	恒温仓库	普通仓库	露天货场		
息税前利润	406 738.59	701 060.18	845 511.04	474 315.64	238 302.45	2 665 927.90
平均净资产占用额	2 040 513.70	3 215 963.62	3 601 300.83	2 547 197.03	1 210 630.36	12 615 605.54

审核：周怡芸　　　　编制：丁晓风

11. 2018 年 12 月固定资产折旧计算表

2018 年 12 月固定资产折旧计算表

单位：元

使用部门		类别	原值	使用年限	月折旧率	月折旧额	累计折旧额
仓储部门	冷藏仓库	仓库	3 100 000.00	20	0.40%	12 400.00	322 400.00
		仓储设备	450 000.00	10	0.80%	3 600.00	93 600.00
		搬运设备	150 000.00	4	2.00%	3 000.00	78 000.00
	小计		3 700 000.00			19 000.00	494 000.00
	恒温仓库	仓库	3 600 000.00	20	0.40%	14 400.00	374 400.00
		仓储设备	500 000.00	10	0.80%	4 000.00	104 000.00
		搬运设备	200 000.00	4	2.00%	4 000.00	104 000.00
	小计		4 300 000.00			22 400.00	582 400.00
	普通仓库	仓库	3 000 000.00	20	0.40%	12 000.00	312 000.00
		仓储设备	825 000.00	10	0.80%	6 600.00	171 600.00
		搬运设备	275 000.00	4	2.00%	5 500.00	143 000.00
	小计		4 100 000.00			24 100.00	626 600.00
	露天货场	搬运设备	330 000.00	4	2.00%	6 600.00	171 600.00
管理部门	办公室		600 000.00	20	0.40%	2 400.00	62 400.00
	管理设备		120 000.00	5	1.60%	1 920.00	49 920.00
	小计		720 000.00			4 320.00	112 320.00
销售部门	办公室		480 000.00	20	0.40%	1 920.00	49 920.00
	管理设备		100 000.00	5	1.60%	1 600.00	41 600.00
	小计		580 000.00			3 520.00	91 520.00
合计			13 730 000.00			79 940.00	2 078 440.00

审核：丁晓风　　　　编制：陈玉斌

12. 2018 年 12 月无形资产摊销计算表

2018 年 12 月无形资产摊销计算表

单位：元

使用部门	名称	使用日期	原值	摊销年限	月摊销额	累计摊销额
管理部门	土地使用权	2016-10-25	3 667 500.00	30	10 187.50	275 062.50
	仓储管理系统	2016-12-07	225 000.00	10	1 875.00	46 875.00
	订单管理系统	2017-02-22	200 000.00	10	1 666.67	38 333.41
合计			4 092 500.00		13 729.17	360 270.91

审核：丁晓风　　　　编制：陈玉斌

（三）2019 年预算数据

1. 2019 年度管理费用测算表

2019 年度管理费用测算表

单位：元

项目	管理人员工资	办公费	招待费	差旅费	其他费用	合计
全年测算额	1 512 500.00	115 500.00	154 000.00	142 200.00	143 500.00	2 067 700.00

审核：丁晓风　　　　编制：肖雅文

2. 2019 年度采购低值易耗品预算表

2019 年度采购低值易耗品预算表

单位：元

项目	第 1 季度	第 2 季度	第 3 季度	第 4 季度	合计
采购低值易耗品	6 200.00	7 000.00	7 300.00	9 500.00	30 000.00
预计现金支出	6 200.00	7 000.00	7 300.00	9 500.00	30 000.00

审核：丁晓风　　　　编制：陈玉斌

3. 2019 年度资本支出预算表

2019 年度资本性支出预算表

单位：元

项目	第 1 季度	第 2 季度	第 3 季度	第 4 季度	合计	备注
在建仓库		230 000.00		970 000.00	1 200 000.00	预计 2019 年 12 月完工并投入使用
预计资本性现金支出		230 000.00		970 000.00	1 200 000.00	

审核：丁晓风　　　　编制：陈玉斌

4. 2019 年度应交所得税预算表

2019 年度应交所得税预算表

单位：元

项目	第 1 季度	第 2 季度	第 3 季度	第 4 季度	合计
预计预缴所得税额	187 025.94	160 917.64	266 466.47	239 970.91	854 380.96
预计预缴所得税额现金支出	187 025.94	160 917.64	266 466.47	239 970.91	854 380.96

审核：丁晓风　　　　编制：陈玉斌

5. 2019 年第 1 季度营运间接费用及项目作业量测算表

2019 年第 1 季度营运间接费用及项目作业量测算表

作业类型	作业活动	作业动因	预计营运间接费用（元）	预计作业量				
				冷藏仓库	恒温仓库	普通仓库	露天货场	合计
货物入库	入库前准备	入库次数/次	9 266.40	250	340	440	266	1 296
	货物验收入库	货物重量/吨	10 188.56	2 506.00	2 100.00	3 400.00	5 400.00	13 406.00
货物在库	货物堆存	堆存面积/m^2	11 401.80	13 494.00	15 810.00	24 603.00	22 105.00	76 012.00
	货物苫垫	苫垫次数/次	9 360.00	300	330	440	230	1 300
	仓储安全管理	直接人工/小时	13 560.00	155.25	240.00	176.00	135.00	706.25
	仓库卫生清洁	清洁次数/次	8 910.00	30	45	50	75	200
	货物在库保管	直接人工/小时	17 395.20	1 035.00	1 146.00	1 592.00	2 267.00	6 040.00
货物出库	出库前准备	出库次数/次	8 649.40	309	328	546	283	1 466
	货物备货出库	货物重量/吨	9 917.60	1 595.00	1 925.00	3200.00	4 060.00	10 780.00
仓储管理	办公费	直接人工/小时	11 581.93	5 086.39	6 714.00	4 932.00	2 898.00	19 630.39
	电费	使用量/千瓦时	53 600.00	25 000.00	23 000.00	3 000.00	2 600.00	53 600.00
	水费	使用量/吨	4 710.00	300.00	320.00	450.00	500.00	1 570.00
	维修费	设备维修/次	6 600.00	8	12	15	20	55
合计				175 140.89				

审核：丁晓风　　　　编制：陈玉斌

（四）2019 年经营数据

1. 2019 年 1 月业务部员工营业额统计表

2019 年 1 月业务部员工营业额统计表

单位：元

姓名	目标营业额	实现营业额	实际回款额	上年度同期营业额	新客户开发数（家）
徐智勇	202 000.00	161 600.00	105 040.00	153 466.29	3
刘心维	253 500.00	228 150.00	136 890.00	200 835.27	3
苏丽惠	381 000.00	396 240.00	277 368.00	340 998.28	2
林远瑜	311 500.00	283 465.00	240 945.25	238 205.88	5
合计	1 148 000.00	1 069 455.00	760 243.25	933 505.72	13

审核：周怡芸　　　　编制：丁晓风

2. 2019 年第 1 季度堆存直接费用汇总表

2019 年第 1 季度堆存直接费用汇总表

单位：元

仓储部	工资	折旧费	保险费	租赁费	合计
冷藏仓库	191 741. 50	57 000. 00	86 321. 66		335 063. 16
恒温仓库	231 940. 60	67 200. 00	109 573. 56		408 714. 16
普通仓库	249 856. 10	72 300. 00	86 965. 95		409 122. 05
露天货场	170 539. 40	19 800. 00	93 181. 60	120 000. 00	403 521. 00
合计	844 077. 60	216 300. 00	376 042. 77	120 000. 00	1 556 420. 37

审核：丁晓风　　　　编制：陈玉斌

3. 2019 年第 1 季度营运间接费用归集表

2019 年第 1 季度营运间接费用归集表

单位：元

作业类型	作业活动	营运间接费用金额
货物入库	入库前准备	9 324. 00
	货物验收入库	10 873. 00
货物在库	货物堆存	11 310. 00
	货物苫垫	10 710. 00
	仓储安全管理	14 280. 00
	仓库卫生清洁	8 910. 00
	货物在库保管	18 042. 00
货物出库	出库前准备	9 408. 00
	货物备货出库	10 242. 00
仓储管理	办公费	11 760. 00
	电费	59 750. 00
	水费	5 400. 00
	维修费	8 433. 00
合计		188 442. 00

审核：丁晓风　　　　编制：陈玉斌

4. 2019 年第 1 季度项目作业量统计表

2019 年第 1 季度项目作业量统计表

单位：元

作业类型	作业活动	作业动因	作业量				
			冷藏仓库	恒温仓库	普通仓库	露天货场	合计
货物入库	入库前准备	入库次数/次	270	300	450	240	1 260
	货物验收入库	货物重量/小时	2 655. 00	1 810. 00	3 620. 00	5 015. 00	13 100. 00
货物在库	货物堆存	堆存面积/m^2	15 000. 00	18 000. 00	30 000. 00	24 000. 00	87 000. 00
	货物苫垫	苫垫次数/次	270	300	450	240	1 260
	仓储安全管理	直接人工/小时	140. 00	220. 00	180. 00	140. 00	680. 00
	仓库卫生清洁	清洁次数/次	30	45	55	90	220
	货物在库保管	直接人工/小时	1 050. 00	1 170. 00	1 440. 00	2 160. 00	5 820. 00

续表

作业类型	作业活动	作业动因	作业量				
			冷藏仓库	恒温仓库	普通仓库	露天货场	合计
货物出库	出库前准备	出库次数/次	303	335	492	270	1 400
	货物备货出库	货物重量/吨	2 310.00	1 570.00	3 150.00	4 350.00	11 380.00
仓储管理	办公费	直接人工/小时	4 850.00	6 720.00	5 080.00	2 950.00	19 600.00
	电费	使用量/千瓦时	25 300.00	26 600.00	4 530.00	3 320.00	59 750.00
	水费	使用量/吨	330.00	360.00	510.00	600.00	1 800.00
	维修费	设备维修/次	9	12	24	30	75

审核：丁晓风　　　　编制：陈玉斌

三、经济业务

经济业务汇总表

岗位名称	业务标题	岗位名称	业务标题
资金管理	业务 1：股票投资决策	营运管理	业务 13：营业收入预算
	业务 2：设备投资决策		业务 14：销售费用预算
	业务 3：经营项目投资决策		业务 15：管理费用预算
	业务 4：年度现金预算		业务 16：财务费用预算
	业务 5：预计资产负债表		业务 17：边际贡献相关指标分析
	业务 6：预计利润表		业务 18：应收账款信用政策决策
成本管理	业务 7：营业成本预算	绩效管理	业务 19：预算执行情况分析
	业务 8：应交税费预算		业务 20：平衡计分卡指标考核及评定
	业务 9：营业成本核算		业务 21：投资中心业绩考核
	业务 10：成本差异分析		业务 22：业务员绩效考核
	业务 11：季度成本分析		业务 23：财务指标计算与分析
	业务 12：年度成本分析		业务 24：利润项目对比与分析

（一）资金管理岗位

业务 1：股票投资决策

业务描述：公司准备购买北京盛华科技股份有限公司的股票。根据市场调查，预计盛华科技未来 5 年股利会高速增长，年增长率为 10%，在此之后转为正常增长，年增长率为 5%。该股票当期在交易市场的价格为 40 元/股，最近盛华科技支付股利 3.3 元/股，公司股票投资必要收益率为 15%，请为公司做出是否购买北京盛华科技股票的决策。

任务 1：请计算高速增长期的股利现值。

股利现值计算表

单位：元

项目	股利	股利现值
第 1 年		
第 2 年		
第 3 年		
第 4 年		
第 5 年		
合计	—	

审核：丁晓风　　　　编制：欧阳雪

任务 2：请计算第 5 年年底的股票价值并折算成现值。

股票价值现值计算表

单位：元

项目	股票价值	股票价值现值
第 5 年年底		

审核：丁晓风　　　　编制：欧阳雪

任务 3：根据计算结果，公司是否购买该股票？（　　）

A. 应购买　　　　B. 不应购买

业务 2：设备投资决策

业务描述：公司拟在 2019 年购入 1 台价值 500 000 元的自动化仓储管理设备，该设备预计使用 5 年，采用年限平均法计提折旧，残值率为 4%。

根据测算，预计第 1 年营业收入为 236 365 元，以后年度营业收入在此基础上每年递增 5%；预计第 1 年营业成本为 94 230 元，以后年度营业成本在此基础上每年递增 2%。

公司所在行业平均资本收益率为 14%，所得税税率为 25%，设备的处置金额为该设备的残值，不考虑其他税费，请为公司是否采购自动化仓储管理设备做出决策。

任务 1：请计算自动化仓储管理设备净现值与内含报酬率。

自动化仓储管理设备净现值与内含报酬率计算表

单位：元

项目	第 0 年	第 1 年	第 2 年	第 3 年	第 4 年	第 5 年
设备投资		—	—	—	—	—
营业收入	—					
营业成本	—					
设备折旧	—					
利润总额	—					
所得税	—					
税后净利润	—					
残值收入	—	—	—	—	—	

续表

项目	第0年	第1年	第2年	第3年	第4年	第5年
现金净流量						
净现值						
内含报酬率						

审核：丁晓风　　　　　　　　　　　　　　　　　　　　　　　编制：欧阳雪

任务2：根据计算结果，公司是否购买自动化仓储管理设备？（　　）

A. 应购买　　　　B. 不应购买

任务3：自动化仓储管理设备的静态投资回收期是（　　）年。

A. 2.56　　　　B. 3.56　　　　C. 3.78　　　　D. 4.78

任务4：判断一项投资方案具有财务可行性的必要条件有（　　）。

A. $IRR \geqslant 1$　　　　B. $NPV \geqslant 0$

C. $PI \geqslant 1$　　　　D. $IRR \geqslant$必要投资报酬率

业务3：经营项目投资决策

业务描述：为了满足客户需求，更好地为客户服务，公司准备新增一项为客户提供货物包装的服务，市场调研结果如下：

1. 经营场所：租赁公司旁边的房屋，租赁期5年，房租每月5 000元，于年末支付完当年度的房租费；房屋需装修才能投入使用，需支付装修费20 000元。

2. 采购设备：包装设备买价预计150 000元，设备预计使用年限为5年，采用年限平均法计提折旧，残值率为4%。

3. 收入预测：预计前6个月每月营业额为35 000元，以后每月营业额为40 000元。

4. 成本费用预测：纸箱等包装物耗用预计是营业收入的30%；人工费、水电费、办公费等每月预计16 000元（不含设备折旧及装修费用摊销）。

5. 营运资金：支付备用金10 000元，到期收回。

装修费和备用金在初始时一次性投入，设备处置金额等于残值，公司要求最低报酬率为10%，所得税税率为25%，不考虑其他税费，请用净现值法评价该项目是否可行。

任务1：请计算新增经营项目的净现值。

新增经营项目净现值计算表

单位：元

项目	第0年	第1年	第2年	第3年	第4年	第5年
初始投资		—	—	—	—	—
营业收入	—					
营业成本	—					
设备折旧	—					
装修费摊销	—					
利润总额	—					
所得税	—					

续表

项目	第0年	第1年	第2年	第3年	第4年	第5年
税后净利润	—					
收回备用金	—	—	—	—	—	
残值收入	—	—	—	—		
现金净流量						
净现值						

审核：丁晓风　　　　编制：欧阳雪

任务2：根据计算结果，公司是否新增该项服务？（　　）

A. 应新增　　B. 不应新增

任务3：当多个投资方案都具备财务可行性，但公司可投资的资本有限时，可采取的分析决策方法有（　　）。

A. 净现值法　　B. 差额投资内部收益率法

C. 年等额净回收额法　　D. 利润无差别点法

任务4：当项目净现值大于零时，下列选项说法错误的有（　　）。

A. 该项目内部收益率小于贴现率　　B. 该项目投资方案不可行

C. 该项目获利指数大于1　　D. 该项目净现值率大于1

业务4：年度现金预算

业务描述：公司规定最低现金余额为20万元，如果现金低于最低现金余额，每季度初向银行借入短期借款，每季度末付息一次（年利率采用最近的短期借款利率）；如果现金超过最低现金余额，有借款先还借款，借款额和还款额均为10万元的倍数。

请根据本年度预算及相关资料，编制2019年度现金预算。

2019年度现金预算表

单位：元

项目		第1季度	第2季度	第3季度	第4季度	合计
一、期初现金余额						
二、现金收入						
三、现金支出	支付堆存直接费用					
	支付营运间接费用					
	支付销售费用					
	支付管理费用					
	缴纳增值税					
	缴纳税金及附加					
	预缴企业所得税					
	采购低值易耗品					
	资本性现金支出					
	小计					
四、现金余缺						

续表

项目		第 1 季度	第 2 季度	第 3 季度	第 4 季度	合计
五、资金筹集	向银行借款					
	归还银行借款					
	支付借款利息					
	小计					
六、预计期末现金余额						

审核：丁晓风　　　　编制：欧阳雪

业务 5：预计资产负债表

业务描述：请根据本年度预算及相关资料，编制 2019 年 12 月预计资产负债表。

预计资产负债表（简表）

编制单位：北京鸿源仓储服务有限公司　　2019 年 12 月 31 日　　单位：元

资产	期末余额	年初余额	负债和所有者权益（或股东权益）	期末余额	年初余额
流动资产：			流动负债：		
货币资金		1 732 747.92	短期借款		1 800 000.00
应收账款		1 162 575.03	应付账款		423 903.70
其他应收款	163 000.00	163 000.00	其他应付款		
存货	67 392.94	38 510.25	应付职工薪酬	478 309.36	491 212.41
			应交税费	227 541.55	215 755.81
流动资产合计		3 096 833.20	流动负债合计		2 930 871.92
非流动资产：			非流动负债：		
固定资产原值		13 730 000.00	长期借款		2 000 000.00
减：累计折旧		2 078 440.00	非流动负债合计		2 000 000.00
固定资产净值		11 651 560.00	负债合计		4 930 871.92
无形资产		3 732 229.09	所有者权益（或股东权益）：		
			实收资本（或股本）		10 000 000.00
			资本公积		
			盈余公积		354 975.04
			未分配利润		3 194 775.33
非流动资产合计		15 383 789.09	所有者权益（或股东权益）合计		13 549 750.37
资产总计		18 480 622.29	负债和所有者权益（或股东权益）总计		18 480 622.29

单位负责人：李弘轩　　主管会计工作负责人：周怡芸　　会计机构负责人：丁晓风

业务 6：预计利润表

业务描述：请根据本年度预算及相关资料，编制 2019 年度预计利润表。

预计利润表

编制单位：北京鸿源仓储服务有限公司　　2019 年度　　单位：元

项目	第 1 季度	第 2 季度	第 3 季度	第 4 季度	合计
一、营业收入					
减：变动营业成本					
变动性销售费用					
税金及附加					

续表

项目	第1季度	第2季度	第3季度	第4季度	合计
二、边际贡献					
减：固定营业成本					
固定性销售费用					
管理费用					
财务费用					
三、利润总额					
减：所得税费用					
四、净利润					

单位负责人：李弘轩　　　　主管会计工作负责人：周怡芸　　　　会计机构负责人：丁晓风

（二）成本管理岗位

业务7：营业成本预算

业务描述：财务部正在编制2019年度营业成本预算，经预算委员会讨论，确定了营业成本预算草案，要求如下：

1. 堆存直接费用在2018年的基础上增加10%，营运间接费用在2018年的基础上增加15%。

2. 折旧费与2018年各季度持平，保持不变。

3. 公司租赁的场地于2019年12月底到期，根据签订的租赁合同，租赁期内租金不涨。

请根据相关资料，编制2019年度营业成本预算。（合计数用各季度数据累加计算）

2019年度营业成本预算表

单位：元

项目			第1季度	第2季度	第3季度	第4季度	合计
堆存直接费用	冷藏仓库	工资					
		折旧费					
		保险费（不含税）					
	冷藏仓库小计						
	恒温仓库	工资					
		折旧费					
		保险费（不含税）					
	恒温仓库小计						
	普通仓库	工资					
		折旧费					
		保险费（不含税）					
	普通仓库小计						
	露天货场	工资					
		折旧费					
		保险费（不含税）					

续表

<table>
<tr><th colspan="3">项目</th><th>第 1 季度</th><th>第 2 季度</th><th>第 3 季度</th><th>第 4 季度</th><th>合计</th></tr>
<tr><td rowspan="2">堆存直接费用</td><td>露天货场</td><td>租赁地（不含税）</td><td></td><td></td><td></td><td></td><td></td></tr>
<tr><td colspan="2">露天货场小计</td><td></td><td></td><td></td><td></td><td></td></tr>
<tr><td colspan="3">堆存直接费用合计</td><td></td><td></td><td></td><td></td><td></td></tr>
<tr><td rowspan="4">营运间接费用</td><td colspan="2">办公费</td><td></td><td></td><td></td><td></td><td></td></tr>
<tr><td colspan="2">水电费</td><td></td><td></td><td></td><td></td><td></td></tr>
<tr><td colspan="2">维修费</td><td></td><td></td><td></td><td></td><td></td></tr>
<tr><td colspan="2">其他费用</td><td></td><td></td><td></td><td></td><td></td></tr>
<tr><td colspan="3">营运间接费用合计</td><td></td><td></td><td></td><td></td><td></td></tr>
<tr><td colspan="3">预计营业成本合计（不含税）</td><td></td><td></td><td></td><td></td><td></td></tr>
<tr><td colspan="3">预计应交增值税（进项税额）</td><td></td><td></td><td></td><td></td><td></td></tr>
<tr><td colspan="3">预计营业成本合计（含税）</td><td></td><td></td><td></td><td></td><td></td></tr>
<tr><td colspan="3">减：折旧费</td><td></td><td></td><td></td><td></td><td></td></tr>
<tr><td colspan="3">预计本期现金支出</td><td></td><td></td><td></td><td></td><td></td></tr>
<tr><td colspan="3">预计应付账款余额</td><td></td><td></td><td></td><td></td><td></td></tr>
</table>

审核：丁晓风　　　　编制：陈玉斌

业务 8：应交税费预算

业务描述：请根据相关资料，编制 2019 年度应交增值税、税金及附加预算。（不考虑当期可抵扣进项税额的加计抵减；合计数用各季度数据累加计算）

2019 年度应交增值税、税金及附加预算表

金额单位：元

<table>
<tr><th colspan="2">项目</th><th>第 1 季度</th><th>第 2 季度</th><th>第 3 季度</th><th>第 4 季度</th><th>合计</th></tr>
<tr><td rowspan="3">应交增值税</td><td>预计销项税额</td><td></td><td></td><td></td><td></td><td></td></tr>
<tr><td>预计进项税额</td><td></td><td></td><td></td><td></td><td></td></tr>
<tr><td>预计应交增值税</td><td></td><td></td><td></td><td></td><td></td></tr>
<tr><td colspan="2">预计应交税金及附加</td><td></td><td></td><td></td><td></td><td></td></tr>
<tr><td colspan="2">预计应交增值税、税金及附加现金支出</td><td></td><td></td><td></td><td></td><td></td></tr>
</table>

审核：丁晓风　　　　编制：陈玉斌

业务 9：营业成本核算

业务描述：公司常年以来一直采用完全成本法核算营业成本，仓储部发生的费用计入营运间接费用。但随着公司营运间接费用的不断提高，如果继续采用完全成本法核算很可能会使营业成本信息失真，因此，公司决定从 2019 年开始使用作业成本法。

财务部经理和仓储部经理经过讨论，将仓储过程中的各项作业分为 13 个作业中心，建立成本控制模型。由于公司初次尝试作业成本法，为了保持数据的连续性，将 2019 年作为过渡期，过渡期内完全成本法和作业成本法并行。

2019 年第 1 季度，成本会计统计了仓储部发生的各项费用，详细资料见《2019 年第 1 季度堆存直接费用汇总表》《2019 年第 1 季度营运间接费用归集表》《2019 年第 1 季度项目作业量统计表》，请分别用作业成本法和完全成本法计算 2019 年第 1 季度营业成本。

任务 1：请对作业成本法基本应用程序进行排序。

作业成本法基本应用程序

基本应用程序	序号
将各个作业中心的成本分配到成本对象	
确定成本计算对象	
确认作业类别和作业中心	
作业成本信息报告	
将资源成本分配到作业中心	
计算产品成本	
确定直接计入产品成本的类别	

审核：丁晓风　　　　编制：陈玉斌

任务 2：请将 2019 年第 1 季度营运间接费用按单位作业成本进行分配。

2019 年第 1 季度营运间接费用按单位作业成本分配表

金额单位：元

作业类型	作业活动	作业动因	营运间接费用金额	作业分配率	冷藏仓库		恒温仓库		普通仓库		露天货场	
					作业量	作业成本	作业量	作业成本	作业量	作业成本	作业量	作业成本
货物入库	入库前准备	入库次数/次										
	货物验收入库	货物重量/吨										
货物在库	货物堆存	堆存面积/m^2										
	货物苫垫	苫垫次数/次										
	仓储安全管理	直接人工/小时										
	仓库卫生清洁	清洁次数/次										
	货物在库保管	直接人工/小时										
货物出库	出库前准备	出库次数/次										
	货物备货出库	货物重量/吨										
仓储管理	办公费	直接人工/小时										
	电费	使用量/千瓦时										
	水费	使用量/吨										
	维修费	设备维修/次										
合计				—	—		—		—		—	

审核：丁晓风　　　　编制：陈玉斌

任务 3：请用完全成本法分配 2019 年第 1 季度营运间接费用。

2019 年第 1 季度营业间接费用分配表

金额单位：元

项目	分配标准（工时）	分配率	营运间接费用分配金额
冷藏仓库	6 040.00		
恒温仓库	8 110.00		
普通仓库	6 700.00		
露天货场	5 250.00		
合计	26 100.00	—	

审核：丁晓风　　　　编制：陈玉斌

任务 4：请分别用作业成本法和完全成本法计算 2019 年第 1 季度营业成本。

2019 年第 1 季度营业成本计算表

单位：元

项目	作业成本法			完全成本法		
	堆存直接费用	营运间接费用	合计	堆存直接费用	营运间接费用	合计
冷藏仓库						
恒温仓库						
普通仓库						
露天货场						

审核：丁晓风　　　　编制：陈玉斌

业务 10：成本差异分析

业务描述：请根据《2019 年第 1 季度营运间接费用及项目作业量测算表》及相关资料，对 2019 年第 1 季度采用作业成本法核算的营运间接费用、作业量和单位作业成本进行成本差异分析。（“差异”的计算为实际减去预算）

2019 年第 1 季度营运间接费用、作业量、单位作业成本差异分析表

作业类型	作业活动	作业动因	总作业量			总营运间接费用(元)			单位作业分配率		
			预算	实际	差异	预算	实际	差异	预算	实际	差异
货物入库	入库前准备	入库次数/次									
	货物验收入库	货物重量/吨									
货物在库	货物堆存	堆存面积/m^2									
	货物苫垫	苫垫次数/次									
	仓储安全管理	直接人工/小时									
	仓库卫生清洁	清洁次数/次									
	货物在库保管	直接人工/小时									
货物出库	出库前准备	出库次数/次									
	货物备货出库	货物重量/吨									
仓储管理	办公费	直接人工/小时									
	电费	使用量/千瓦时									
	水费	使用量/吨									
	维修费	设备维修/次									
合计			—	—	—				—	—	—

审核：丁晓风　　　　编制：陈玉斌

业务 11：季度成本分析

业务描述：为了检验完全成本法和作业成本法这两种成本核算方法对营业成本的影响，财务经理要求会计对 2019 年度第 1 季度的营业成本进行分析。

2019年第1季度营运间接费用预算金额按标准工时分配到各存储仓（冷藏仓库、恒温仓库、普通仓库、露天货场工时分别为6 276.64小时、8 100小时、6 700小时、5 300小时）。请根据相关资料，对2019年第1季度营业成本预算与实际进行对比分析。

2019年第1季度营业成本预算与实际对比分析表

单位：元

项目	营业成本	预算数据		实际数据				完全成本法核算与预算差异
				作业成本法		完全成本法		
		预算金额	成本比重	实际金额	成本比重	实际金额	成本比重	
冷藏仓库	堆存直接费用							
	营运间接费用							
	合计		—		—		—	
恒温仓库	堆存直接费用							
	营运间接费用							
	合计		—		—		—	
普通仓库	堆存直接费用							
	营运间接费用							
	合计		—		—		—	
露天货场	堆存直接费用							
	营运间接费用							
	合计		—		—		—	

审核：丁晓风　　　　编制：陈玉斌

业务12：年度成本分析

业务描述：财务部对2018年度的营业成本进行分析，以便为2019年度全面预算提供数据支持与参考。请根据《2018年度营业成本预算与实际明细表》及相关资料，对2018年度营业成本预算与实际进行对比分析。

2018年度营业成本预算与实际对比分析表

单位：元

项目		本年度实际与上年度实际对比		本年度实际与预算对比	
		增减额	增减率	增减额	增减率
冷藏仓库	堆存直接费用				
	营运间接费用				
	小计		—		—
恒温仓库	堆存直接费用				
	营运间接费用				
	小计		—		—
普通仓库	堆存直接费用				
	营运间接费用				
	小计		—		—
露天货场	堆存直接费用				
	营运间接费用				
	小计		—		—
合计			—		—

审核：丁晓风　　　　编制：陈玉斌

（三）营运管理岗位

业务 13：营业收入预算

业务描述：近 3 年来，市场需求量年增长 5％左右，市场总量增长必将带动公司营业收入的增长。

2019 年，公司将利用现有仓储资源，加快资源整合与优化，完善仓储设施，提升仓储效率，实现仓储智能化管理。根据测算，储存收入预计比 2018 年增长 12％，考虑到市场需求波动的状况，全年总储存收入根据各季度市场需求按比例进行分配。

1. 冷藏仓储和恒温仓储在夏秋两季需求量最大，预计第 1 至第 4 季度的收入比例分别是 19％、27％、32％、22％。

2. 普通仓储和露天货场冬春两季是旺季，尤其国庆和春节前后，预计第 1 至第 4 季度的收入比例分别是 28％、19％、22％、31％。

储存收入增长必然会带动其他收入的增长，因此 2019 年度其他收入预计比 2018 年增长 15％，请根据相关资料，编制 2019 年度营业收入预算。

2019 年度营业收入预算表

单位：元

项目		第 1 季度	第 2 季度	第 3 季度	第 4 季度	合计
预计储存收入（不含税）	冷藏仓库					
	恒温仓库					
	普通仓库					
	露天货场					
预计储存收入小计						
预计其他收入（不含税）	货物装卸收入					
	货物分拣收入					
	咨询服务收入					
	运输服务收入					
预计其他收入小计						
预计营业收入合计（不含税）						
预计应交增值税（销项税额）						
预计营业收入合计（含税）						
预计本期现金流入						
预计应收账款余额						

审核：丁晓风　　　　编制：肖雅文

业务 14：销售费用预算

业务描述：为了确保完成 2019 年度营业目标，结合公司整体战略，同时提升公司市场影响力和知名度，编制销售费用预算大纲如下：

1. 提高广告费预算，增加在电视、广播、户外灯箱等形式的广告投放，预计比 2018 年增长 15％。

2. 2019 年销售部拟招聘人员 5 名，工资预计比去年增长 4％。

3. 前期开发的客户已达到预期，2019 年主要任务是客户维护，办公费、差旅费和其他费用会有所减少，预计比 2018 年降低 5%。

4. 折旧费与 2018 年持平，变动性费用以 2019 年预计营业收入（不含税）为计算基数。

请根据相关资料，编制 2019 年度销售费用预算。

2019 年度销售费用预算表

单位：元

项目		变动性费用率	第 1 季度	第 2 季度	第 3 季度	第 4 季度	合计
变动性费用	销售佣金	4.5%					
	客户返利	1.3%					
变动性费用小计							
固定性费用	工资						
	办公费						
	折旧费						
	广告费（不含税）						
	差旅费						
	其他费用						
固定性费用小计							
预计销售费用合计（不含税）							
预计应交增值税（进项税额）							
预计销售费用合计（含税）							
减：折旧费							
预计本期现金支出							
预计应付账款余额							

审核：丁晓风　　　　编制：肖雅文

业务 15：管理费用预算

业务描述：管理部门根据预算期公司总目标和本部门具体目标进行管理费用初期测算，详细资料见《2019 年度管理费用测算表》。根据预算编制大纲要求，2019 年度公司对管理费用可安排的资金只有 202 万元。

经预算小组及决策层讨论，相关费用除了招待费和其他费用外都不能压缩，必须得到全额保证。根据公司历年的数据分析，招待费投入产出比为 1∶4，其他费用投入产出比为 1∶3（预算调整金额按照 4∶3 的比例在招待费与其他费用之间进行分配）。

全年预算额按第 1 至第 4 季度的比例 26%、24%、22%、28%分配到各季度，折旧费和无形资产摊销额与 2018 年持平，请根据相关资料，编制 2019 年度管理费用预算。

2019 年度管理费用预算表

单位：元

项目	第 1 季度	第 2 季度	第 3 季度	第 4 季度	合计
管理人员工资					
办公费					
招待费					
差旅费					
折旧费					
无形资产摊销					
其他费用					
预计管理费用合计					
减：折旧费					
无形资产摊销					
预计本期现金支出					

审核：丁晓风　　　　编制：肖雅文

业务 16：财务费用预算

业务描述：请根据相关资料，编制 2019 年度财务费用预算。（银行借款利息按季度支付）

2019 年度财务费用预算表

单位：元

项目	第 1 季度	第 2 季度	第 3 季度	第 4 季度	合计
应计并支付借款利息					
合计					

审核：丁晓风　　　　编制：肖雅文

业务 17：边际贡献相关指标分析

业务描述：请根据相关资料，计算 2019 年度边际贡献率及相关指标，并根据“公司经营安全性检验标准”对 2019 年度的经营状况进行评价。（税金及附加计入变动营业成本）

2019 年度边际贡献率与相关指标计算表

单位：元

项目	第 1 季度	第 2 季度	第 3 季度	第 4 季度	合计
营业收入					
变动营业成本					
变动成本率					
边际贡献					
边际贡献率					—
保本点营业额					
安全边际额					
安全边际率					—
经营杠杆系数					—
经营状况					—

审核：丁晓风　　　　编制：肖雅文

业务 18：应收账款信用政策决策

业务描述：2019 年度公司预计赊销收入净额为 443.5 万元，预计坏账损失率为 2%，公司目前的信用条件是“N/60”，为了加快应收账款回收速度，业务部提出将信用条件变为“2/10，1/20，N/60”。根据调查，预计将有 50%客户选择 2%的现金折扣优惠，30%客户选择 1%的现金折扣优惠，预计坏账损失率为 1%。

目前信用条件下的收款费用为赊销收入净额的 0.8%，改变信用条件后，预计收款费用为赊销收入净额的 0.5%。公司应收账款机会成本率为 8%，变动成本率以 2019 年度相关数据的合计数计算，不考虑相关税费，请为公司做出是否改变应收账款信用条件的决策。

任务 1：请计算 2019 年度应收账款信用条件下的税前收益。

2019 年度应收账款信用条件下税前收益计算表

单位：元

项目	目前信用条件	改变信用条件
边际贡献		
现金折扣成本		
应收账款机会成本		
坏账损失		
收款费用		
税前收益		

审核：丁晓风　　　　编制：肖雅文

任务 2：根据计算结果，公司是否改变信用政策？（　　）

A. 应改变　　　　B. 不应改变

任务 3：应收账款成本是指企业持有一定应收账款所付出的代价，包括（　　）。

A. 信用成本　　　　B. 机会成本

C. 坏账成本　　　　D. 管理成本

E. 折扣成本

（四）绩效管理岗位

业务 19：预算执行情况分析

业务描述：公司财务部正在编制 2018 年度全面预算执行情况分析报告，以便在 2019 年度的预算大会上研究落实预算执行情况，听取各部门预算编制与执行中可能遇到的问题，并进行必要的协调，保证 2019 年度全面预算顺利完成。（差异额或差异率的计算为实际数减去预算数）

任务 1：请根据相关资料，对 2018 年度营业收入、营业成本预算执行情况进行分析。

2018 年度营业收入、营业成本预算执行情况分析表

单位：元

项目	2018 年度预算	2018 年度实际	差异额（率）	预算完成度
营业收入				
营业成本				
毛利率				

审核：周怡芸　　　　编制：丁晓风

任务 2：请根据相关资料，对 2018 年度期间费用预算执行情况进行分析。

2018 年度期间费用预算执行情况分析表

单位：元

项目	2018 年度预算	2018 年度实际	差异额（率）	预算完成度
销售费用				
管理费用				
财务费用				
销售费用占收入比重				
管理费用占收入比重				

审核：周怡芸　　　　编制：丁晓风

任务 3：请根据相关资料，对 2018 年度利润预算执行情况进行分析。

2018 年度利润预算执行情况分析表

单位：元

项目	2018 年度预算	2018 年度实际	差异额（率）	预算完成度
利润总额				
成本费用				
成本费用占收入比重				
成本费用利润率				

审核：周怡芸　　　　编制：丁晓风

业务 20：平衡计分卡指标考核及评定

业务描述：随着市场竞争的不断白热化以及公司的迅速扩张，公司会面临一些问题，如何能够保持市场占有率成为领导层一直关注的重点。

以往以 KPI 为指标进行考核的绩效评价体系不能兼顾很多方面。因此，2018 年初公司开始推行平衡计分卡的绩效考核体系，以期能够解决绩效评价过程中出现的问题。经过充分讨论并咨询专业评价机构的意见后做成《平衡计分卡评价表》，并在公司中推行。

任务 1：请根据所学的知识，选择平衡计分卡绩效指标所归属的维度。

平衡计分卡绩效指标归属维度表

序号	绩效指标	归属维度
1	期间费用达成率	
2	总资产报酬率	

续表

序号	绩效指标	归属维度
3	员工流动率	
4	财务分析出错率	
5	客户满意度	
6	培训参与率	
7	客户投诉解决率	
8	营业目标达成率	
9	各部门预算准确率	
10	公司网站出错率	
11	服务推广达成率	
12	创新建议被采纳率	

审核：周怡芸　　　　编制：丁晓风

任务 2：请计算公司 2018 年度平衡计分卡绩效指标考核得分。

2018 年度平衡计分卡绩效指标考核计算表

序号	指标名称	指标计算说明	得分计算说明	权重	目标值	实际值	考核得分
1	期间费用达成率	(实际总费用/预算总费用)×100%	指标值≤85%，得分=权重×100；85%<指标值≤90%，得分=权重×95；90%<指标值≤95%，得分=权重×90；95%<指标值≤100%，得分=权重×85；指标值>100%，得分=权重×80。	12.00%	100.00%	99.71%	
2	总资产报酬率	(息税前利润总额/平均总资产)×100%	指标值≥20%，得分=权重×100；18%≤指标值<20%，得分=权重×90；16%≤指标值<18%，得分=权重×80；14%≤指标值<16%，得分=权重×70；指标值<14%，得分=权重×60。	11.00%	20.00%	14.72%	
3	员工流动率	(流失人数/现有人数)×100%	0<指标值≤3%，得分=权重×100；3%<指标值≤5%，得分=权重×80；5%<指标值≤7%，得分=权重×60；指标值>7%，得分=权重×40。	3.00%	3.00%	2.80%	
4	财务分析出错率	(查出有误的财务分析数量/提交的财务分析总数)×100%	指标值≤0.5%，得分=权重×100；0.5%<指标值≤1%，得分=权重×75；1%<指标值≤1.5%，得分=权重×50；指标值>1.5%，得分=权重×25。	6.00%	0.50%	1.00%	
5	客户满意度	接受随机调研的客户对服务满意度评分的平均值	96%<指标值≤100%，得分=权重×100；92%<指标值≤96%，得分=权重×80；88%<指标值≤92%，得分=权重×60；指标值≤88%，得分=权重×40。	11.00%	96%	92.50%	
6	培训参与率	(实际参加培训员工数/规定应参加培训总人数)×100%	95%<指标值≤100%，得分=权重×100；90%<指标值≤95%，得分=权重×80；85%<指标值≤90%，得分=权重×60；指标值≤85%，得分=权重×40。	5.00%	100%	98%	
7	客户投诉解决率	(解决的投诉数/投诉总数)×100%	97%<指标值≤100%，得分=权重×100；94%<指标值≤97%，得分=权重×80；91%<指标值≤94%，得分=权重×60；指标值≤91%，得分=权重×40。	10.00%	100%	95%	
8	营业目标达成率	(实际营业额/预算营业额)×100%	指标值≥100%，得分=权重×100；95%≤指标值<100%，得分=权重×85；90%≤指标值<95%，得分=权重×70；85%≤指标值<90%，得分=权重×55；指标值<85%，得分=权重×40。	15.00%	100.00%	101.27%	

续表

序号	指标名称	指标计算说明	得分计算说明	权重	目标值	实际值	考核得分
9	各部门预算准确率	(1－超出或未达成预算/部门预算)×100%	指标值≥98%，得分＝权重×100；93%≤指标值<98%，得分＝权重×85；88%≤指标值<93%，得分＝权重×70；83%≤指标值<88%，得分＝权重×55；指标值<83%，得分＝权重×40。	10.00%	98.00%	93.00%	
10	公司网站出错率	(页面出错页数/总页数)×100%	指标值≤1%，得分＝权重×100；1%<指标值≤2%，得分＝权重×75；2%<指标值≤3%，得分＝权重×50；指标值>4%，得分＝权重×25。	4.00%	1.00%	1.50%	
11	服务推广达成率	(服务实际推广数量/服务计划推广数量)×100%	95%<指标值≤100%，得分＝权重×100；90%<指标值≤95%，得分＝权重×80；85%<指标值≤90%，得分＝权重×60；指标值≤85%，得分＝权重×40。	8.00%	95.00%	85.00%	
12	创新建议被采纳率	(被采纳的创新建议数量/建议总数量)×100%	指标值≥90%，得分＝权重×100；80%≤指标值<90%，得分＝权重×80；70%≤指标值<80%，得分＝权重×60；指标值<70%，得分＝权重×40。	5.00%	90.00%	82.00%	
合计				100.00%	—	—	

审核：周怡芸　　　　编制：丁晓风

任务3：请根据公司2018年度平衡计分卡绩效指标考核结果，对公司绩效进行评定。

2018年度绩效评定结果表

绩效评定标准	绩效评定结果
得分值>95：卓越；得分值>85：高于期望；得分值>80：与期望一致；得分值>75：低于期望；得分值>70：不可接受。	

审核：周怡芸　　　　编制：丁晓风

任务4：从“生产率提升战略”的角度看，要使企业短期财务成果得到改善，具体的方法有（　　）。

A. 改善成本结构　　　　B. 降低成本费用

C. 吸收投资　　　　D. 提高资产利用率

任务5：平衡计分卡主要通过图、卡、表来实现战略的规划，体现的是（　　）。

A. 财务指标与非财务指标之间的平衡

B. 短期目标与长期目标之间的平衡

C. 内部指标与外部指标之间的平衡

D. 结果性指标与动因性指标之间的平衡

E. 管理业绩与经营业绩之间的平衡

业务21：投资中心业绩考核

业务描述：财务部根据要求正在对2018年度的经营成果进行分析，请根据《2018年度营业中心息税前利润与净资产占用额资料表》计算2018年度储存及其他营业中心的投资报酬率与剩余收益。(公司预期的最低投资报酬率为10%)

2018年度投资报酬率与剩余收益计算表

项目		投资报酬率	剩余收益（元）
储存营业中心	冷藏仓库		
	恒温仓库		
	普通仓库		
	露天货场		
其他营业中心			
合计		—	

审核：周怡芸　　　　编制：丁晓风

业务22：业务员绩效考核

业务描述：请根据公司业务部绩效考核制度及《2019年1月业务部员工营业额统计表》对业务员进行2019年1月的绩效考核及评定。

任务1：请计算2019年1月业务部员工绩效考核得分。

2019年1月业务部员工绩效考核计算表

考核指标	评定标准	权重	目标值	徐智勇		刘心维		苏丽惠		林远瑜	
				实际值	得分值	实际值	得分值	实际值	得分值	实际值	得分值
营业目标完成率	（实际销售额/预算销售额）×100%；满分45分，每低于目标值1%，扣0.5分	45.00%	100.00%								
营业增长率	与上年度同期营业额相比；满分20分，每低于目标值0.1%，扣0.2分	20.00%	15.00%								
营业额回款率	（实际回款额/实际销售额）×100%；满分25分，每低于目标值1%，扣0.3分	25.00%	80.00%								
新客户开发数	以考核期新客户签约数为准；满分10分，每增加1家新客户，加1分	10.00%	—								
合计		100.00%	—	—		—		—		—	

审核：周怡芸　　　　编制：丁晓风

任务2：请对2019年1月业务部员工绩效进行评定并计算绩效奖金。

2019年1月业务部员工绩效评定表

单位：元

姓名	绩效考核评定结果	绩效奖金基数	绩效奖金
徐智勇			
刘心维			
苏丽惠			
林远瑜			
合计	—	—	

审核：周怡芸　　　　编制：丁晓风

业务23：财务指标计算与分析

业务描述：请根据相关资料，对2018年度实际与2019年度预算的财务指标进行分析对比。

2018 年度实际与 2019 年度预算财务指标分析对比表

单位：元

财务指标类型	财务指标名称	2018 年度实际数据	2019 年度预算数据	增减率（次数）
偿债能力指标	流动比率			
	现金比率			
	资产负债率			
	产权比率			
盈利能力指标	营业净利率			
	总资产净利率			
	权益净利率			
	总资产报酬率			
营运能力指标	应收账款周转次数			
	流动资产周转次数			
	总资产周转次数			

审核：周怡芸　　　　编制：丁晓风

业务 24：利润项目对比与分析

业务描述：请根据相关资料，对 2018 年度与 2019 年度利润项目进行对比分析。

2018 年度与 2019 年度利润项目对比分析表

单位：元

项目	2018 年度		2019 年度	2018 年度实际与 2018 年度预算		2019 年度预算与 2018 年实际	
	预算金额	实际金额	预算金额	增减额	增减率	增减额	增减率
一、营业收入							
减：变动营业成本							
变动性销售费用							
税金及附加							
二、边际贡献							
减：固定营业成本							
固定性销售费用							
管理费用							
财务费用							
三、利润总额							
减：所得税费用							
四、净利润							

审核：周怡芸　　　　编制：丁晓风

四、参考答案

（一）资金管理岗位

业务 1：股票投资决策

任务 1：

股利现值计算表

单位：元

项目	股利	股利现值
第 1 年	3.63	3.16
第 2 年	3.99	3.02

续表

项目	股利	股利现值
第3年	4.39	2.89
第4年	4.83	2.76
第5年	5.31	2.64
合计	—	14.47

审核：丁晓风　　编制：欧阳雪

任务2：

股票价值现值计算表

单位：元

项目	股票价值	股票价值现值
第5年年底	55.76	27.72

审核：丁晓风　　编制：欧阳雪

任务3：A

业务2：设备投资决策

任务1：

自动化仓储管理设备净现值与内含报酬率计算表

单位：元

项目	第0年	第1年	第2年	第3年	第4年	第5年
设备投资	500 000.00	—	—	—	—	—
营业收入	—	236 365.00	248 183.25	260 001.50	271 819.75	283 638.00
营业成本	—	94 230.00	96 114.60	97 999.20	99 883.80	101 768.40
设备折旧	—	96 000.00	96 000.00	96 000.00	96 000.00	96 000.00
利润总额	—	46 135.00	56 068.65	66 002.30	75 935.95	85 869.60
所得税	—	11 533.75	14 017.16	16 500.58	18 983.99	21 467.40
税后净利润	—	34 601.25	42 051.49	49 501.72	56 951.96	64 402.20
残值收入	—	—	—	—	—	20 000.00
现金净流量	−500 000.00	130 601.25	138 051.49	145 501.72	152 951.96	180 402.20
净现值	3 271.46					
内含报酬率	14.26%					

审核：丁晓风　　编制：欧阳雪

任务2：A

任务3：B

任务4：BCD

业务3：经营项目投资决策

任务1：

新增经营项目净现值计算表

单位：元

项目	第0年	第1年	第2年	第3年	第4年	第5年
初始投资	180 000.00	—	—	—	—	—
营业收入	—	450 000.00	480 000.00	480 000.00	480 000.00	480 000.00
营业成本	—	387 000.00	396 000.00	396 000.00	396 000.00	396 000.00
设备折旧	—	28 800.00	28 800.00	28 800.00	28 800.00	28 800.00
装修费摊销	—	4 000.00	4 000.00	4 000.00	4 000.00	4 000.00
利润总额	—	30 200.00	51 200.00	51 200.00	51 200.00	51 200.00
所得税	—	7 550.00	12 800.00	12 800.00	12 800.00	12 800.00
税后净利润	—	22 650.00	38 400.00	38 400.00	38 400.00	38 400.00
收回备用金	—	—	—	—	—	10 000.00
残值收入	—	—	—	—	6 000.00	
现金净流量	−180 000.00	55 450.00	71 200.00	71 200.00	71 200.00	87 200.00
净现值	85 513.92					

审核：丁晓风　　编制：欧阳雪

任务2：A

任务3：ABC

任务4：ABCD

业务4：年度现金预算

2019年度现金预算表

单位：元

项目		第1季度	第2季度	第3季度	第4季度	合计
一、期初现金余额		1 732 747.92	1 704 257.99	1 288 428.96	222 430.91	1 732 747.92
二、现金收入		3 973 276.53	3 921 192.59	4 247 589.94	4 467 668.88	16 609 727.94
三、现金支出	支付堆存直接费用	1 323 155.40	1 323 040.98	1 369 237.77	1 397 916.52	5 413 350.67
	支付营运间接费用	175 140.89	174 034.57	182 263.70	185 446.60	716 885.76
	支付销售费用	732 925.10	727 615.00	797 279.88	850 053.72	3 107 873.70
	支付管理费用	525 200.00	484 800.00	444 400.00	565 600.00	2 020 000.00
	缴纳增值税	179 793.87	170 413.78	197 893.01	199 616.20	747 716.86
	缴纳税金及附加	21 575.26	20 449.65	23 747.16	23 953.94	89 726.01
	预缴企业所得税	187 025.94	160 917.64	266 466.47	239 970.91	854 380.96
	采购低值易耗品	6 200.00	7 000.00	7 300.00	9 500.00	30 000.00
	资本性现金支出	0.00	230 000.00	0.00	970 000.00	1 200 000.00
	小计	3 151 016.46	3 298 271.62	3 288 587.99	4 442 057.89	14 179 933.96
四、现金余缺		2 555 007.99	2 327 178.96	2 247 430.91	248 041.90	4 162 541.90
五、资金筹集	向银行借款	0.00	0.00	0.00	0.00	0.00
	归还银行借款	800 000.00	1 000 000.00	2 000 000.00	0.00	3 800 000.00
	支付借款利息	50 750.00	38 750.00	25 000.00	0.00	114 500.00
	小计	−850 750.00	−1 038 750.00	−2 025 000.00	0.00	−3 914 500.00
六、预计期末现金余额		1 704 257.99	1 288 428.96	222 430.91	248 041.90	248 041.90

审核：丁晓风　　编制：欧阳雪

业务 5：预计资产负债表

预计资产负债表（简表）

编制单位：北京鸿源仓储服务有限公司　　2019 年 12 月 31 日　　单位：元

资产	期末余额	年初余额	负债和所有者权益（或股东权益）	期末余额	年初余额
流动资产：			流动负债：		
货币资金	248 041.90	1 732 747.92	短期借款	0.00	1 800 000.00
应收账款	1 348 389.29	1 162 575.03	应付账款	467 839.07	423 903.70
其他应收款	163 000.00	163 000.00	其他应付款		
存货	67 392.94	38 510.25	应付职工薪酬	478 309.36	491 212.41
			应交税费	227 541.55	215 755.81
流动资产合计	1 826 824.13	3 096 833.20	流动负债合计	1 173 689.98	2 930 871.92
非流动资产：			非流动负债：		
固定资产原值	14 930 000.00	13 730 000.00	长期借款	0.00	2 000 000.00
减：累计折旧	3 037 720.00	2 078 440.00	非流动负债合计	0.00	2 000 000.00
固定资产净值	11 892 280.00	11 651 560.00	负债合计	1 173 689.98	4 930 871.92
无形资产	3 567 479.05	3 732 229.09	所有者权益（或股东权益）：		
			实收资本（或股本）	10 000 000.00	10 000 000.00
			资本公积		
			盈余公积	611 289.32	354 975.04
			未分配利润	5 501 603.88	3 194 775.33
非流动资产合计	15 459 759.05	15 383 789.09	所有者权益（或股东权益）合计	16 112 893.20	13 549 750.37
资产总计	17 286 583.18	18 480 622.29	负债和所有者权益（或股东权益）总计	17 286 583.18	18 480 622.29

单位负责人：李弘轩　　主管会计工作负责人：周怡芸　　会计机构负责人：丁晓风

业务 6：预计利润表

预计利润表

编制单位：北京鸿源仓储服务有限公司　　2019 年度　　单位：元

项目	第 1 季度	第 2 季度	第 3 季度	第 4 季度	合计
一、营业收入	3 786 640.42	3 659 664.68	4 154 031.90	4 238 655.64	15 838 992.64
减：变动营业成本	1 352 258.81	1 343 716.97	1 407 253.97	1 433 499.35	5 536 729.10
变动性销售费用	219 625.15	212 260.55	240 933.85	245 842.02	918 661.57
税金及附加	21 575.26	20 449.65	23 747.16	23 953.94	89 726.01
二、边际贡献	2 193 181.20	2 083 237.51	2 482 096.92	2 535 360.33	9 293 875.96
减：固定营业成本	336 300.00	336 300.00	336 300.00	336 300.00	1 345 200.00
固定性销售费用	478 679.95	525 569.45	556 383.53	619 429.20	2 180 062.13
管理费用	579 347.51	538 947.51	498 547.51	619 747.51	2 236 590.04
财务费用	50 750.00	38 750.00	25 000.00	0.00	114 500.00
三、利润总额	748 103.74	643 670.55	1 065 865.88	959 883.62	3 417 523.79
减：所得税费用	187 025.94	160 917.64	266 466.47	239 970.91	854 380.96
四、净利润	561 077.80	482 752.91	799 399.41	719 912.71	2 563 142.83

单位负责人：李弘轩　　主管会计工作负责人：周怡芸　　会计机构负责人：丁晓风

（二）成本管理岗位

业务7：营业成本预算

2019年度营业成本预算表

单位：元

项目			第1季度	第2季度	第3季度	第4季度	合计
堆存直接费用	冷藏仓库	工资	187 660.88	186 475.71	195 296.72	198 972.53	768 405.84
		折旧费	57 000.00	57 000.00	57 000.00	57 000.00	228 000.00
		保险费（不含税）	85 294.00	84 755.00	88 759.00	90 431.00	349 239.00
	冷藏仓库小计		329 954.88	328 230.71	341 055.72	346 403.53	1 345 644.84
	恒温仓库	工资	221 778.92	220 380.46	230 803.16	235 140.70	908 103.24
		折旧费	67 200.00	67 200.00	67 200.00	67 200.00	268 800.00
		保险费（不含税）	102 355.00	101 706.00	106 513.00	108 526.00	419 100.00
	恒温仓库小计		391 333.92	389 286.46	404 516.16	410 866.70	1 596 003.24
	普通仓库	工资	238 846.08	237 336.50	248 557.42	253 233.84	977 973.84
		折旧费	72 300.00	72 300.00	72 300.00	72 300.00	289 200.00
		保险费（不含税）	76 758.00	76 274.00	79 882.00	81 389.00	314 303.00
	普通仓库小计		387 904.08	385 910.50	400 739.42	406 922.84	1 581 476.84
	露天货场	工资	170 606.04	169 529.73	177 542.97	180 886.68	698 565.42
		折旧费	19 800.00	19 800.00	19 800.00	19 800.00	79 200.00
		保险费（不含税）	93 819.00	93 225.00	97 636.00	99 473.00	384 153.00
		租赁地（不含税）	120 000.00	120 000.00	120 000.00	120 000.00	480 000.00
	露天货场小计		404 225.04	402 554.73	414 978.97	420 159.68	1 641 918.42
堆存直接费用合计			1 513 417.92	1 505 982.40	1 561 290.27	1 584 352.75	6 165 043.34
营运间接费用	办公费		17 835.12	17 722.47	18 560.46	18 909.89	73 027.94
	水电费		76 691.02	76 206.58	79 809.97	81 312.52	314 020.09
	维修费		44 944.51	44 660.60	46 772.35	47 652.92	184 030.38
	其他费用		35 670.24	35 444.92	37 120.92	37 571.27	145 807.35
营运间接费用合计			175 140.89	174 034.57	182 263.70	185 446.60	716 885.76
预计营业成本合计（不含税）			1 688 558.81	1 680 016.97	1 743 553.97	1 769 799.35	6 881 929.10
预计应交增值税（进项税额）			32 293.56	32 157.60	33 167.40	33 589.14	131 207.70
预计营业成本合计（含税）			1 720 852.37	1 712 174.57	1 776 721.37	1 803 388.49	7 013 136.80
减：折旧费			216 300.00	216 300.00	216 300.00	216 300.00	865 200.00
预计本期现金支出			1 498 296.29	1 497 075.55	1 551 501.47	1 583 363.12	6 130 236.43
预计应付账款余额			255 259.78	254 058.80	262 978.70	266 704.07	266 704.07

审核：丁晓风　　编制：陈玉斌

业务8：应交税费预算

2019年度应交增值税、税金及附加预算表

单位：元

项目		第1季度	第2季度	第3季度	第4季度	合计
应交增值税	预计销项税额	228 647.43	221 201.38	250 725.41	255 975.34	956 549.56
	预计进项税额	48 853.56	50 787.60	52 832.40	56 359.14	208 832.70
	预计应交增值税	179 793.87	170 413.78	197 893.01	199 616.20	747 716.86
预计应交税金及附加		21 575.26	20 449.65	23 747.16	23 953.94	89 726.01
预计应交增值税、税金及附加现金支出		201 369.13	190 863.43	221 640.17	223 570.14	837 442.87

审核：丁晓风　　编制：陈玉斌

业务 9：营业成本核算

任务 1：

作业成本法基本应用程序

基本应用程序	序号
将各个作业中心的成本分配到成本对象	(五)
确定成本计算对象	(一)
确认作业类别和作业中心	(三)
作业成本信息报告	(七)
将资源成本分配到作业中心	(四)
计算产品成本	(六)
确定直接计入产品成本的类别	(二)

审核：丁晓风　　　　编制：陈玉斌

任务 2：

2019 年第 1 季度营运间接费用按单位作业成本分配表

金额单位：元

作业类型	作业活动	作业动因	营运间接费用金额	作业分配率	冷藏仓库		恒温仓库		普通仓库		露天货场	
					作业量	作业成本	作业量	作业成本	作业量	作业成本	作业量	作业成本
货物入库	入库前准备	入库次数/次	9 324.00	7.400 0	270.00	1 998.00	300.00	2 220.00	450.00	3 330.00	240.00	1 776.00
	货物验收入库	货物重量/吨	10 873.00	0.830 0	2 655.00	2 203.65	1 810.00	1 502.30	3 620.00	3 004.60	5 015.00	4 162.45
货物在库	货物堆存	堆存面积/m²	11 310.00	0.130 0	15 000.00	1 950.00	18 000.00	2 340.00	30 000.00	3 900.00	24 000.00	3 120.00
	货物苫垫	苫垫次数/次	10 710.00	8.500 0	270.00	2 295.00	300.00	2 550.00	450.00	3 825.00	240.00	2 040.00
	仓储安全管理	直接人工/小时	14 280.00	21.000 0	140.00	2 940.00	220.00	4 620.00	180.00	3 780.00	140.00	2 940.00
	仓库卫生清洁	清洁次数/次	8 910.00	40.500 0	30.00	1 215.00	45.00	1 822.50	55.00	2 227.50	90.00	3 645.00
	货物在库保管	直接人工/小时	18 042.00	3.100 0	1 050.00	3 255.00	1 170.00	3 627.00	1 440.00	4 464.00	2 160.00	6 696.00
货物出库	出库前准备	出库次数/次	9 408.00	6.720 0	303.00	2 036.16	335.00	2 251.20	492.00	3 306.24	270.00	1 814.40
	货物备货出库	货物重量/吨	10 242.00	0.900 0	2 310.00	2 079.00	1 570.00	1 413.00	3 150.00	2 835.00	4 350.00	3 915.00
仓储管理	办公费	直接人工/小时	11 760.00	0.600 0	4 850.00	2 910.00	6 720.00	4 032.00	5 080.00	3 048.00	2 950.00	1 770.00
	电费	使用量/千瓦时	59 750.00	1.000 0	25 300.00	25 300.00	26 600.00	26 600.00	4 530.00	4 530.00	3 320.00	3 320.00
	水费	使用量/吨	5 400.00	3.000 0	330.00	990.00	360.00	1 080.00	510.00	1 530.00	600.00	1 800.00
	维修费	设备维修/次	8 433.00	112.440 0	9.00	1 011.96	12.00	1 349.28	24.00	2 698.56	30.00	3 373.20
合计			188 442.00	—	—	50 183.77	—	55 407.28	—	42 478.90	—	40 372.05

审核：丁晓风　　　　编制：陈玉斌

任务 3：

2019 年第 1 季度营业间接费用分配表

金额单位：元

项目	分配标准（工时）	分配率	营运间接费用分配金额
冷藏仓库	6 040.00	7.22	43 608.80
恒温仓库	8 110.00	7.22	58 554.20
普通仓库	6 700.00	7.22	48 374.00
露天货场	5 250.00	7.22	37 905.00
合计	26 100.00	—	188 442.00

审核：丁晓风　　　　编制：陈玉斌

任务 4：

2019 年第 1 季度营业成本计算表

单位：元

项目	作业成本法			完全成本法		
	堆存直接费用	营运间接费用	合计	堆存直接费用	营运间接费用	合计
冷藏仓库	335 063.16	50 183.77	385 246.93	335 063.16	43 608.80	378 671.96
恒温仓库	408 714.16	55 407.28	464 121.44	408 714.16	58 554.20	467 268.36
普通仓库	409 122.05	42 478.90	451 600.95	409 122.05	48 374.00	457 496.05
露天货场	403 521.00	40 372.05	443 893.05	403 521.00	37 905.00	441 426.00

审核：丁晓风　　编制：陈玉斌

业务 10：成本差异分析

2019 年第 1 季度营运间接费用、作业量、单位作业成本差异分析表

作业类型	作业活动	作业动因	总作业量			总营运间接费用（元）			单位作业分配率		
			预算	实际	差异	预算	实际	差异	预算	实际	差异
货物入库	入库前准备	入库次数/次	1 296.00	1 260.00	−36.00	9 266.40	9 324.00	57.60	7.15	7.40	0.25
	货物验收入库	货物重量/吨	13 406.00	13 100.00	−306.00	10 188.56	10 873.00	684.44	0.76	0.83	0.07
货物在库	货物堆存	堆存面积/m²	76 012.00	87 000.00	10 988.00	11 401.80	11 310.00	−91.80	0.15	0.13	−0.02
	货物苫垫	苫垫次数/次	1 300.00	1 260.00	−40.00	9 360.00	107 10.00	1 350.00	7.20	8.50	1.30
	仓储安全管理	直接人工/小时	706.25	680.00	−26.25	13 560.00	14 280.00	720.00	19.20	21.00	1.80
	仓库卫生清洁	清洁次数/次	200.00	220.00	20.00	8 910.00	8910.00	0.00	44.55	40.50	−4.05
	货物在库保管	直接人工/小时	6 040.00	5 820.00	−220.00	17 395.20	18 042.00	646.80	2.88	3.10	0.22
货物出库	出库前准备	出库次数/次	1 466.00	1 400.00	−66.00	8 649.40	9 408.00	758.60	5.90	6.72	0.82
	货物备货出库	货物重量/吨	10 780.00	11 380.00	600.00	9 917.60	10 242.00	324.40	0.92	0.90	−0.02
仓储管理	办公费	直接人工/小时	19 630.39	19 600.00	−30.39	11 581.93	11 760.00	178.07	0.59	0.60	0.01
	电费	使用量/千瓦时	53 600.00	59 750.00	6 150.00	53 600.00	59 750.00	6 150.00	1.00	1.00	0.00
	水费	使用量/吨	1 570.00	1 800.00	230.00	4 710.00	5 400.00	690.00	3.00	3.00	0.00
	维修费	设备维修/次	55.00	75.00	20.00	6 600.00	8 433.00	1 833.00	120.00	112.44	−7.56
合计			—	—	—	175 140.89	188 442.00	13 301.11	—	—	—

审核：丁晓风　　编制：陈玉斌

业务 11：季度成本分析

2019 年第 1 季度营业成本预算与实际对比分析表

单位：元

项目	营业成本	预算数据		实际数据				完全成本法核算与预算差异
				作业成本法		完全成本法		
		预算金额	成本比重	实际金额	成本比重	实际金额	成本比重	
冷藏仓库	堆存直接费用	329 954.88	88.79%	335 063.16	86.97%	335 063.16	88.48%	5 108.28
	营运间接费用	41 676.89	11.21%	50 183.77	13.03%	43 608.80	11.52%	1 931.91
	合计	371 631.77	—	385 246.93	—	378 671.96	—	7 040.19
恒温仓库	堆存直接费用	391 333.92	87.92%	408 714.16	88.06%	408 714.16	87.47%	17 380.24
	营运间接费用	53 784.00	12.08%	55 407.28	11.94%	58 554.20	12.53%	4 770.20
	合计	445 117.92	—	464 121.44	—	467 268.36	—	22 150.44
普通仓库	堆存直接费用	387 904.08	89.71%	409 122.05	90.59%	409 122.05	89.43%	21 217.97
	营运间接费用	44 488.00	10.29%	42 478.90	9.41%	48 374.00	10.57%	3 886.00
	合计	432 392.08	—	451 600.95	—	457 496.05	—	25 103.97

续表

项目	营业成本	预算数据		实际数据				完全成本法核算与预算差异
				作业成本法		完全成本法		
		预算金额	成本比重	实际金额	成本比重	实际金额	成本比重	
露天货场	堆存直接费用	404 225.04	91.99%	403 521.00	90.91%	403 521.00	91.41%	−704.04
	营运间接费用	35 192.00	8.01%	40 372.05	9.09%	37 905.00	8.59%	2 713.00
	合计	439 417.04	—	443 893.05	—	441 426.00	—	2 008.96

审核：丁晓风　　编制：陈玉斌

业务 12：年度成本分析

2018 年度营业成本预算与实际对比分析表

单位：元

项目		本年度实际与上年度实际对比		本年度实际与预算对比	
		增减额	增减率	增减额	增减率
冷藏仓库	堆存直接费用	124 404.08	11.11%	−49 761.63	−3.85%
	营运间接费用	11 634.82	8.70%	11 634.82	8.70%
	小计	136 038.90	—	−38 126.81	—
恒温仓库	堆存直接费用	162 288.32	12.36%	29 506.97	2.04%
	营运间接费用	13 497.94	7.53%	13 497.94	7.53%
	小计	175 786.26	—	43 004.91	—
普通仓库	堆存直接费用	131 759.74	9.89%	−73 199.86	−4.76%
	营运间接费用	21 254.48	14.94%	−3 269.92	−1.96%
	小计	153 014.22	—	−76 469.78	—
露天货场	堆存直接费用	185 218.74	13.64%	46 304.68	3.09%
	营运间接费用	17 026.80	16.28%	−15 810.60	−11.50%
	小计	202 245.54	—	30 494.08	—
合计		667 084.92	—	−41 097.60	—

审核：丁晓风　　编制：陈玉斌

（三）营运管理岗位

业务 13：营业收入预算

2019 年度营业收入预算表

单位：元

项目		第 1 季度	第 2 季度	第 3 季度	第 4 季度	合计
预计储存收入（不含税）	冷藏仓库	485 715.15	690 226.79	818 046.57	562 407.01	2 556 395.52
	恒温仓库	789 317.76	1 121 662.08	1 329 377.28	913 946.88	4 154 304.00
	普通仓库	1 263 298.40	857 238.20	992 591.60	1 398 651.80	4 511 780.00
	露天货场	928 609.11	630 127.61	729 621.45	1 028 102.95	3 316 461.12
预计储存收入小计		3 466 940.42	3 299 254.68	3 869 636.90	3 903 108.64	14 538 940.64
预计其他收入（不含税）	货物装卸收入	177 675.00	213 210.00	142 140.00	184 782.00	717 807.00
	货物分拣收入	56 350.00	59 800.00	54 625.00	52 210.00	222 985.00
	咨询服务收入	37 375.00	33 350.00	38 180.00	43 355.00	152 260.00
	运输服务收入	48 300.00	54 050.00	49 450.00	55 200.00	207 000.00
预计其他收入小计		319 700.00	360 410.00	284 395.00	335 547.00	1 300 052.00

续表

项目	第1季度	第2季度	第3季度	第4季度	合计
预计营业收入合计（不含税）	3 786 640.42	3 659 664.68	4 154 031.90	4 238 655.64	15 838 992.64
预计应交增值税（销项税额）	228 647.43	221 201.38	250 725.41	255 975.34	956 549.56
预计营业收入合计（含税）	4 015 287.85	3 880 866.06	4 404 757.31	4 494 630.98	16 795 542.20
预计本期现金流入	3 973 276.53	3 921 192.59	4 247 589.94	4 467 668.88	16 609 727.94
预计应收账款余额	1 204 586.35	1 164 259.82	1 321 427.19	1 348 389.29	1 348 389.29

审核：丁晓风　　　　编制：肖雅文

业务14：销售费用预算

2019年度销售费用预算表

单位：元

项目		变动性费用率	第1季度	第2季度	第3季度	第4季度	合计
变动性费用	销售佣金	4.5%	170 398.82	164 684.91	186 931.44	190 739.50	712 754.67
	客户返利	1.3%	49 226.33	47 575.64	54 002.41	55 102.52	205 906.90
变动性费用小计			219 625.15	212 260.55	240 933.85	245 842.02	918 661.57
固定性费用	工资		126 360.00	131 976.00	137 592.00	143 208.00	539 136.00
	办公费		10 450.00	11 637.50	12 967.50	14 012.50	49 067.50
	折旧费		10 560.00	10 560.00	10 560.00	10 560.00	42 240.00
	广告费（不含税）		276 000.00	310 500.00	327 750.00	379 500.00	1 293 750.00
	差旅费		34 234.20	38 124.45	42 481.53	45 904.95	160 745.13
	其他费用		21 075.75	22 771.50	25 032.50	26 243.75	95 123.50
固定性费用小计			478 679.95	525 569.45	556 383.53	619 429.20	2 180 062.13
预计销售费用合计（不含税）			698 305.10	737 830.00	797 317.38	865 271.22	3 098 723.70
预计应交增值税（进项税额）			16 560.00	18 630.00	19 665.00	22 770.00	77 625.00
预计销售费用合计（含税）			714 865.10	756 460.00	816 982.38	888 041.22	3 176 348.70
减：折旧费			10 560.00	10 560.00	10 560.00	10 560.00	42 240.00
预计本期现金支出			732 925.10	727 615.00	797 279.88	850 053.72	3 107 873.70
预计应付账款余额			146 280.00	164 565.00	173 707.50	201 135.00	201 135.00

审核：丁晓风　　　　编制：肖雅文

业务15：管理费用预算

2019年度管理费用预算表

单位：元

项目	第1季度	第2季度	第3季度	第4季度	合计
管理人员工资	393 250.00	363 000.00	332 750.00	423 500.00	1 512 500.00
办公费	30 030.00	27 720.00	25 410.00	32 340.00	115 500.00
招待费	37 113.14	34 258.29	31 403.43	39 968.00	142 742.86

续表

项目	第1季度	第2季度	第3季度	第4季度	合计
差旅费	36 972.00	34 128.00	31 284.00	39 816.00	142 200.00
折旧费	12 960.00	12 960.00	12 960.00	12 960.00	51 840.00
无形资产摊销	41 187.51	41 187.51	41 187.51	41 187.51	164 750.04
其他费用	27 834.86	25 693.71	23 552.57	29 976.00	107 057.14
预计管理费用合计	579 347.51	538 947.51	498 547.51	619 747.51	2 236 590.04
减：折旧费	12 960.00	12 960.00	12 960.00	12 960.00	51 840.00
无形资产摊销	41 187.51	41 187.51	41 187.51	41 187.51	164 750.04
预计本期现金支出	525 200.00	484 800.00	444 400.00	565 600.00	2 020 000.00

审核：丁晓风　　编制：肖雅文

业务16：财务费用预算

2019年度财务费用预算表

单位：元

项目	第1季度	第2季度	第3季度	第4季度	合计
应计并支付借款利息	50 750.00	38 750.00	25 000.00	0.00	114 500.00
合计	50 750.00	38 750.00	25 000.00	0.00	114 500.00

审核：丁晓风　　编制：肖雅文

业务17：边际贡献相关指标分析

2019年度边际贡献率与相关指标计算表

单位：元

项目	第1季度	第2季度	第3季度	第4季度	合计
营业收入	3 786 640.42	3 659 664.68	4 154 031.90	4 238 655.64	15 838 992.64
变动营业成本	1 593 459.22	1 576 427.17	1 671 934.98	1 703 295.31	6 545 116.68
变动成本率	42.08%	43.08%	40.25%	40.18%	41.32%
边际贡献	2 193 181.20	2 083 237.51	2 482 096.92	2 535 360.33	9 293 875.96
边际贡献率	57.92%	56.92%	59.75%	59.82%	—
保本点营业额	2 494 954.18	2 529 105.69	2 370 261.15	2 633 695.60	10 028 016.62
安全边际额	1 291 686.24	1 130 558.99	1 783 770.75	1 604 960.04	5 810 976.02
安全边际率	34.11%	30.89%	42.94%	37.86%	—
经营杠杆系数	2.75	3.05	2.28	2.64	—
经营状况	安全	安全	很安全	安全	—

审核：丁晓风　　编制：肖雅文

业务18：应收账款信用政策决策

任务1：

2019年度应收账款信用条件下税前收益计算表

单位：元

项目	目前信用条件	改变信用条件
边际贡献	2 602 458.00	
现金折扣成本	0.00	57 655.00
应收账款机会成本	24 433.89	9 366.33
坏账损失	88 700.00	44 350.00
收款费用	35 480.00	22 175.00

续表

项目	目前信用条件	改变信用条件
税前收益	2 453 844.11	2 468 911.67

审核：丁晓风　　　　编制：肖雅文

任务 2：A

任务 3：BCDE

（四）绩效管理岗位

业务 19：预算执行情况分析

任务 1：

2018 年度营业收入、营业成本预算执行情况分析表

单位：元

项目	2018 年度预算	2018 年度实际	差异额（率）	预算完成度
营业收入	13 935 175.00	14 111 677.00	176 502.00	101.27%
营业成本	6 303 315.00	6 350 254.65	46 939.65	100.74%
毛利率	54.77%	55.00%	0.23%	100.42%

审核：周怡芸　　　　编制：丁晓风

任务 2：

2018 年度期间费用预算执行情况分析表

单位：元

项目	2018 年度预算	2018 年度实际	差异额（率）	预算完成度
销售费用	2 840 838.00	2 825 102.68	－15 735.32	99.45%
管理费用	2 202 870.00	2 191 384.54	－11 485.46	99.48%
财务费用	162 985.00	174 875.00	11 890.00	107.30%
销售费用占收入比重	20.39%	20.02%	－0.37%	98.19%
管理费用占收入比重	15.81%	15.53%	－0.28%	98.23%

审核：周怡芸　　　　编制：丁晓风

任务 3：

2018 年度利润预算执行情况分析表

单位：元

项目	2018 年度预算	2018 年度实际	差异额（率）	预算完成度
利润总额	2 346 577.25	2 491 052.90	144 475.65	106.16%
成本费用	11 588 597.75	11 620 624.10	32 026.35	100.28%
成本费用占收入比重	83.16%	82.35%	－0.81%	99.03%
成本费用利润率	20.25%	21.44%	1.19%	105.88%

审核：周怡芸　　　　编制：丁晓风

业务 20：平衡计分卡指标考核及评度

任务 1：

平衡计分卡绩效指标归属维度表

序号	绩效指标	归属维度
1	期间费用达成率	财务维度
2	总资产报酬率	财务维度
3	员工流动率	学习与成长维度
4	财务分析出错率	内部流程维度
5	客户满意度	客户维度
6	培训参与率	学习与成长维度
7	客户投诉解决率	客户维度
8	营业目标达成率	财务维度
9	各部门预算准确率	内部流程维度
10	公司网站出错率	内部流程维度
11	服务推广达成率	客户维度
12	创新建议被采纳率	学习与成长维度

审核：周怡芸　　　　编制：丁晓风

任务 2：

2018 年度平衡计分卡绩效指标考核计算表

序号	指标名称	指标计算说明	得分计算说明	权重	目标值	实际值	考核得分
1	期间费用达成率	(实际总费用/预算总费用)×100%	指标值≤85%，得分=权重×100；85%<指标值≤90%，得分=权重×95；90%<指标值≤95%，得分=权重×90；95%<指标值≤100%，得分=权重×85；指标值>100%，得分=权重×80。	12.00%	100.00%	99.71%	10.20
2	总资产报酬率	(息税前利润总额/平均总资产)×100%	指标值≥20%，得分=权重×100；18%≤指标值<20%，得分=权重×90；16%≤指标值<18%，得分=权重×80；14%≤指标值<16%，得分=权重×70；指标值<14%，得分=权重×60。	11.00%	20.00%	14.72%	7.70
3	员工流动率	(流失人数/现有人数)×100%	0<指标值≤3%，得分=权重×100；3%<指标值≤5%，得分=权重×80；5%<指标值≤7%，得分=权重×60；指标值>7%，得分=权重×40。	3.00%	3.00%	2.80%	3.00
4	财务分析出错率	(查出有误的财务分析数量/提交的财务分析总数)×100%	指标值≤0.5%，得分=权重×100；0.5%<指标值≤1%，得分=权重×75；1%<指标值≤1.5%，得分=权重×50；指标值>1.5%，得分=权重×25。	6.00%	0.50%	1.00%	4.50
5	客户满意度	接受随机调研的客户对服务满意度评分的平均值	96%<指标值≤100%，得分=权重×100；92%<指标值≤96%，得分=权重×80；88%<指标值≤92%，得分=权重×60；指标值≤88%，得分=权重×40。	11.00%	96%	92.50%	8.80
6	培训参与率	(实际参加培训员工数/规定应参加培训总人数)×100%	95%<指标值≤100%，得分=权重×100；90%<指标值≤95%，得分=权重×80；85%<指标值≤90%，得分=权重×60；指标值≤85%，得分=权重×40。	5.00%	100%	98%	5.00

续表

序号	指标名称	指标计算说明	得分计算说明	权重	目标值	实际值	考核得分
7	客户投诉解决率	(解决的投诉数/投诉总数)×100%	97%<指标值≤100%，得分=权重×100；94%<指标值≤97%，得分=权重×80；91%<指标值≤94%，得分=权重×60；指标值≤91%，得分=权重×40。	10.00%	100%	95%	8.00
8	营业目标达成率	(实际营业额/预算营业额)×100%	指标值≥100%，得分=权重×100；95%≤指标值<100%，得分=权重×85；90%≤指标值<95%，得分=权重×70；85%≤指标值<90%，得分=权重×55；指标值<85%，得分=权重×40。	15.00%	100.00%	101.27%	15.00
9	各部门预算准确率	(1−超出或未达成预算/部门预算)×100%	指标值≥98%，得分=权重×100；93%≤指标值<98%，得分=权重×85；88%≤指标值<93%，得分=权重×70；83%≤指标值<88%，得分=权重×55；指标值<83%，得分=权重×40。	10.00%	98.00%	93.00%	8.50
10	公司网站出错率	(页面出错页数/总页数)×100%	指标值≤1%，得分=权重×100；1%<指标值≤2%，得分=权重×75；2%<指标值≤3%，得分=权重×50；指标值>4%，得分=权重×25。	4.00%	1.00%	1.50%	3.00
11	服务推广达成率	(服务实际推广数量/服务计划推广数量)×100%	95%<指标值≤100%，得分=权重×100；90%<指标值≤95%，得分=权重×80；85%<指标值≤90%，得分=权重×60；指标值≤85%，得分=权重×40。	8.00%	95.00%	85.00%	3.20
12	创新建议被采纳率	(被采纳的创新建议数量/建议总数量)×100%	指标值≥90%，得分=权重×100；80%≤指标值<90%，得分=权重×80；70%≤指标值<80%，得分=权重×60；指标值<70%，得分=权重×40。	5.00%	90.00%	82.00%	4.00
合计				100.00%	—	—	80.90

审核：周怡芸　　　　编制：丁晓风

任务3：

2018年度绩效评定结果表

绩效评定标准	绩效评定结果
得分值>95：卓越；得分值>85：高于期望；得分值>80：与期望一致；得分值>75：低于期望；得分值>70：不可接受。	与期望一致

审核：周怡芸　　　　编制：丁晓风

任务4：ABCD

任务5：ABCDE

业务21：投资中心业绩考核

2018年度投资报酬率与剩余收益计算表

项目		投资报酬率	剩余收益（元）
储存营业中心	冷藏仓库	19.93%	202 687.22
	恒温仓库	21.80%	379 463.82
	普通仓库	23.48%	485 380.96
	露天货场	18.62%	219 595.94
其他营业中心		19.68%	117 239.41
合计		—	1 404 367.35

审核：周怡芸　　　　编制：丁晓风

业务 22：业务员绩效考核

任务 1：

2019 年 1 月业务部员工绩效考核计算表

考核指标	评定标准	权重	目标值	徐智勇		刘心维		苏丽惠		林远瑜	
				实际值	得分值	实际值	得分值	实际值	得分值	实际值	得分值
营业目标完成率	（实际销售额/预算销售额）×100%；满分 45 分，每低于目标值 1%，扣 0.5 分	45.00%	100.00%	80.00%	35.00	90.00%	40.00	104.00%	45.00	91.00%	40.50
营业增长率	与上年度同期营业额相比；满分 20 分，每低于目标值 0.1%，扣 0.2 分	20.00%	15.00%	5.30%	0.60	13.60%	17.20	16.20%	20.00	19.00%	20.00
营业额回款率	（实际回款额/实际销售额）×100%；满分 25 分，每低于目标值 1%，扣 0.3 分	25.00%	80.00%	65.00%	20.50	60.00%	19.00	70.00%	22.00	85.00%	25.00
新客户开发数	以考核期新客户签约数为准；满分 10 分，每增加 1 家新客户，加 1 分	10.00%	—	3	3.00	3	3.00	2	2.00	5	5.00
合计		100.00%	—	—	59.10	—	79.20	—	89.00	—	90.50

审核：周怡芸　　　　编制：丁晓风

任务 2：

2019 年 1 月业务部员工绩效评定表

单位：元

姓名	绩效考核评定结果	绩效奖金基数	绩效奖金
徐智勇	D 级	4 848.00	1 454.40
刘心维	C 级	6 844.50	4 106.70
苏丽惠	B 级	11 887.20	9 509.76
林远瑜	A 级	8 503.95	8 503.95
合计	—	—	23 574.81

审核：周怡芸　　　　编制：丁晓风

业务 23：财务指标计算与分析

2018 年度实际与 2019 年度预算财务指标分析对比表

单位：元

财务指标类型	财务指标名称	2018 年度实际数据	2019 年度预算数据	增减率（次数）
偿债能力指标	流动比率	105.66%	155.65%	49.99%
	现金比率	59.12%	21.13%	−37.99%
	资产负债率	26.68%	6.79%	−19.89%
	产权比率	36.39%	7.28%	−29.11%
盈利能力指标	营业净利率	13.24%	16.18%	2.94%
	总资产净利率	10.31%	14.33%	4.02%
	权益净利率	14.81%	17.28%	2.47%
	总资产报酬率	14.72%	19.75%	5.03%
营运能力指标	应收账款周转次数	14.71	12.62	−2.09
	流动资产周转次数	6.50	6.43	−0.07
	总资产周转次数	0.78	0.89	0.11

审核：周怡芸　　　　编制：丁晓风

业务 24：利润项目对比与分析

2018 年度与 2019 年度利润项目对比分析表

单位：元

项目	2018 年度		2019 年度	2018 年度实际与 2018 年度预算		2019 年度预算与 2018 年实际	
	预算金额	实际金额	预算金额	增减额	增减率	增减额	增减率
一、营业收入	13 935 175.00	14 111 677.00	15 838 992.64	176 502.00	1.27%	1 727 315.64	12.24%
减：变动营业成本	5 012 115.00	5 005 054.65	5 536 729.10	−7 060.35	−0.14%	531 674.45	10.62%
变动性销售费用	822 420.00	818 477.28	918 661.57	−3 942.72	−0.48%	100 184.29	12.24%
税金及附加	78 589.75	79 007.23	89 726.01	417.48	0.53%	10 718.78	13.57%
二、边际贡献	8 022 050.25	8 209 137.84	9 293 875.96	187 087.59	2.33%	1 084 738.12	13.21%
减：固定营业成本	1 291 200.00	1 345 200.00	1 345 200.00	54 000.00	4.18%	0.00	0.00
固定性销售费用	2 018 418.00	2 006 625.40	2 180 062.13	−11 792.60	−0.58%	173 436.73	8.64%
管理费用	2 202 870.00	2 191 384.54	2 236 590.04	−11 485.46	−0.52%	45 205.50	2.06%
财务费用	162 985.00	174 875.00	114 500.00	11 890.00	7.30%	−60 375.00	−34.52%
三、利润总额	2 346 577.25	2 491 052.90	3 417 523.79	144 475.65	6.16%	926 470.89	37.19%
减：所得税费用	586 644.31	622 763.23	854 380.96	36 118.92	6.16%	231 617.73	37.19%
四、净利润	1 759 932.94	1 868 289.67	2 563 142.83	108 356.73	6.16%	694 853.16	37.19%

审核：周怡芸　　编制：丁晓风

备注：2019 年全国职业院校技能大赛高职组管理会计竞赛主办方是中国商业会计学会，技术支持方是厦门网中网软件有限公司，本赛题及参考答案由厦门网中网软件有限公司提供。

4. 管理会计技能教育的发展趋势

（1）以技能大赛引领高职院校会计专业的发展方向，重构会计课程体系，助推传统财务会计向管理会计方向转型。面向未来，聚焦学生专业核心竞争力的提升，遵循“赛教融合、赛训融合”两大路径，把管理会计技能教育的内容嵌入相关课程，持续推动会计课堂革命和人才培养模式创新。

（2）秉承成果导向理念，紧扣《管理会计基本指引》《管理会计应用指引》《管理会计实践索引》《管理会计案例索引》，做实“技能分析（管理会计岗位典型工作任务分析）、技能学习（管理会计工具基本知识和基本技能）、技能练习（管理会计工具应用）、技能应用（管理会计案例分析）、技能评估（数字化管理会计技能等级证书检验与改进）”，突出管理能力培养，重构管理会计实践教学体系，实现由实践教学向实践育人转变。

（3）基于信息技术变革和网络环境升级，借助云管理平台，高效整合和组织云端资源，构建“云”实践教学模式，深度掌握管理会计工具的应用以及管理会计软件的维护。拥抱工业互联网，注重学生“技术素养＋管理能力”的培养。数字化财务、财务共享服务、智能财务会计、大数据会计、大数据财务分析等，作为管理会计技能教育的重要内容已成为一种趋势。

（4）技能竞赛内容要围绕会计专业（管理会计方向）教学标准，要贴近职业院校的专业教学实际，贴近企业生产实际；要对接企业实际生产工作过程、对接 1＋X 证书。根据麦可思问卷调查分析，开展会计专业“跨专业”综合实训（业财融合）和创新创业教育应成为一种新常态。

（5）会计职业的本质属性呼唤管理会计技能教育必须和会计精神实现完美融

合。厦门大学黄世忠教授曾说过："在未来，会计或许会消失，然而会计精神将永存。"会计精神是对会计行为中蕴含的价值、方法论原则和会计行为规范的高度抽象与概括，它将作为会计理念和会计传统文化之精华与我们同在。"诚信为本、操守为重、坚持准则、不做假账"就是新时代会计精神。

（6）传承会计文化应成为管理会计技能教育的重要历史使命。"天天与法律握手，处处与责任相约"，这是现代会计人的工作写照。文化对会计的作用会形成特定的会计理论、会计意识、会计行为，这就形成了特定的会计文化。姜韵宜教授在其所著《会计文化》一书中写道："会计文化是人们在长期的社会实践活动中逐渐创造和形成的一种精神文化，其实质是一种管理文化。"管理会计教育者应勇于担当，把传承中国会计文化作为己任，努力构建具有中国特色的管理会计理论和方法体系，推动管理会计技能教育迈向新的高度。

下篇

会计教育改革文件选编

中华人民共和国会计法

（1985 年 1 月 21 日第六届全国人民代表大会常务委员会第九次会议通过。根据 1993 年 12 月 29 日第八届全国人民代表大会常务委员会第五次会议《关于修改〈中华人民共和国会计法〉的决定》第一次修正。1999 年 10 月 31 日第九届全国人民代表大会常务委员会第十二次会议修订。根据 2017 年 11 月 4 日第十二届全国人民代表大会常务委员会第三十次会议《关于修改〈中华人民共和国会计法〉等十一部法律的决定》第二次修正。）

第一章　总则

第一条　为了规范会计行为，保证会计资料真实、完整，加强经济管理和财务管理，提高经济效益，维护社会主义市场经济秩序，制定本法。

第二条　国家机关、社会团体、公司、企业、事业单位和其他组织（以下统称单位）必须依照本法办理会计事务。

第三条　各单位必须依法设置会计账簿，并保证其真实、完整。

第四条　单位负责人对本单位的会计工作和会计资料的真实性、完整性负责。

第五条　会计机构、会计人员依照本法规定进行会计核算，实行会计监督。

任何单位或者个人不得以任何方式授意、指使、强令会计机构、会计人员伪造、变造会计凭证、会计账簿和其他会计资料，提供虚假财务会计报告。

任何单位或者个人不得对依法履行职责、抵制违反本法规定行为的会计人员实行打击报复。

第六条　对认真执行本法，忠于职守，坚持原则，做出显著成绩的会计人员，给予精神的或者物质的奖励。

第七条　国务院财政部门主管全国的会计工作。

县级以上地方各级人民政府财政部门管理本行政区域内的会计工作。

第八条　国家实行统一的会计制度。国家统一的会计制度由国务院财政部门根据本法制定并公布。

国务院有关部门可以依照本法和国家统一的会计制度制定对会计核算和会计监督有特殊要求的行业实施国家统一的会计制度的具体办法或者补充规定，报国务院财政部门审核批准。

中国人民解放军总后勤部①可以依照本法和国家统一的会计制度制定军队实施国家统一的会计制度的具体办法，报国务院财政部门备案。

第二章　会计核算

第九条　各单位必须根据实际发生的经济业务事项进行会计核算，填制会计凭证，登记会计账簿，编制财务会计报告。

任何单位不得以虚假的经济业务事项或者资料进行会计核算。

第十条　下列经济业务事项，应当办理会计手续，进行会计核算：

（一）款项和有价证券的收付；

（二）财物的收发、增减和使用；

（三）债权债务的发生和结算；

（四）资本、基金的增减；

（五）收入、支出、费用、成本的计算；

（六）财务成果的计算和处理；

（七）需要办理会计手续、进行会计核算的其他事项。

第十一条　会计年度自公历1月1日起至12月31日止。

第十二条　会计核算以人民币为记账本位币。

业务收支以人民币以外的货币为主的单位，可以选定其中一种货币作为记账本位币，但是编报的财务会计报告应当折算为人民币。

第十三条　会计凭证、会计账簿、财务会计报告和其他会计资料，必须符合国家统一的会计制度的规定。

使用电子计算机进行会计核算的，其软件及其生成的会计凭证、会计账簿、财务会计报告和其他会计资料，也必须符合国家统一的会计制度的规定。

任何单位和个人不得伪造、变造会计凭证、会计账簿及其他会计资料，不得提供虚假的财务会计报告。

第十四条　会计凭证包括原始凭证和记账凭证。

办理本法第十条所列的经济业务事项，必须填制或者取得原始凭证并及时送交会计机构。

会计机构、会计人员必须按照国家统一的会计制度的规定对原始凭证进行审核，对不真实、不合法的原始凭证有权不予接受，并向单位负责人报告；对记载不准确、不完整的原始凭证予以退回，并要求按照国家统一的会计制度的规定更正、补充。

---

① 2016年1月10日，中国人民解放军总后勤部改为中国共产党中央军事委员会后勤保障部。

原始凭证记载的各项内容均不得涂改；原始凭证有错误的，应当由出具单位重开或者更正，更正处应当加盖出具单位印章。原始凭证金额有错误的，应当由出具单位重开，不得在原始凭证上更正。

记账凭证应当根据经过审核的原始凭证及有关资料编制。

第十五条　会计账簿登记，必须以经过审核的会计凭证为依据，并符合有关法律、行政法规和国家统一的会计制度的规定。会计账簿包括总账、明细账、日记账和其他辅助性账簿。

会计账簿应当按照连续编号的页码顺序登记。会计账簿记录发生错误或者隔页、缺号、跳行的，应当按照国家统一的会计制度规定的方法更正，并由会计人员和会计机构负责人（会计主管人员）在更正处盖章。

使用电子计算机进行会计核算的，其会计账簿的登记、更正，应当符合国家统一的会计制度的规定。

第十六条　各单位发生的各项经济业务事项应当在依法设置的会计账簿上统一登记、核算，不得违反本法和国家统一的会计制度的规定私设会计账簿登记、核算。

第十七条　各单位应当定期将会计账簿记录与实物、款项及有关资料相互核对，保证会计账簿记录与实物及款项的实有数额相符、会计账簿记录与会计凭证的有关内容相符、会计账簿之间相对应的记录相符、会计账簿记录与会计报表的有关内容相符。

第十八条　各单位采用的会计处理方法，前后各期应当一致，不得随意变更；确有必要变更的，应当按照国家统一的会计制度的规定变更，并将变更的原因、情况及影响在财务会计报告中说明。

第十九条　单位提供的担保、未决诉讼等或有事项，应当按照国家统一的会计制度的规定，在财务会计报告中予以说明。

第二十条　财务会计报告应当根据经过审核的会计账簿记录和有关资料编制，并符合本法和国家统一的会计制度关于财务会计报告的编制要求、提供对象和提供期限的规定；其他法律、行政法规另有规定的，从其规定。

财务会计报告由会计报表、会计报表附注和财务情况说明书组成。向不同的会计资料使用者提供的财务会计报告，其编制依据应当一致。有关法律、行政法规规定会计报表、会计报表附注和财务情况说明书须经注册会计师审计的，注册会计师及其所在的会计师事务所出具的审计报告应当随同财务会计报告一并提供。

第二十一条　财务会计报告应当由单位负责人和主管会计工作的负责人、会计机构负责人（会计主管人员）签名并盖章；设置总会计师的单位，还须由总会计师签名并盖章。

单位负责人应当保证财务会计报告真实、完整。

第二十二条　会计记录的文字应当使用中文。在民族自治地方，会计记录可以同时使用当地通用的一种民族文字。在中华人民共和国境内的外商投资企业、外国企业和其他外国组织的会计记录可以同时使用一种外国文字。

第二十三条　各单位对会计凭证、会计账簿、财务会计报告和其他会计资料应当建立档案，妥善保管。会计档案的保管期限和销毁办法，由国务院财政部会同有关部门制定。

第三章　公司、企业会计核算的特别规定

第二十四条　公司、企业进行会计核算，除应当遵守本法第二章的规定外，还应当遵守本章规定。

第二十五条　公司、企业必须根据实际发生的经济业务事项，按照国家统一的会计制度的规定确认、计量和记录资产、负债、所有者权益、收入、费用、成本和利润。

第二十六条　公司、企业进行会计核算不得有下列行为：

（一）随意改变资产、负债、所有者权益的确认标准或者计量方法，虚列、多列、不列或者少列资产、负债、所有者权益；

（二）虚列或者隐瞒收入，推迟或者提前确认收入；

（三）随意改变费用、成本的确认标准或者计量方法，虚列、多列、不列或者少列费用、成本；

（四）随意调整利润的计算、分配方法，编造虚假利润或者隐瞒利润；

（五）违反国家统一的会计制度规定的其他行为。

第四章　会计监督

第二十七条　各单位应当建立、健全本单位内部会计监督制度。单位内部会计监督制度应当符合下列要求：

（一）记账人员与经济业务事项和会计事项的审批人员、经办人员、财物保管人员的职责权限应当明确，并相互分离、相互制约；

（二）重大对外投资、资产处置、资金调度和其他重要经济业务事项的决策和执行的相互监督、相互制约程序应当明确；

（三）财产清查的范围、期限和组织程序应当明确；

（四）对会计资料定期进行内部审计的办法和程序应当明确。

第二十八条　单位负责人应当保证会计机构、会计人员依法履行职责，不得授意、指使、强令会计机构、会计人员违法办理会计事项。

会计机构、会计人员对违反本法和国家统一的会计制度规定的会计事项，有权拒绝办理或者按照职权予以纠正。

第二十九条　会计机构、会计人员发现会计账簿记录与实物、款项及有关资料不相符的，按照国家统一的会计制度的规定有权自行处理的，应当及时处理；无权处理的，应当立即向单位负责人报告，请求查明原因，作出处理。

第三十条　任何单位和个人对违反本法和国家统一的会计制度规定的行为，有权检举。收到检举的部门有权处理的，应当依法按照职责分工及时处理；无权处理

的，应当及时移送有权处理的部门处理。收到检举的部门、负责处理的部门应当为检举人保密，不得将检举人姓名和检举材料转给被检举单位和被检举人个人。

第三十一条　有关法律、行政法规规定，须经注册会计师进行审计的单位，应当向受委托的会计师事务所如实提供会计凭证、会计账簿、财务会计报告和其他会计资料以及有关情况。

任何单位或者个人不得以任何方式要求或者示意注册会计师及其所在的会计师事务所出具不实或者不当的审计报告。

财政部门有权对会计师事务所出具审计报告的程序和内容进行监督。

第三十二条　财政部门对各单位的下列情况实施监督：

（一）是否依法设置会计账簿；

（二）会计凭证、会计账簿、财务会计报告和其他会计资料是否真实、完整；

（三）会计核算是否符合本法和国家统一的会计制度的规定；

（四）从事会计工作的人员是否具备专业能力、遵守职业道德。

在对前款第（二）项所列事项实施监督，发现重大违法嫌疑时，国务院财政部门及其派出机构可以向与被监督单位有经济业务往来的单位和被监督单位开立账户的金融机构查询有关情况，有关单位和金融机构应当给予支持。

第三十三条　财政、审计、税务、人民银行、证券监管、保险监管等部门应当依照有关法律、行政法规规定的职责，对有关单位的会计资料实施监督检查。

前款所列监督检查部门对有关单位的会计资料依法实施监督检查后，应当出具检查结论。有关监督检查部门已经作出的检查结论能够满足其他监督检查部门履行本部门职责需要的，其他监督检查部门应当加以利用，避免重复查账。

第三十四条　依法对有关单位的会计资料实施监督检查的部门及其工作人员对在监督检查中知悉的国家秘密和商业秘密负有保密义务。

第三十五条　各单位必须依照有关法律、行政法规的规定，接受有关监督检查部门依法实施的监督检查，如实提供会计凭证、会计账簿、财务会计报告和他会计资料以及有关情况，不得拒绝、隐匿、谎报。

第五章　会计机构和会计人员

第三十六条　各单位应当根据会计业务的需要，设置会计机构，或者在有关机构中设置会计人员并指定会计主管人员；不具备设置条件的，应当委托经批准设立从事会计代理记账业务的中介机构代理记账。

国有的和国有资产占控股地位或者主导地位的大、中型企业必须设置总会计师。总会计师的任职资格、任免程序、职责权限由国务院规定。

第三十七条　会计机构内部应当建立稽核制度。

出纳人员不得兼任稽核、会计档案保管和收入、支出、费用、债权债务账目的登记工作。

第三十八条　会计人员应当具备从事会计工作所需要的专业能力。

担任单位会计机构负责人（会计主管人员）的，应当具备会计师以上专业技术职务资格或者从事会计工作三年以上经历。

本法所称会计人员的范围由国务院财政部门规定。

第三十九条　会计人员应当遵守职业道德，提高业务素质。对会计人员的教育和培训工作应当加强。

第四十条　因有提供虚假财务会计报告，做假账，隐匿或者故意销毁会计凭证、会计账簿、财务会计报告，贪污，挪用公款，职务侵占等与会计职务的有关违法行为被依法追究刑事责任的人员，不得再从事会计工作。

第四十一条　会计人员调动工作或者离职，必须与接管人员办清交接手续。

一般会计人员办理交接手续，由会计机构负责人（会计主管人员）监交；会计机构负责人（会计主管人员）办理交接手续，由单位负责人监交，必要时主管单位可以派人会同监交。

第六章　法律责任

第四十二条　违反本法规定，有下列行为之一的，由县级以上人民政府财政部门责令限期改正，可以对单位并处三千元以上五万元以下的罚款；对其直接负责的主管人员和其他直接责任人员，可以处二千元以上二万元以下的罚款；属于国家工作人员的，还应当由其所在单位或者有关单位依法给予行政处分：

（一）不依法设置会计账簿的；

（二）私设会计账簿的；

（三）未按照规定填制、取得原始凭证或者填制、取得的原始凭证不符合规定的；

（四）以未经审核的会计凭证为依据登记会计账簿或者登记会计账簿不符合规定的；

（五）随意变更会计处理方法的；

（六）向不同的会计资料使用者提供的财务会计报告编制依据不一致的；

（七）未按照规定使用会计记录文字或者记账本位币的；

（八）未按照规定保管会计资料，致使会计资料毁损、灭失的；

（九）未按照规定建立并实施单位内部会计监督制度或者拒绝依法实施的监督或者不如实提供有关会计资料及有关情况的；

（十）任用会计人员不符合本法规定的。

有前款所列行为之一，构成犯罪的，依法追究刑事责任。

会计人员有第一款所列行为之一，情节严重的，五年内不得从事会计工作。

有关法律对第一款所列行为的处罚另有规定的，依照有关法律的规定办理。

第四十三条　伪造、变造会计凭证、会计账簿，编制虚假财务会计报告，构成犯罪的，依法追究刑事责任。

有前款行为，尚不构成犯罪的，由县级以上人民政府财政部门予以通报，可以对单位并处五千元以上十万元以下的罚款；对其直接负责的主管人员和其他直接责任人员，可以处三千元以上五万元以下的罚款；属于国家工作人员的，还应当由其所在单位或者有关单位依法给予撤职直至开除的行政处分；其中的会计人员，五年内不得从事会计工作。

第四十四条　隐匿或者故意销毁依法应当保存的会计凭证、会计账簿、财务会计报告，构成犯罪的，依法追究刑事责任。

有前款行为，尚不构成犯罪的，由县级以上人民政府财政部门予以通报，可以对单位并处五千元以上十万元以下的罚款；对其直接负责的主管人员和其他直接责任人员，可以处三千元以上五万元以下的罚款；属于国家工作人员的，还应当由其所在单位或者有关单位依法给予撤职直至开除的行政处分；其中的会计人员，五年内不得从事会计工作。

第四十五条　授意、指使、强令会计机构、会计人员及其他人员伪造、变造会计凭证、会计账簿，编制虚假财务会计报告或者隐匿、故意销毁依法应当保的会计凭证、会计账簿、财务会计报告，构成犯罪的，依法追究刑事责任；尚不构成犯罪的，可以处五千元以上五万元以下的罚款；属于国家工作人员的，还应当由其所在单位或者有关单位依法给予降级、撤职、开除的行政处分。

第四十六条　单位负责人对依法履行职责、抵制违反本法规定行为的会计人员以降级、撤职、调离工作岗位、解聘或者开除等方式实行打击报复，构成犯罪的，依法追究刑事责任；尚不构成犯罪的，由其所在单位或者有关单位依法给予行政处分。对受打击报复的会计人员，应当恢复其名誉和原有职务、级别。

第四十七条　财政部门及有关行政部门的工作人员在实施监督管理中滥用职权、玩忽职守、徇私舞弊或者泄露国家秘密、商业秘密，构成犯罪的，依法追究刑事责任；尚不构成犯罪的，依法给予行政处分。

第四十八条　违反本法第三十条规定，将检举人姓名和检举材料转给被检举单位和被检举人个人的，由所在单位或者有关单位依法给予行政处分。

第四十九条　违反本法规定，同时违反其他法律规定的，由有关部门在各自职权范围内依法进行处罚。

第七章　附则

第五十条　本法下列用语的含义：

单位负责人，是指单位法定代表人或者法律、行政法规规定代表单位行使职权的主要负责人。

国家统一的会计制度，是指国务院财政部门根据本法制定的关于会计核算、会计监督、会计机构和会计人员以及会计工作管理的制度。

第五十一条　个体工商户会计管理的具体办法，由国务院财政部门根据本法的原则另行规定。

第五十二条　本法自 2000 年 7 月 1 日起施行。

会计改革与发展“十三五”规划纲要

“十三五”时期（2016年至2020年）是全面建成小康社会的决胜阶段，也是全面建成与社会主义市场经济相适应的会计体系的关键时期。为科学规划、全面指导未来五年我国会计改革与发展，更好地为经济社会发展和财政中心工作服务，根据《中华人民共和国国民经济和社会发展第十三个五年规划纲要》和《国家财政“十三五”规划》的有关要求，制定本规划纲要。

一、“十三五”时期会计改革与发展面临的形势

“十二五”时期，会计行业紧紧围绕服务经济社会发展大局和财政中心工作，坚持解放思想，开拓创新，会计改革与发展取得了显著成绩。以《会计法》为中心的法律、法规和配套规章进一步完善，会计法制化建设得到加强；企业会计准则体系进一步完善并有效实施，与国际财务报告准则持续趋同；修订行政事业单位会计准则制度，根据国务院批准发布的《权责发生制政府综合财务报告制度改革方案》印发了《政府会计准则——基本准则》，在医院等事业单位会计制度中率先引入权责发生制，政府会计改革取得积极进展；全面加强管理会计体系建设，指导、推动管理会计有效应用；企业内部控制规范体系有效实施，发布实施行政事业单位内部控制规范，对行政事业单位加强内部控制建设和权力制约提出指导意见；发布实施企业会计信息化工作规范，企业会计准则通用分类标准稳步推行；以《会计行业中长期人才发展规划（2010—2020年）》为指导，全面实施全国会计领军（后备）人才培养工程及其特殊支持计划、大中型企事业单位总会计师素质提升工程、会计名家工程等高端人才培养工程，稳步推进会计专业技术资格改革，大力开展会计人员继续教育和职业道德教育，会计队伍整体素质明显提高，职能作用进一步发挥；全面贯彻《关于加快发展我国注册会计师行业的若干意见》（国办发〔2009〕56号），注册会计师行业较快发展并不断做强做大，注册会计师执业质量和社会公信力稳步提升；会计学会、会计行业自律组织建设得到加强，会计理论研究、会计教育工作取得积极进展；会计对外交流与合作进一步深化；会计管理体制进一步完善，会计管理工作不断加强。在肯定会计改革与发展取得成绩的同时，应当正视会计工作中

存在的问题和不足，主要表现在：会计工作的转型升级仍不能适应经济管理要求，复合型、国际化高端会计人才相对缺乏，会计法治建设、内部控制建设、会计诚信建设和会计监管工作仍需进一步加强等等，这些问题都需要在“十三五”时期通过制度创新、机制创新、理论创新切实加以解决。

“十三五”时期，会计行业机遇与挑战并存，会计改革与发展任务艰巨而繁重，会计的服务对象、服务领域、工作职能、工作手段、工作体制和工作机制都面临着重大转型升级。党的十八届三中、四中、五中全会作出了一系列重大战略部署，对建立权责发生制政府综合财务报告制度、内部控制建设、加强现代服务业发展等提出了明确要求，指明了改革发展方向；我国经济发展方式的转变、供给侧结构性改革的推进、国有企业改革的深化和资本市场的发展，为企业会计准则完善和顺利实施、管理会计广泛应用提出了明确的要求；贯彻人才强国战略和完善人才评价激励机制，为加强会计人才队伍建设和健全会计人才评价制度提供了有力政策保障；国家大数据战略和“互联网+”行动计划的实施，为信息技术在会计领域的深入应用奠定了坚实基础；我国积极参与全球经济治理以及“一带一路”战略①的实施，为我国深入参与国际会计标准的制定，全方位开展会计对外交流与合作提供了有利条件。当然，“十三五”时期我国会计改革与发展也面临诸多挑战。随着我国经济结构调整和发展方式转变，会计工作面临许多新情况、新问题，要求会计法制、会计标准必须适应环境变化不断完善、强化实施，要求会计从业人员必须转变观念、开拓创新，要求会计监管和宏观管理必须改进监管方式、形成监管合力和牢固树立服务理念，在认真总结过去五年会计行业成绩经验基础上，科学引导会计行业在未来五年健康顺利发展。

二、“十三五” 时期会计改革与发展的总体要求

（一）指导思想

“十三五”时期，会计改革与发展的指导思想是：高举中国特色社会主义伟大旗帜，全面贯彻落实党的十八大和十八届三中、四中、五中全会精神，以马克思列宁主义、毛泽东思想、邓小平理论、“三个代表”重要思想、科学发展观为指导，深入贯彻习近平总书记系列重要讲话精神和中央决策部署，按照“五位一体”总体布局和“四个全面”战略布局，牢固树立和贯彻落实创新、协调、绿色、开放、共享的发展理念，紧紧围绕经济社会发展和财政中心工作，全面加强会计法制建设、会计标准建设、会计人才队伍建设、会计服务市场建设、会计理论建设，进一步健全完善会计管理体制和机制，全面推动会计转型升级，为全面建成小康社会服务。

（二）基本原则

——坚持创新引领。创新是会计改革与发展的源泉和动力。会计行业必须不断推进制度创新、机制创新和理论创新，更新发展理念，消除体制障碍，破解工作难题，为会计改革与发展提供持续动力。

---

① 现称“一带一路”倡议。

——坚持强化法治。法治是会计改革与发展的可靠保障。会计行业必须按照科学民主立法要求，运用法治思维和法治方式，加强会计法律法规体系建设，把会计工作纳入法治化轨道，依法推进会计改革与发展，形成有法必依、执法必严、违法必究的良好氛围。

——坚持服务发展。突出服务理念是会计工作的必然要求。会计行业必须紧紧围绕“五位一体”总体布局和“四个全面”战略布局，强化服务理念，创新服务方式，努力为经济社会发展和财政中心工作服务，为市场主体和广大会计人员服务，在服务中转型升级，不断提高服务效能。

——坚持文化传承。继承和弘扬会计传统文化是推进会计改革与发展的内在要求。会计行业必须坚持中国特色社会主义道路自信、理论自信、制度自信、文化自信，认同与尊崇中国会计行业的传统文化、传统思想价值体系，正确处理好继承与发展、借鉴与创新、趋同与互动的关系，切实提高中国会计行业竞争软实力。

——坚持开放合作。对外开放与合作是会计改革与发展的必由之路。会计行业必须树立开放发展、合作共赢理念，以维护国家利益、促进会计行业发展为出发点，坚持企业会计准则国际趋同战略，积极参与国际会计组织治理改革，推进会计服务市场有序开放，深化会计国际交流与合作，在开放合作中不断提高我国会计的国际话语权和影响力。

（三）总体目标

“十三五”期间会计改革与发展的总体目标是，建立健全与社会主义市场经济相适应的会计体系，深入推进会计工作法治化、信息化、现代化。

——会计法制和会计标准体系更加科学。修订《会计法》《注册会计师法》及其配套法规、规章，完善会计监管、行政执法机制，切实落实单位负责人对本单位会计工作的主体责任，进一步规范会计秩序，提高会计信息质量和注册会计师审计质量；完善企业会计准则体系，建立政府会计准则制度体系，加强管理会计体系建设，全面推行内部控制规范体系，加强其他会计审计标准体系建设，大力推动各项会计审计标准体系的贯彻实施。

——会计工作转型升级取得实效。适应经济社会发展需要，进一步夯实会计基础工作，积极融合新技术、新手段，推动会计核算技术的优化升级；以建设管理会计体系为抓手，引导、推动管理会计广泛应用；探索会计信息资源有效利用机制，进一步推动各单位会计信息化水平不断提高；加强政策引导、经验交流，不断强化会计工作在信息利用、资本运营、价值管理、内部控制、风险防范等方面的职能作用。

——会计工作者执业能力明显增强。完善会计人员继续教育、会计人才评价等政策并发挥其导向作用，促进广大会计工作者知识结构进一步优化、职业道德素养进一步提高、执业能力和服务水平进一步提升，培育造就结构合理、素质优良的会计人才队伍。

——会计管理体制更加完善。按照依法行政要求，进一步理顺中央、地方、部门、行业组织（团体）在会计管理方面的权责关系，进一步健全、完善以间接管理为主，法律手段、经济手段与行政手段并用，有利于发挥各方面积极性和创造性的会计管理体制。

三、“十三五”时期会计改革与发展的主要任务

（一）加强会计法制建设

1. 完善会计法律体系。修订《会计法》《注册会计师法》及其配套法规、规章，提高会计法律法规的科学性、严肃性和可执行性，进一步规范会计审计行为，提高会计信息质量和审计执业质量。

2. 广泛开展会计普法教育。采取多种形式广泛宣传会计法律法规和准则制度，广泛宣传加强法制、依法理财、维护国家财经纪律的重要意义，引导单位负责人和社会各界重视、支持会计审计工作，引导广大会计工作者学好用好会计法律知识、自觉树立诚信理念，努力构建学法、用法、守法长效机制。

3. 加强会计监督检查。认真开展对《会计法》及会计准则制度执行情况的监督检查，按照定期随机抽查与不定期专项检查相结合的方式，创新监管手段，主动公开检查结果，严肃查处违法会计行为，切实做到有法必依、执法必严、违法必究。研究建立会计诚信档案和会计“黑名单”制度，将会计人员、注册会计师的诚信记录和单位会计信用信息纳入全国信用信息共享平台。理顺会计监管机制，整合会计监管资源，形成会计监管合力。

（二）加快推进政府及非营利组织会计改革

1. 建立政府会计准则制度体系。加快落实国务院批准发布的《权责发生制政府综合财务报告制度改革方案》，有序推进政府会计改革，在已发布的《政府会计准则——基本准则》基础上，加快制定政府会计具体准则及应用指南和政府会计制度，建立健全政府会计准则制度体系，为编制权责发生制政府财务报告和健全完善政府财务报告体系奠定基础。研究制定政府成本会计制度。抓好政府会计准则制度贯彻实施工作，完善信息化建设等相关配套措施，确保政府会计改革顺利进行。积极参与国际公共部门会计准则建设，不断提高我国在国际政府会计标准制定中的话语权。

2. 完善民间非营利组织会计制度。适应民间非营利组织发展要求，密切跟踪基金会、社会团体、民办医疗、民办教育等非营利组织财务管理、会计核算等情况，研究修订民间非营利组织会计制度，进一步规范民间非营利组织会计管理，促进社会事业健康发展。

3. 修订社会保险基金等基金（资金）类会计制度。积极配合社保、住房、土地等制度改革，适时修订社会保险基金、住房公积金、土地储备资金等基金（资金）类会计制度。

（三）健全企业会计准则体系

1. 完善企业会计准则体系。根据经济社会发展要求，适时修订、完善相关企

业会计准则，及时发布企业会计准则解释。研究制订我国金融市场、资本市场对外开放的相关会计政策。规范企业会计准则体系体例，清理企业会计准则制度类规范性文件，进一步完善企业会计准则体系。

2. 继续保持企业会计准则国际趋同。立足我国实际情况，适应国际财务报告准则发展，积极稳妥推进我国企业会计准则与国际财务报告准则持续全面趋同。积极参与国际财务报告准则基金会各层面事务和国际财务报告准则制定工作，不断提高我国在国际财务报告准则制定中的话语权和影响力。充分利用亚洲—大洋洲会计准则制定机构组、中日韩会计准则制定机构会议、国际会计准则理事会新兴经济体工作组等多边、双边交流机制，协调立场，争取支持，为我国企业会计准则建设和国际趋同创造有利的国际环境。深度参与国际综合报告委员会工作，提高我国对国际综合报告框架等规则制定的影响力，持续研究综合报告在我国的适用性和可行性。

3. 加强企业会计准则体系实施。加强企业会计准则宣传、培训和对其实施情况的监督检查，密切跟踪、分析上市公司年度财务报告，及时了解企业会计准则执行中的新情况、新问题，完善企业会计问题应急处理机制。健全沟通协调机制，定期与监管部门、有关企业及会计师事务所等沟通交流企业会计准则实施情况。加强企业会计准则与税收政策、监管政策的协调。做好小企业会计准则体系实施的监督、指导。

4. 完善企业会计准则外部咨询机制。发挥会计标准战略委员会在会计准则建设中研究咨询、决策支持的重要作用。发挥会计准则委员会在会计准则研究、起草、实施以及对外交流、组织联系咨询专家队伍等方面的作用，为企业会计准则建设提供重要支撑。健全企业会计准则咨询专家队伍，充实研究力量，改进咨询方式，提高咨询水平。

（四）推进管理会计广泛应用

1. 加强管理会计指引体系建设。坚持经验总结和理论创新，加强政策指导，2018年底前基本形成以管理会计基本指引为统领、以管理会计应用指引为具体指导、以管理会计案例示范为补充的管理会计指引体系。制定发布系列分行业产品成本核算制度，推动企业切实改进和加强成本管理。加强管理会计国际交流与合作，不断提高我国在国际管理会计界的地位和影响力。

2. 推进管理会计广泛应用。认真抓好管理会计指引体系实施，采取政策宣讲、经验交流、成果推广、人员培训、理论研讨等多种形式和措施，深入推动管理会计广泛应用。同时，加强管理会计理论研究、教学教材改革，支持管理会计创新中心建设。

3. 提升会计工作管理效能。以深入实施管理会计指引体系为抓手，积极推动企业和其他单位会计工作转型升级，进一步发挥会计工作在战略管理、预算管理、成本管理、营运管理、投融资管理、绩效管理、风险管理等方面的职能作用，促进企业提高管理水平和经济效益，促进行政事业单位提高理财水平和预算绩效，更好地为经济社会发展服务。

(五)完善内部控制规范体系

1. 完善内部控制规范体系。按照党的十八届四中全会关于“对财政资金分配使用、国有资产管理、政府投资、政府采购、公共资源转让、公共工程建设等权力集中的部门和岗位实行分事行权、分岗设权、分级授权,定期轮岗,强化内部流程控制,防止权力滥用”的要求,研究制定政府内部控制规范和非营利组织内部控制规范,修订《行政事业单位内部控制规范(试行)》,将行政事业单位内部控制对象从经济活动层面拓展到全部业务活动和内部权力运行。制订行政事业单位内部控制量化指标体系。完善《企业内部控制基本规范》及其配套指引,研究制定《小企业内部控制规范》。积极开展内部控制对外交流与合作,深入参与国际内部控制与风险管理标准制定工作。

2. 加强内部控制规范实施。加强对中央企业执行内部控制规范的政策指导,推进地方国有大中型企业实施内部控制规范。密切跟踪上市公司执行内部控制规范情况,定期发布上市公司执行内部控制规范情况报告。会同监管部门制定中小板、创业板和新三板挂牌公司执行内部控制规范的政策措施。认真贯彻落实《财政部关于全面推进行政事业单位内部控制建设的指导意见》,加强对行政事业单位执行内部控制规范情况的监督检查,推动行政事业单位全面开展内部控制建设。

(六)加强会计信息化建设

1. 推进企业会计准则通用分类标准有效实施。不断更新企业会计准则通用分类标准,推动监管部门在监管领域制定和实施监管扩展分类标准,形成各部门协调配合的财务报告数据交换标准体系,适时推动建立以披露财务报告数据为主的社会化会计信息公共服务平台。研究制定企业账户层面和交易层面会计数据以及相关业务数据交换标准,降低会计信息生产成本和企业内外部交易成本,促进企业数据的深度利用。积极参与可扩展商业报告语言(XBRL)等国际标准制定工作,全面提升我国在会计信息化领域的国际影响力。

2. 不断提高单位会计信息化水平。认真抓好《企业会计信息化工作规范》等制度的贯彻落实,在不断提高企业会计信息化水平的同时,积极探索推动行政事业单位会计信息化工作,推动基层单位会计信息系统与业务系统的有机融合,推动会计工作从传统核算型向现代管理型转变。引导企业以可扩展商业报告语言(XBRL)提升内部管理信息标准化,促进财务、业务数据的融合与互联。同时,密切关注大数据、“互联网+”发展对会计工作的影响,及时完善相关规范,研究探索会计信息资源共享机制、会计资料无纸化管理制度。

(七)大力发展会计服务市场

1. 促进注册会计师行业健康发展。不断拓展会计师事务所业务领域,研究建立公共部门注册会计师审计制度、政府购买注册会计师专业服务制度,支持会计师事务所拓展涉税服务、管理会计咨询、法务会计服务等新型业务。研究探索改进会计师事务所选聘方式和审计费用支付方式，着力增强独立性。推动大中型会计师事务所广泛采用特殊普通合伙组织形式，鼓励小型会计师事务所优先采用普通合伙组织形式，适当、适度限制有限责任会计师事务所从事关系公众利益的高风险业务。指导会计师事务所加强内部治理和总分所一体化管理，完善大中小会计师事务所合理布局，进一步推动大型会计师事务所做强做大，促进中小型会计师事务所健康、规范发展。

2. 推进代理记账业务不断发展。加强对代理记账业务的政策扶持和业务指导，促进小企业、个体工商户以及其他小型经济组织选择依法设立的代理记账机构代理记账，支持小微企业等的健康发展。探索建立政府购买代理记账服务制度。注重发挥各代理记账行业协会在行业自律方面的服务作用。积极支持其他会计咨询、会计培训等服务业务的大力发展。

3. 加强注册会计师行业和其他会计服务行业的行政监管。进一步完善注册会计师行业法规制度，落实行政审批制度改革和简政放权要求，简化会计师事务所设立审批和变更备案，健全会计师事务所退出机制。完善注册会计师考试、注册、职业责任保险等制度。改进中央企业审计轮换制度，探索大型企业集团“主审＋参审”审计模式。适应金融改革和多层次资本市场发展要求，完善会计师事务所从事证券期货审计业务管理制度。加强政策协调，研究解决对会计师事务所多头检查、重复检查等问题，探索联合监管机制，形成监管合力，提高监管效能。加强对代理记账机构的事中事后监管，完善代理记账管理信息化平台，建立代理记账机构信息公示制度。探索会计服务业信用体系建设。

4. 推进会计服务市场开放。坚持平等互利原则，抓好双边、多边会计服务市场开放谈判和跨境审计监管合作。鼓励会计中介服务机构开展跨境服务，规范会计师事务所跨境执业行为，发挥会计师事务所在中国企业、中国资本“走出去”过程中的积极作用。指导支持会计师事务所以成员所模式为主流构建国际网络、参与国际竞争，重点扶持大型会计师事务所创建民族品牌国际会计网络或在加盟的国际会计网络中日益发挥重要影响。

（八）实施会计人才战略

1. 深化会计职称制度改革。以会计人员能力框架为指导，改革会计专业技术资格评价制度，改进选才评价标准，完善考试科目设置，加强考务管理，提高考试内容的针对性、适应性，推动增设正高级会计专业技术资格，形成初级、中级、高级（含副高级和正高级）等层次清晰、相互衔接、体系完整的会计专业技术职务资格评价制度，充分发挥会计专业技术职务资格评价对会计人才选拔、培养的导向作用。进一步完善会计人员结构，到2020年具备初级资格会计人员达到500万人左右，具备中级资格会计人员达到200万人左右，具备高级资格会计人员达到18万人左右。

2. 完善会计人员继续教育制度。完善会计人员继续教育制度，指导会计人员继续教育，不断提高会计人员专业胜任能力。加强继续教育教材、师资队伍建设，丰富继续教育方式、内容和手段，推广在线教育等现代化培训方式。加强对会计人员继续教育机构的管理，规范会计培训市场，坚决打击乱收费、假培训等违法行为。

3. 深化会计领军人才培养。研究制定《全国会计领军人才培养工程发展规划》，健全全国会计领军人才培养工程及其特殊支持计划长效机制。创新选拔、培养机制，完善考核、使用制度，不断充实全国会计领军人才队伍，到 2020 年，完成全国会计领军（后备）人才达到 2 000 名的培养目标。继续推进会计领军人才特殊支持计划。指导各地财政部门和中央有关主管单位开展的会计领军人才培养工作。

4. 加快行业急需紧缺专门人才培养。加快推进管理会计人才培养，力争到 2020 年培养 3 万名精于理财、善于管理和决策的管理会计人才。继续加强总会计师制度建设，推动在大中型企业、行政事业单位配备总会计师（财务总监），深入推进大中型企事业单位总会计师素质提升工程。适应我国政府职能转变和全面深化财税体制改革的要求，加大政府会计领域人才的培养力度，造就与政府会计改革要求相适应的会计人才队伍。积极推进高端会计人员和注册会计师国际化人才培养。

5. 指导会计专业学位研究生教育。加强与教育部门的协调，推动加速培养应用型高层次会计人才。研究完善会计硕士专业学位质量认证体系，加大案例研究和教学，创新会计专业学位研究生培养模式。积极推进设立会计博士专业学位，完善会计专业学位系列。积极推动会计专业学位研究生教育和会计专业技术资格考试“双向挂钩”。

6. 加强会计人员职业道德建设。制定会计人员职业道德规范，加强会计职业道德建设。大力弘扬会计诚信理念，探索建立会计诚信档案制度，加强督促检查和行业自律，不断提高会计人员的职业修养和素质，进一步提高会计社会公信力。

7. 加强会计从业资格管理。完善会计从业资格考试大纲，充实、更新无纸化考试题库，提高会计从业资格考试的公正性、科学性。加强会计人员信息化管理，建立统一的会计人员管理平台，促进会计人员基础数据的共享和利用。

8. 加强会计管理队伍建设。健全会计管理队伍的选拔、培养和使用机制，要将作风正派、责任心强、业务素质高的干部充实到各级会计管理队伍中来。加强对全国各级会计管理工作者的培训工作，指导、督促会计管理工作者不断更新观念、创新思维，改进工作作风，加强理论业务修养，进一步提高服务社会、服务会计人员的能力和水平。

（九）繁荣会计理论研究

1. 加强对会计理论研究工作的指导。坚持理论创新和理论联系实际，指导会计理论工作者紧紧围绕经济社会发展和财政会计中心工作实际，深入开展会计学术研究和理论创新，加快建立具有中国特色、实现重大理论突破并彰显国际影响力的中国会计理论和方法体系。指导会计理论工作者深入改革实践一线，总结实践经验，形成理论指导，推动会计改革与发展。指导会计理论工作者进一步丰富会计理论研究方法，切实改进文风学风，不断净化学术环境。

2. 发挥会计学术人才高端引领作用。继续抓好会计名家培养工程等学术带头人培养；进一步完善《会计研究》、《中国会计研究》（英文版，CJAS）、优秀论文评选等会计学术成果评价机制，推出一批重大研究成果和高端会计学术人才，更好地推动中国会计理论研究走向国际。

3. 加强会计学术组织建设。加强对各级会计学会的业务指导，支持学会依法开展学术活动，规范学会内部管理，努力把学会建设成为服务会计改革与发展的重要智库。不断改进学会会员服务，进一步提高组织凝聚力、增强社会服务力。

四、组织保障

1. 加强组织领导。各级财政部门和中央有关主管部门要重视和加强会计管理工作，统筹规划，组织协调，确保规划纲要的有效落实，并指导、督促会计管理机构、会计行业组织、会计学会等加强协作、抓好落实，共同推进会计管理工作，促进本地区（部门）会计管理工作水平不断迈上新台阶。各地区（部门）应当积极推动将规划纲要中重大会计改革与发展举措纳入本地区（部门）的国民经济和社会发展“十三五”规划，充分发挥会计在推动经济社会发展中的基础性作用。有条件的地区（部门），可以结合实际研究制定本地区（部门）会计“十三五”规划或配套政策措施，确保有关重大会计改革任务如期完成、取得实效。各单位要结合实际认真抓好会计组织体系、会计核算体系、内部控制体系建设，进一步规范会计行为、提高会计信息质量和服务水平，更好地为加强经济管理、提高经济效益服务。

2. 健全会计管理机构。各级财政部门要高度重视会计管理机构和队伍建设，进一步健全会计管理机构，充实会计管理队伍，落实会计管理经费，为会计改革与发展提供重要的组织、人力资源和资金保障。各级会计管理机构要增强服务意识，探索建立会计工作联系点制度，并抓好窗口建设，充分利用信息化技术，完善会计管理工作服务平台，进一步提升会计服务质量和效能，推动会计管理工作从管理型向服务型转变。

3. 积极营造规划纲要实施的良好社会氛围。各级财政部门和中央有关主管部门应当采取多种形式，广泛宣传规划纲要的基本内容，广泛宣传“十三五”时期会计改革与发展的目标任务，争取社会各界对会计改革与发展的理解、重视、支持，为全面深化会计改革、推进会计事业发展营造良好社会氛围。

4. 建立健全规划纲要实施的考核检查机制。财政部门和中央有关主管部门要对规划纲要确定的目标任务进行分解，并督促落实；要定期检查、评估规划纲要的落实情况，针对存在问题及时采取有效措施，确保规划纲要确定的各项目标任务落到实处、取得实效。

财政部关于全面推进管理会计体系建设的指导意见

财会〔2014〕27号

为贯彻落实党的十八大和十八届三中全会精神，深入推进会计强国战略，全面提升会计工作总体水平，推动经济更有效率、更加公平、更可持续发展，根据《会计改革与发展“十二五”规划纲要》，现就全面推进管理会计体系建设提出以下指导意见。

一、全面推进管理会计体系建设的重要性和紧迫性

管理会计是会计的重要分支，主要服务于单位（包括企业和行政事业单位，下同）内部管理需要，是通过利用相关信息，有机融合财务与业务活动，在单位规划、决策、控制和评价等方面发挥重要作用的管理活动。管理会计工作是会计工作的重要组成部分。改革开放以来，特别是市场经济体制建立以来，我国会计工作紧紧围绕服务经济财政工作大局，会计改革与发展取得显著成绩：会计准则、内控规范、会计信息化等会计标准体系基本建成，并得到持续平稳有效实施；会计人才队伍建设取得显著成效；注册会计师行业蓬勃发展；具有中国特色的财务会计理论体系初步形成。但是，中国管理会计发展相对滞后，迫切要求继续深化会计改革，切实加强管理会计工作。

同时，党的十八届三中全会对全面深化改革做出了总体部署，建立现代财政制度、推进国家治理体系和治理能力现代化已经成为财政改革的重要方向；建立和完善现代企业制度，增强价值创造力已经成为企业的内在需要；推进预算绩效管理、建立事业单位法人治理结构，已经成为行政事业单位的内在要求。这就要求财政部门顺时应势，大力发展管理会计。

因此，全面推进管理会计体系建设，是建立现代财政制度、推进国家治理体系和治理能力现代化的重要举措；是推动企业建立、完善现代企业制度，推动事业单位加强治理的重要制度安排；是激发管理活力，增强企业价值创造力，推进行政事业单位加强预算绩效管理、决算分析和评价的重要手段；是财政部门更好发挥政府作用，进一步深化会计改革，推动会计人才上水平、会计工作上层次、会计事业上

台阶的重要方向。

二、指导思想、基本原则和主要目标

（一）指导思想

以邓小平理论、“三个代表”重要思想、科学发展观为指导，深入贯彻习近平总书记系列重要讲话精神，根据经济社会发展要求，突出实务导向，全面推进管理会计体系建设，科学谋划管理会计发展战略，合理构建政府、社会、单位协同机制，以管理会计人才建设为依托，统筹推进管理会计各项建设，为经济社会健康发展提供有力支持。

（二）基本原则

——坚持立足国情，借鉴国际。既系统总结自主创新和有益实践，又学习借鉴国际先进理念和经验做法，形成中国特色管理会计体系。

——坚持人才带动，整体推进。紧紧抓住管理会计人才匮乏这一关键问题，通过改进和加强会计人才队伍建设，培养一批适应需要的管理会计人才，带动管理会计发展。同时，整体推进管理会计理论体系、指引体系、信息化建设等工作。

——坚持创新机制，协调发展。注重管理会计改革的系统性、整体性、协同性，重视财政部门在管理会计改革中的指导和推动作用，发挥有关会计团体在管理会计改革中的行业支持作用，突出各单位在管理会计改革中的主体作用。

——坚持因地制宜，分类指导。充分考虑各单位不同性质、不同行业、不同规模、不同发展阶段等因素，从实际出发，推动管理会计工作有序开展。

（三）主要目标

建立与我国社会主义市场经济体制相适应的管理会计体系。争取 3—5 年内，在全国培养出一批管理会计人才；力争通过 5—10 年左右的努力，中国特色的管理会计理论体系基本形成，管理会计指引体系基本建成，管理会计人才队伍显著加强，管理会计信息化水平显著提高，管理会计咨询服务市场显著繁荣，使我国管理会计接近或达到世界先进水平。

三、主要任务和措施

（一）推进管理会计理论体系建设

推动加强管理会计基本理论、概念框架和工具方法研究，形成中国特色的管理会计理论体系。

一是整合科研院校、单位等优势资源，推动形成管理会计产学研联盟，协同创新，支持管理会计理论研究和成果转化。

二是加大科研投入，鼓励科研院校、国家会计学院等建立管理会计研究基地，在系统整合理论研究资源、总结提炼实践做法经验、研究开发管理会计课程和案例、宣传推广管理会计理论和先进做法等方面，发挥综合示范作用。

三是推动改进现行会计科研成果评价方法，切实加强管理会计理论和实务研究。

四是充分发挥有关会计团体在管理会计理论研究中的具体组织、推动作用，及时宣传管理会计理论研究成果，提升我国管理会计理论研究的国际影响力。

（二）推进管理会计指引体系建设

形成以管理会计基本指引为统领、以管理会计应用指引为具体指导、以管理会计案例示范为补充的管理会计指引体系。

一是在课题研究的基础上，组织制定管理会计指引体系，推动其有效应用。

二是建立管理会计专家咨询机制，为管理会计指引体系的建设和应用等提供咨询。

三是鼓励单位通过与科研院校合作等方式，及时总结、梳理管理会计实践经验，组织建立管理会计案例库，为管理会计的推广应用提供示范。

（三）推进管理会计人才队伍建设

推动建立管理会计人才能力框架，完善现行会计人才评价体系。

一是将管理会计知识纳入会计人员和注册会计师继续教育、大中型企事业单位总会计师素质提升工程和会计领军（后备）人才培养工程。

二是推动改革会计专业技术资格考试和注册会计师考试内容，适当增加管理会计专业知识的比重。

三是鼓励高等院校加强管理会计课程体系和师资队伍建设，加强管理会计专业方向建设和管理会计高端人才培养，与单位合作建立管理会计人才实践培训基地，不断优化管理会计人才培养模式。

四是探索管理会计人才培养的其他途径。

五是推动加强管理会计国际交流与合作。

（四）推进面向管理会计的信息系统建设

指导单位建立面向管理会计的信息系统，以信息化手段为支撑，实现会计与业务活动的有机融合，推动管理会计功能的有效发挥。

一是鼓励单位将管理会计信息化需求纳入信息化规划，从源头上防止出现“信息孤岛”，做好组织和人力保障，通过新建或整合、改造现有系统等方式，推动管理会计在本单位的有效应用。

二是鼓励大型企业和企业集团充分利用专业化分工和信息技术优势，建立财务共享服务中心，加快会计职能从重核算到重管理决策的拓展，促进管理会计工作的有效开展。

三是鼓励会计软件公司和有关中介服务机构拓展管理会计信息化服务领域。

四、工作要求

（一）加强组织领导

各级财政部门要高度重视，将管理会计工作纳入会计改革与发展规划，统筹安排，稳步推进；要切实加强对管理会计工作的统一领导，加强与有关监管部门的协作，建立联合工作机制，推动管理会计工作有效开展。有关会计团体要按照财政部门统一部署，大力开展管理会计理论研究、宣传培训、人才培养等工作。各单位负责人要切实履行会计工作职责，将管理会计工作纳入本单位整体战略，周密部署，积极稳妥地推进。

（二）加强工作指导

财政部要通过本指导意见，科学谋划、整体推进管理会计体系建设，引导、推动社会有关力量共同推进管理会计工作；要制定发布管理会计指引体系，总结国内外管理会计典型案例，组织编写管理会计系列辅导材料，以指导各单位开展管理会计工作。各级财政部门要组织管理会计经验交流和示范推广；要制定具体措施，加强对本地区管理会计工作的指导。

（三）加强宣传培训

各级财政部门要充分利用各种媒体，采取多种形式，加强对管理会计的宣传，营造管理会计发展的良好环境；要抓紧制定管理会计人才培养方案，推进管理会计人才培养工作；要将管理会计纳入会计继续教育内容，予以重点推进；要充分发挥有关会计团体、国家会计学院的主渠道作用，重视发挥有关高等院校、社会培训机构的重要作用。有关会计团体要通过在杂志开辟专栏、组织会员交流等多种途径，加强对会员的宣传。各单位要重视加强本单位会计人员对管理会计知识的学习和应用，大力培养适用的管理会计人才。

（四）加强跟踪服务

各级财政部门要抓好本指导意见的贯彻落实工作，及时了解管理会计工作推进情况，建立信息交流制度，编发信息简报，做好跟踪分析；要积极培育管理会计咨询服务市场，支持、指导、规范包括注册会计师行业在内的会计服务机构开展管理会计咨询服务业务，将其纳入现代会计服务市场体系整体推进，引导会计服务机构加强自身建设和管理会计研发投入力度、拓展会计服务领域、提升会计服务层次，满足市场对管理会计咨询服务的需要，营造良好的管理会计咨询服务市场环境。

关于加强会计人员诚信建设的指导意见

财会〔2018〕9号

各省、自治区、直辖市、计划单列市财政厅（局），新疆生产建设兵团财政局，中共中央直属机关事务管理局，国家机关事务管理局财务管理司，中央军委后勤保障部财务局，有关会计行业组织：

为加强会计诚信建设，建立健全会计人员守信联合激励和失信联合惩戒机制，推动会计行业进一步提高诚信水平，根据《中华人民共和国会计法》规定和《国务院关于印发社会信用体系建设规划纲要（2014—2020年）的通知》（国发〔2014〕21号）、《国务院办公厅关于加强个人诚信体系建设的指导意见》（国办发〔2016〕98号）、《国务院关于建立完善守信联合激励和失信联合惩戒制度 加快推进社会诚信建设的指导意见》（国发〔2016〕33号）等精神，现就加强会计人员诚信建设提出如下指导意见。

一、总体要求

（一）指导思想

全面贯彻党的十九大精神，以习近平新时代中国特色社会主义思想为指导，认真落实党中央、国务院决策部署，以培育和践行社会主义核心价值观为根本，完善会计职业道德规范，加强会计诚信教育，建立严重失信会计人员“黑名单”，健全会计人员守信联合激励和失信联合惩戒机制，积极营造“守信光荣、失信可耻”的良好社会氛围。

（二）基本原则

——政府推动，社会参与。充分发挥财政部门和中央主管单位在会计人员诚信建设中的组织管理和监督指导作用，加强与相关执法部门统筹协调，建立联动机制，引导包括用人单位在内的社会力量广泛参与，充分发挥会计行业组织作用，共同推动会计人员诚信建设。

——健全机制，有序推进。建立健全加强会计人员诚信建设的体制机制，有序推进会计人员信用档案建设，规范会计人员信用信息采集和应用，稳步推进会计人员信用状况与其选聘任职、评选表彰等挂钩，逐步建立会计人员守信联合激励和失信联合惩戒机制。

——加强教育，奖惩结合。把教育引导作为提升会计人员诚信意识的重要环节，加大守信联合激励与失信联合惩戒实施力度，发挥行为规范的约束作用，使会计诚信内化于心，外化于行，成为广大会计人员的自觉行动。

二、增强会计人员诚信意识

（一）强化会计职业道德约束

针对会计工作特点，进一步完善会计职业道德规范，引导会计人员自觉遵纪守法、勤勉尽责、参与管理、强化服务，不断提高专业胜任能力；督促会计人员坚持客观公正、诚实守信、廉洁自律、不做假账，不断提高职业操守。

（二）加强会计诚信教育

财政部门、中央主管单位和会计行业组织要采取多种形式，广泛开展会计诚信教育，将会计职业道德作为会计人员继续教育的必修内容，大力弘扬会计诚信理念，不断提升会计人员诚信素养。要充分发挥新闻媒体对会计诚信建设的宣传教育、舆论监督等作用，大力发掘、宣传会计诚信模范等会计诚信典型，深入剖析违反会计诚信的典型案例。引导财会类专业教育开设会计职业道德课程，努力提高会计后备人员的诚信意识。鼓励用人单位建立会计人员信用管理制度，将会计人员遵守会计职业道德情况作为考核评价、岗位聘用的重要依据，强化会计人员诚信责任。

三、加强会计人员信用档案建设

（一）建立严重失信会计人员“黑名单”制度

将有提供虚假财务会计报告，做假账，隐匿或者故意销毁会计凭证、会计账簿、财务会计报告，贪污，挪用公款，职务侵占等与会计职务有关违法行为的会计人员，作为严重失信会计人员列入“黑名单”，纳入全国信用信息共享平台，依法通过“信用中国”网站等途径，向社会公开披露相关信息。

（二）建立会计人员信用信息管理制度

研究制定会计人员信用信息管理办法，规范会计人员信用评价、信用信息采集、信用信息综合利用、激励惩戒措施等，探索建立会计人员信息纠错、信用修复、分级管理等制度，建立健全会计人员信用信息体系。

（三）完善会计人员信用信息管理系统

以会计专业技术资格管理为抓手，有序采集会计人员信息，记录会计人员从业情况和信用情况，建立和完善会计人员信用档案。省级财政部门和中央主管单位要有效利用信息化技术手段，组织升级改造本地区（部门）现有的会计人员信息管理系统，构建完善本地区（部门）的会计人员信用信息管理系统，财政部在此基础上将构建全国统一的会计人员信用信息平台。

四、健全会计人员守信联合激励和失信联合惩戒机制

（一）为守信会计人员提供更多机会和便利

将会计人员信用信息作为先进会计工作者评选、会计职称考试或评审、高端会计人才选拔等资格资质审查的重要依据。鼓励用人单位依法使用会计人员信用信息，优先聘用、培养、晋升具有良好信用记录的会计人员。

（二）对严重失信会计人员实施约束和惩戒

在先进会计工作者评选、会计职称考试或评审、高端会计人才选拔等资格资质审查过程中，对严重失信会计人员实行"一票否决制"。对于严重失信会计人员，依法取消其已经取得的会计专业技术资格；被依法追究刑事责任的，不得再从事会计工作。支持用人单位根据会计人员失信的具体情况，对其进行降职撤职或解聘。

（三）建立失信会计人员联合惩戒机制

财政部门和中央主管单位应当将发现的会计人员失信行为，以及相关执法部门发现的会计人员失信行为，记入会计人员信用档案。支持会计行业组织依据法律和章程，对会员信用情况进行管理。加强与有关部门合作，建立失信会计人员联合惩戒机制，实现信息的互换、互通和共享。

五、强化组织实施

（一）加强组织领导

财政部门和中央主管单位要高度重视会计人员诚信建设工作，根据本地区（部门）关于社会信用体系建设的统一工作部署，统筹安排，稳步推进。要重视政策研究，完善配套制度建设，科学指导会计人员诚信建设工作。要重视监督检查，发现问题及时解决，确保会计人员诚信建设工作政策措施落地生根。要重视沟通协调，

争取相关部门支持形成合力，探索建立联席制度，共同推动会计人员诚信建设工作有效开展。

（二）积极探索推动

财政部门和中央主管单位要紧密结合本地区（部门）实际，抓紧制定具体工作方案，推动会计人员诚信建设。要探索建设会计人员信用档案、建立严重失信会计人员“黑名单”等制度，及时总结经验做法；对存在的问题，要及时研究解决。

（三）广泛宣传动员

财政部门、中央主管单位和会计行业组织要充分利用报纸、广播、电视、网络等渠道，加大对会计人员诚信建设工作的宣传力度，教育引导会计人员和会计后备人员不断提升会计诚信意识。要积极引导社会各方依法依规利用会计人员信用信息，褒扬会计诚信，惩戒会计失信，扩大会计人员信用信息的影响力和警示力，使全社会形成崇尚会计诚信、践行会计诚信的社会风尚。

财政部

2018 年 4 月 19 日

中共中央 国务院关于全面实施预算绩效管理的意见

（2018 年 9 月 1 日）

全面实施预算绩效管理是推进国家治理体系和治理能力现代化的内在要求，是深化财税体制改革、建立现代财政制度的重要内容，是优化财政资源配置、提升公共服务质量的关键举措。为解决当前预算绩效管理存在的突出问题，加快建成全方位、全过程、全覆盖的预算绩效管理体系，现提出如下意见。

一、全面实施预算绩效管理的必要性

党的十八大以来，在以习近平同志为核心的党中央坚强领导下，各地区各部门认真贯彻落实党中央、国务院决策部署，财税体制改革加快推进，预算管理制度持续完善，财政资金使用绩效不断提升，对我国经济社会发展发挥了重要支持作用。但也要看到，现行预算绩效管理仍然存在一些突出问题，主要是：绩效理念尚未牢固树立，一些地方和部门存在重投入轻管理、重支出轻绩效的意识；绩效管理的广度和深度不足，尚未覆盖所有财政资金，一些领域财政资金低效无效、闲置沉淀、损失浪费的问题较为突出，克扣挪用、截留私分、虚报冒领的问题时有发生；绩效激励约束作用不强，绩效评价结果与预算安排和政策调整的挂钩机制尚未建立。

当前，我国经济已由高速增长阶段转向高质量发展阶段，正处在转变发展方式、优化经济结构、转换增长动力的攻关期，建设现代化经济体系是跨越关口的迫切要求和我国发展的战略目标。发挥好财政职能作用，必须按照全面深化改革的要求，加快建立现代财政制度，建立全面规范透明、标准科学、约束有力的预算制度，以全面实施预算绩效管理为关键点和突破口，解决好绩效管理中存在的突出问题，推动财政资金聚力增效，提高公共服务供给质量，增强政府公信力和执行力。

二、总体要求

（一）指导思想。以习近平新时代中国特色社会主义思想为指导，全面贯彻党的十九大和十九届二中、三中全会精神，坚持和加强党的全面领导，坚持稳中求进工作总基调，坚持新发展理念，紧扣我国社会主要矛盾变化，按照高质量发展的要求，紧紧围绕统筹推进“五位一体”总体布局和协调推进“四个全面”战略布局，坚持以供给侧结构性改革为主线，创新预算管理方式，更加注重结果导向、强调成本效益、硬化责任约束，力争用3—5年时间基本建成全方位、全过程、全覆盖的预算绩效管理体系，实现预算和绩效管理一体化，着力提高财政资源配置效率和使用效益，改变预算资金分配的固化格局，提高预算管理水平和政策实施效果，为经济社会发展提供有力保障。

（二）基本原则。坚持总体设计、统筹兼顾。按照深化财税体制改革和建立现代财政制度的总体要求，统筹谋划全面实施预算绩效管理的路径和制度体系。既聚焦解决当前最紧迫问题，又着眼健全长效机制；既关注预算资金的直接产出和效果，又关注宏观政策目标的实现程度；既关注新出台政策、项目的科学性和精准度，又兼顾延续政策、项目的必要性和有效性。

坚持全面推进、突出重点。预算绩效管理既要全面推进，将绩效理念和方法深度融入预算编制、执行、监督全过程，构建事前事中事后绩效管理闭环系统，又要突出重点，坚持问题导向，聚焦提升覆盖面广、社会关注度高、持续时间长的重大政策、项目的实施效果。

坚持科学规范、公开透明。抓紧健全科学规范的管理制度，完善绩效目标、绩效监控、绩效评价、结果应用等管理流程，健全共性的绩效指标框架和分行业领域的绩效指标体系，推动预算绩效管理标准科学、程序规范、方法合理、结果可信。大力推进绩效信息公开透明，主动向同级人大报告、向社会公开，自觉接受人大和社会各界监督。

坚持权责对等、约束有力。建立责任约束制度，明确各方预算绩效管理职责，清晰界定权责边界。健全激励约束机制，实现绩效评价结果与预算安排和政策调整挂钩。增强预算统筹能力，优化预算管理流程，调动地方和部门的积极性、主动性。

三、构建全方位预算绩效管理格局

（三）实施政府预算绩效管理。将各级政府收支预算全面纳入绩效管理。各级政府预算收入要实事求是、积极稳妥、讲求质量，必须与经济社会发展水平相适应，严格落实各项减税降费政策，严禁脱离实际制定增长目标，严禁虚收空转、收取过头税费，严禁超出限额举借政府债务。各级政府预算支出要统筹兼顾、突出重点、量力而行，着力支持国家重大发展战略和重点领域改革，提高保障和改善民生水平，同时不得设定过高民生标准和擅自扩大保障范围，确保财政资源高效配置，增强财政可持续性。

（四）实施部门和单位预算绩效管理。将部门和单位预算收支全面纳入绩效管理，赋予部门和资金使用单位更多的管理自主权，围绕部门和单位职责、行业发展规划，以预算资金管理为主线，统筹考虑资产和业务活动，从运行成本、管理效率、履职效能、社会效应、可持续发展能力和服务对象满意度等方面，衡量部门和单位整体及核心业务实施效果，推动提高部门和单位整体绩效水平。

（五）实施政策和项目预算绩效管理。将政策和项目全面纳入绩效管理，从数量、质量、时效、成本、效益等方面，综合衡量政策和项目预算资金使用效果。对实施期超过一年的重大政策和项目实行全周期跟踪问效，建立动态评价调整机制，政策到期、绩效低下的政策和项目要及时清理退出。

四、建立全过程预算绩效管理链条

（六）建立绩效评估机制。各部门各单位要结合预算评审、项目审批等，对新出台重大政策、项目开展事前绩效评估，重点论证立项必要性、投入经济性、绩效目标合理性、实施方案可行性、筹资合规性等，投资主管部门要加强基建投资绩效评估，评估结果作为申请预算的必备要件。各级财政部门要加强新增重大政策和项目预算审核，必要时可以组织第三方机构独立开展绩效评估，审核和评估结果作为预算安排的重要参考依据。

（七）强化绩效目标管理。各地区各部门编制预算时要贯彻落实党中央、国务院各项决策部署，分解细化各项工作要求，结合本地区本部门实际情况，全面设置部门和单位整体绩效目标、政策及项目绩效目标。绩效目标不仅要包括产出、成本，还要包括经济效益、社会效益、生态效益、可持续影响和服务对象满意度等绩效指标。各级财政部门要将绩效目标设置作为预算安排的前置条件，加强绩效目标审核，将绩效目标与预算同步批复下达。

（八）做好绩效运行监控。各级政府和各部门各单位对绩效目标实现程度和预算执行进度实行“双监控”，发现问题要及时纠正，确保绩效目标如期保质保量实现。各级财政部门建立重大政策、项目绩效跟踪机制，对存在严重问题的政策、项目要暂缓或停止预算拨款，督促及时整改落实。各级财政部门要按照预算绩效管理要求，加强国库现金管理，降低资金运行成本。

（九）开展绩效评价和结果应用。通过自评和外部评价相结合的方式，对预算执行情况开展绩效评价。各部门各单位对预算执行情况以及政策、项目实施效果开展绩效自评，评价结果报送本级财政部门。各级财政部门建立重大政策、项目预算绩效评价机制，逐步开展部门整体绩效评价，对下级政府财政运行情况实施综合绩效评价，必要时可以引入第三方机构参与绩效评价。健全绩效评价结果反馈制度和绩效问题整改责任制，加强绩效评价结果应用。

五、完善全覆盖预算绩效管理体系

（十）建立一般公共预算绩效管理体系。各级政府要加强一般公共预算绩效管理。收入方面，要重点关注收入结构、征收效率和优惠政策实施效果。支出方面，要重点关注预算资金配置效率、使用效益，特别是重大政策和项目实施效果，其中转移支付预算绩效管理要符合财政事权和支出责任划分规定，重点关注促进地区间财力协调和区域均衡发展。同时，积极开展涉及一般公共预算等财政资金的政府投资基金、主权财富基金、政府和社会资本合作（PPP）、政府采购、政府购买服务、政府债务项目绩效管理。

（十一）建立其他政府预算绩效管理体系。除一般公共预算外，各级政府还要将政府性基金预算、国有资本经营预算、社会保险基金预算全部纳入绩效管理，加强四本预算之间的衔接。政府性基金预算绩效管理，要重点关注基金政策设立延续依据、征收标准、使用效果等情况，地方政府还要关注其对专项债务的支撑能力。国有资本经营预算绩效管理，要重点关注贯彻国家战略、收益上缴、支出结构、使用效果等情况。社会保险基金预算绩效管理，要重点关注各类社会保险基金收支政策效果、基金管理、精算平衡、地区结构、运行风险等情况。

六、健全预算绩效管理制度

（十二）完善预算绩效管理流程。围绕预算管理的主要内容和环节，完善涵盖绩效目标管理、绩效运行监控、绩效评价管理、评价结果应用等各环节的管理流程，制定预算绩效管理制度和实施细则。建立专家咨询机制，引导和规范第三方机构参与预算绩效管理，严格执业质量监督管理。加快预算绩效管理信息化建设，打破“信息孤岛”和“数据烟囱”，促进各级政府和各部门各单位的业务、财务、资产等信息互联互通。

（十三）健全预算绩效标准体系。各级财政部门要建立健全定量和定性相结合的共性绩效指标框架。各行业主管部门要加快构建分行业、分领域、分层次的核心绩效指标和标准体系，实现科学合理、细化量化、可比可测、动态调整、共建共享。绩效指标和标准体系要与基本公共服务标准、部门预算项目支出标准等衔接匹配，突出结果导向，重点考核实绩。创新评估评价方法，立足多维视角和多元数据，依托大数据分析技术，运用成本效益分析法、比较法、因素分析法、公众评判法、标杆管理法等，提高绩效评估评价结果的客观性和准确性。

七、硬化预算绩效管理约束

（十四）明确绩效管理责任约束。按照党中央、国务院统一部署，财政部要完善绩效管理的责任约束机制，地方各级政府和各部门各单位是预算绩效管理的责任主体。地方各级党委和政府主要负责同志对本地区预算绩效负责，部门和单位主要负责同志对本部门本单位预算绩效负责，项目责任人对项目预算绩效负责，对重大项目的责任人实行绩效终身责任追究制，切实做到花钱必问效、无效必问责。

（十五）强化绩效管理激励约束。各级财政部门要抓紧建立绩效评价结果与预算安排和政策调整挂钩机制，将本级部门整体绩效与部门预算安排挂钩，将下级政府财政运行综合绩效与转移支付分配挂钩。对绩效好的政策和项目原则上优先保障，对绩效一般的政策和项目要督促改进，对交叉重复、碎片化的政策和项目予以调整，对低效无效资金一律削减或取消，对长期沉淀的资金一律收回并按照有关规定统筹用于亟须支持的领域。

八、保障措施

（十六）加强绩效管理组织领导。坚持党对全面实施预算绩效管理工作的领导，充分发挥党组织的领导作用，增强把方向、谋大局、定政策、促改革的能力和定力。财政部要加强对全面实施预算绩效管理工作的组织协调。各地区各部门要加强对本地区本部门预算绩效管理的组织领导，切实转变思想观念，牢固树立绩效意识，结合实际制定实施办法，加强预算绩效管理力量，充实预算绩效管理人员，督促指导有关政策措施落实，确保预算绩效管理延伸至基层单位和资金使用终端。

（十七）加强绩效管理监督问责。审计机关要依法对预算绩效管理情况开展审计监督，财政、审计等部门发现违纪违法问题线索，应当及时移送纪检监察机关。各级财政部门要推进绩效信息公开，重要绩效目标、绩效评价结果要与预决算草案同步报送同级人大、同步向社会主动公开，搭建社会公众参与绩效管理的途径和平台，自觉接受人大和社会各界监督。

（十八）加强绩效管理工作考核。各级政府要将预算绩效结果纳入政府绩效和干部政绩考核体系，作为领导干部选拔任用、公务员考核的重要参考，充分调动各地区各部门履职尽责和干事创业的积极性。各级财政部门负责对本级部门和预算单位、下级财政部门预算绩效管理工作情况进行考核。建立考核结果通报制度，对工作成效明显的地区和部门给予表彰，对工作推进不力的进行约谈并责令限期整改。

全面实施预算绩效管理是党中央、国务院作出的重大战略部署，是政府治理和预算管理的深刻变革。各地区各部门要更加紧密地团结在以习近平同志为核心的党中央周围，把思想认识和行动统一到党中央、国务院决策部署上来，增强“四个意识”，坚定“四个自信”，提高政治站位，把全面实施预算绩效管理各项措施落到实处，为决胜全面建成小康社会、夺取新时代中国特色社会主义伟大胜利、实现中华民族伟大复兴的中国梦奠定坚实基础。

教育部关于深化职业教育教学改革全面提高人才培养质量的若干意见

教职成〔2015〕6号

各省、自治区、直辖市教育厅（教委），各计划单列市教育局，新疆生产建设兵团教育局，各行业职业教育教学指导委员会：

为贯彻落实全国职业教育工作会议精神和《国务院关于加快发展现代职业教育的决定》（国发〔2014〕19号）要求，深化职业教育教学改革，全面提高人才培养质量，现提出如下意见。

一、总体要求

（一）指导思想。全面贯彻党的教育方针，按照党中央、国务院决策部署，以立德树人为根本，以服务发展为宗旨，以促进就业为导向，坚持走内涵式发展道路，适应经济发展新常态和技术技能人才成长成才需要，完善产教融合、协同育人机制，创新人才培养模式，构建教学标准体系，健全教学质量管理和保障制度，以增强学生就业创业能力为核心，加强思想道德、人文素养教育和技术技能培养，全面提高人才培养质量。

（二）基本原则。坚持立德树人、全面发展。遵循职业教育规律和学生身心发展规律，把培育和践行社会主义核心价值观融入教育教学全过程，关注学生职业生涯和可持续发展需要，促进学生德智体美全面发展。

坚持系统培养、多样成才。以专业课程衔接为核心，以人才培养模式创新为关键，推进中等和高等职业教育紧密衔接，拓宽技术技能人才成长通道，为学生多样化选择、多路径成才搭建"立交桥"。

坚持产教融合、校企合作。推动教育教学改革与产业转型升级衔接配套，加强行业指导、评价和服务，发挥企业重要办学主体作用，推进行业企业参与人才培养全过程，实现校企协同育人。

坚持工学结合、知行合一。注重教育与生产劳动、社会实践相结合，突出做中学、做中教，强化教育教学实践性和职业性，促进学以致用、用以促学、学用相长。

坚持国际合作、开放创新。在教学标准开发、课程建设、师资培训、学生培养等方面加强国际交流与合作，推动教育教学改革创新，积极参与国际规则制订，提升我国技术技能人才培养的国际竞争力。

二、落实立德树人根本任务

（三）坚持把德育放在首位。深入贯彻落实中共中央办公厅、国务院办公厅《关于进一步加强和改进新形势下高校宣传思想工作的意见》和教育部《中等职业学校德育大纲（2014 年修订）》，深入开展中国特色社会主义和中国梦宣传教育，大力加强社会主义核心价值观教育，帮助学生树立正确的世界观、人生观和价值观。建设学生真心喜爱、终身受益的德育和思想政治理论课程。加强法治教育，增强学生法治观念，树立法治意识。统筹推进活动育人、实践育人、文化育人，广泛开展“文明风采”竞赛、“劳模进职校”等丰富多彩的校园文化和主题教育活动，把德育与智育、体育、美育有机结合起来，努力构建全员、全过程、全方位育人格局。

（四）加强文化基础教育。发挥人文学科的独特育人优势，加强公共基础课与专业课间的相互融通和配合，注重学生文化素质、科学素养、综合职业能力和可持续发展能力培养，为学生实现更高质量就业和职业生涯更好发展奠定基础。中等职业学校要按照教育部印发的教学大纲（课程标准）规定，开齐、开足、开好德育、语文、数学、英语、历史、体育与健康、艺术、计算机应用基础等课程。高等职业学校要按照教育部相关教学文件要求，规范公共基础课课程设置与教学实施，面向全体学生开设创新创业教育专门课程群。

（五）加强中华优秀传统文化教育。要把中华优秀传统文化教育系统融入课程和教材体系，在相关课程中增加中华优秀传统文化内容比重。各地、各职业院校要充分挖掘和利用本地中华优秀传统文化教育资源，开设专题的地方课程和校本课程。有条件的职业院校要开设经典诵读、中华礼仪、传统技艺等中华优秀传统文化必修课，并拓宽选修课覆盖面。

（六）把提高学生职业技能和培养职业精神高度融合。积极探索有效的方式和途径，形成常态化、长效化的职业精神培育机制，重视崇尚劳动、敬业守信、创新务实等精神的培养。充分利用实习实训等环节，增强学生安全意识、纪律意识，培养良好的职业道德。深入挖掘劳动模范和先进工作者、先进人物的典型事迹，教育引导学生牢固树立立足岗位、增强本领、服务群众、奉献社会的职业理想，增强对职业理念、职业责任和职业使命的认识与理解。

三、改善专业结构和布局

（七）引导职业院校科学合理设置专业。职业院校要结合自身优势，科学准确定位，紧贴市场、紧贴产业、紧贴职业设置专业，参照《产业结构调整指导目录》，重点设置区域经济社会发展急需的鼓励类产业相关专业，减少或取消设置限制类、淘汰类产业相关专业。要注重传统产业相关专业改革和建设，服务传统产业向高端化、低碳化、智能化发展。要围绕“互联网＋”行动、《中国制造 2025》等要求，适应新技术、新模式、新业态发展实际，既要积极发展新兴产业相关专业，又要避免盲目建设、重复建设。

（八）优化服务产业发展的专业布局。要建立专业设置动态调整机制，及时发布专业设置预警信息。各地要统筹管理本地区专业设置，围绕区域产业转型升级，加强宏观调控，努力形成与区域产业分布形态相适应的专业布局。要紧密对接“一带一路”、京津冀协同发展、长江经济带等国家战略，围绕各类经济带、产业带和产业集群，建设适应需求、特色鲜明、效益显著的专业群。要建立区域间协同发展机制，形成东、中、西部专业发展良性互动格局。支持少数民族地区发展民族特色专业。

（九）推动国家产业发展急需的示范专业建设。各地、各职业院校要围绕现代农业、先进制造业、现代服务业和战略性新兴产业发展需要，积极推进现代农业技术、装备制造、清洁能源、轨道交通、现代物流、电子商务、旅游、健康养老服务、文化创意产业等相关专业建设。要深化相关专业课程改革，突出专业特色，创新人才培养模式，强化师资队伍和实训基地建设，重点打造一批能够发挥引领辐射作用的国家级、省级示范专业点，带动专业建设水平整体提升。

四、提升系统化培养水平

（十）积极稳妥推进中高职人才培养衔接。要在坚持中高职各自办学定位的基础上，形成适应发展需求、产教深度融合，中高职优势互补、衔接贯通的培养体系。要适应行业产业特征和人才需求，研究行业企业技术等级、产业价值链特点和技术技能人才培养规律，科学确定适合衔接培养的专业，重点设置培养要求年龄小、培养周期长、复合性教学内容多的专业。要研究确定开展衔接培养的学校资质和学生入学要求，当前开展衔接培养的学校以国家级、省级示范（骨干、重点）院校为主。

（十一）完善专业课程衔接体系。统筹安排开展中高职衔接专业的公共基础课、专业课和顶岗实习，研究制订中高职衔接专业教学标准。注重中高职在培养规格、课程设置、工学比例、教学内容、教学方式方法、教学资源配置上的衔接。合理确定各阶段课程内容的难度、深度、广度和能力要求，推进课程的综合化、模块化和项目化。鼓励开发中高职衔接教材和教学资源。

（十二）拓宽技术技能人才终身学习通道。建立学分积累与转换制度，推进学习成果互认，促进工作实践、在职培训和学历教育互通互转。支持职业院校毕业生在职接受继续教育，根据职业发展需要，自主选择课程，自主安排学习进度。职业院校要根据学生以往学习情况、职业资格等级以及工作经历和业绩，完善人才培养方案，实施“学分制、菜单式、模块化、开放型”教学。

五、推进产教深度融合

（十三）深化校企协同育人。创新校企合作育人的途径与方式，充分发挥企业的重要主体作用。推动校企共建校内外生产性实训基地、技术服务和产品开发中心、技能大师工作室、创业教育实践平台等，切实增强职业院校技术技能积累能力和学生就业创业能力。发挥集团化办学优势，以产业或专业（群）为纽带，推动专业人才培养与岗位需求衔接，人才培养链和产业链相融合。积极推动校企联合招生、联合培养、一体化育人的现代学徒制试点。注重培养与中国企业和产品“走出去”相配套的技术技能人才。

（十四）强化行业对教育教学的指导。各级教育行政部门要完善职业教育行业指导体系，创新机制，提升行业指导能力，通过授权委托、购买服务等方式，把适宜行业组织承担的职责交给行业组织，完善购买服务的标准和制度。教育部联合行业部门、行业协会定期发布行业人才需求预测、制订行业人才评价标准。各职业院校要积极吸收行业专家进入学术委员会和专业建设指导机构，在专业设置评议、人才培养方案制订、专业建设、教师队伍建设、质量评价等方面主动接受行业指导。

（十五）推进专业教学紧贴技术进步和生产实际。对接最新职业标准、行业标准和岗位规范，紧贴岗位实际工作过程，调整课程结构，更新课程内容，深化多种模式的课程改革。职业院校要加强与职业技能鉴定机构、行业企业的合作，积极推行“双证书”制度，把职业岗位所需要的知识、技能和职业素养融入相关专业教学中，将相关课程考试考核与职业技能鉴定合并进行。要普及推广项目教学、案例教学、情景教学、工作过程导向教学，广泛运用启发式、探究式、讨论式、参与式教学，充分激发学生的学习兴趣和积极性。

（十六）有效开展实践性教学。公共基础课和专业课都要加强实践性教学，实践性教学课时原则上要占总课时数一半以上。要积极推行认识实习、跟岗实习、顶岗实习等多种实习形式，强化以育人为目标的实习实训考核评价。顶岗实习累计时间原则上以半年为主，可根据实际需要，集中或分阶段安排实习时间。要切实规范并加强实习教学、管理和服务，保证学生实习岗位与其所学专业面向的岗位群基本一致。推进学生实习责任保险制度建设。要加大对学生创新创业实践活动的支持和保障力度。

六、强化教学规范管理

（十七）完善教学标准体系。教育部根据经济社会发展实际，定期修订发布中、高职专业目录，组织制订公共基础必修课和部分选修课的课程标准、专业教学标准、顶岗实习标准、专业仪器设备装备规范等。省级教育行政部门要根据国家发布的相关标准，组织开发具有地方特色的专业教学指导方案和课程标准，积极开发与国际先进标准对接的专业教学标准和课程标准。鼓励职业院校结合办学定位、服务面向和创新创业教育目标要求，借鉴、引入企业岗位规范，制订人才培养方案。

（十八）加强教学常规管理。各地、各职业院校要严格执行国家制定的教学文件，适应生源、学制和培养模式的新特点，完善教学管理机制。要加强教学组织建设，健全教学管理机构，建立行业企业深度参与的教学指导机构。职业院校的院校长是教学工作的第一责任人，要定期主持召开教学工作会议，及时研究解决学校教学工作中的重大问题。要坚持和完善巡课和听课制度，严格教学纪律和课堂纪律管理。要加强教学管理信息化建设和管理人员的培训，不断提高管理和服务水平。

（十九）提高教学质量管理水平。各地、各职业院校要加强教育教学质量管理，把学生的职业道德、职业素养、技术技能水平、就业质量和创业能力作为衡量学校教学质量的重要指标。要适应技术技能人才多样化成长需要，针对不同地区、学校实际，创新方式方法，积极推行技能抽查、学业水平测试、综合素质评价和毕业生质量跟踪调查等。要按照教育部关于建立职业院校教学工作诊断与改进制度的有关要求，全面开展教学诊断与改进工作，切实发挥学校的教育质量保证主体作用，不断完善内部质量保证制度体系和运行机制。

（二十）健全教材建设管理制度。加快完善教材开发、遴选、更新和评价机制，加强教材编写、审定和出版队伍建设。各地要切实加强对本地区教材建设的指导和管理，健全区域特色教材开发和选用制度，鼓励开发适用性强的校本教材。要把教材选用纳入重点专业建设、教学质量管理等指标体系。各地要完整转发教育部公布的《职业教育国家规划教材书目》，不得删减或增加。各职业院校应严格在《书目》中选用公共基础必修课教材，优先在《书目》中选用专业课教材。

七、完善教学保障机制

（二十一）加强教师培养培训。建立健全高校与地方政府、行业企业、中职学校协同培养教师的新机制，建设一批职教师资培养培训基地和教师企业实践基地，积极探索高层次“双师型”教师培养模式。加强教师专业技能、实践教学、信息技术应用和教学研究能力提升培训，提高具备“双师”素质的专业课教师比例。落实五年一周期的教师全员培训制度，实行新任教师先实践、后上岗和教师定期实践制度，培养造就一批“教练型”教学名师和专业带头人。继续实施职业院校教师队伍素质提升计划，加强专业骨干教师培训，重视公共基础课、实习实训、职业指导教师和兼职教师培训。各地要制订职教师资培养规划，根据实际需要实施职业院校师资培养培训项目。

（二十二）提升信息化教学能力。要加强区域联合、优势互补、资源共享，构建全国职业教育教学资源信息化网络。各地、各职业院校要组织开发一批优质的专业教学资源库、网络课程、模拟仿真实训软件和生产实际教学案例等。广泛开展教师信息化教学能力提升培训，不断提高教师的信息素养。组织和支持教师和教研人员开展对教育教学信息化的研究。继续办好信息化教学大赛，推进信息技术在教学中的广泛应用。要积极推动信息技术环境中教师角色、教育理念、教学观念、教学内容、教学方法以及教学评价等方面的变革。

（二十三）提高实习实训装备水平。建立与行业企业技术要求、工艺流程、管理规范、设备水平同步的实习实训装备标准体系。要贯彻落实好教育部发布的专业仪器设备装备规范，制订本地区、本院校的实施方案，到 2020 年实现基本达标。各地要推进本地区学校实训装备的合理配置和衔接共享，分专业（群）建设公共实训中心，推进资源共建共享。要按照技能掌握等级序列和复杂程度要求，在中高职院校差别化配置不同技术标准的仪器设备。

（二十四）加强教科研及服务体系建设。省、市两级要尽快建立健全职业教育教科研机构，国家示范（骨干）职业院校要建立专门的教研机构，强化教科研对教学改革的指导与服务功能。要针对教育教学改革与人才培养的热点、难点问题，设立一批专项课题，鼓励支持职业院校与行业、企业合作开展教学研究。要积极组织地方教科研人员开展学术交流和专业培训，组织开展教师教学竞赛及研讨活动。完善职业教育教学成果奖推广应用机制。

八、加强组织领导

（二十五）健全工作机制。各级教育行政部门、各职业院校要高度重视，切实加强组织领导，建立以提高质量为导向的管理制度和工作机制，把教育资源配置和学校工作重点集中到教学工作和人才培养上来。各行业职业教育教学指导委员会要加强对教学工作的指导、评价和服务，选择有特点有代表性的学校或专业点，建立联系点机制，跟踪专业教学改革情况。

（二十六）加强督查落实。各省级教育行政部门要根据本意见要求，结合本地实际情况，抓紧制订具体实施方案，细化政策措施，确保各项任务落到实处。要对落实本意见和本地实施方案情况进行监督检查和跟踪分析，对典型做法和有效经验，要及时总结，积极推广。

教育部

职业学校校企合作促进办法

教职成〔2018〕1号

第一章　总则

第一条　为促进、规范、保障职业学校校企合作，发挥企业在实施职业教育中的重要办学主体作用，推动形成产教融合、校企合作、工学结合、知行合一的共同育人机制，建设知识型、技能型、创新型劳动者大军，完善现代职业教育制度，根据《教育法》《劳动法》《职业教育法》等有关法律法规，制定本办法。

第二条　本办法所称校企合作是指职业学校和企业通过共同育人、合作研究、共建机构、共享资源等方式实施的合作活动。

第三条　校企合作实行校企主导、政府推动、行业指导、学校企业双主体实施的合作机制。国务院相关部门和地方各级人民政府应当建立健全校企合作的促进支持政策、服务平台和保障机制。

第四条　开展校企合作应当坚持育人为本，贯彻国家教育方针，致力培养高素质劳动者和技术技能人才；坚持依法实施，遵守国家法律法规和合作协议，保障合作各方的合法权益；坚持平等自愿，调动校企双方积极性，实现共同发展。

第五条　国务院教育行政部门负责职业学校校企合作工作的综合协调和宏观管理，会同有关部门做好相关工作。

县级以上地方人民政府教育行政部门负责本行政区域内校企合作工作的统筹协调、规划指导、综合管理和服务保障；会同其他有关部门根据本办法以及地方人民政府确定的职责分工，做好本地校企合作有关工作。

行业主管部门和行业组织应当统筹、指导和推动本行业的校企合作。

第二章　合作形式

第六条　职业学校应当根据自身特点和人才培养需要，主动与具备条件的企业开展合作，积极为企业提供所需的课程、师资等资源。

企业应当依法履行实施职业教育的义务，利用资本、技术、知识、设施、设备和管理等要素参与校企合作，促进人力资源开发。

第七条　职业学校和企业可以结合实际在人才培养、技术创新、就业创业、社会服务、文化传承等方面，开展以下合作：

（一）根据就业市场需求，合作设置专业、研发专业标准，开发课程体系、教学标准以及教材、教学辅助产品，开展专业建设；

（二）合作制定人才培养或职工培训方案，实现人员互相兼职，相互为学生实习实训、教师实践、学生就业创业、员工培训、企业技术和产品研发、成果转移转化等提供支持；

（三）根据企业工作岗位需求，开展学徒制合作，联合招收学员，按照工学结合模式，实行校企双主体育人；

（四）以多种形式合作办学，合作创建并共同管理教学和科研机构，建设实习实训基地、技术工艺和产品开发中心及学生创新创业、员工培训、技能鉴定等机构；

（五）合作研发岗位规范、质量标准等；

（六）组织开展技能竞赛、产教融合型企业建设试点、优秀企业文化传承和社会服务等活动；

（七）法律法规未禁止的其他合作方式和内容。

第八条　职业学校应当制定校企合作规划，建立适应开展校企合作的教育教学组织方式和管理制度，明确相关机构和人员，改革教学内容和方式方法、健全质量评价制度，为合作企业的人力资源开发和技术升级提供支持与服务；增强服务企业特别是中小微企业的技术和产品研发的能力。

第九条　职业学校和企业开展合作，应当通过平等协商签订合作协议。合作协议应当明确规定合作的目标任务、内容形式、权利义务等必要事项，并根据合作的内容，合理确定协议履行期限，其中企业接收实习生的，合作期限应当不低于3年。

第十条　鼓励有条件的企业举办或者参与举办职业学校，设置学生实习、学徒培养、教师实践岗位；鼓励规模以上企业在职业学校设置职工培训和继续教育机构。企业职工培训和继续教育的学习成果，可以依照有关规定和办法与职业学校教育实现互认和衔接。

企业开展校企合作的情况应当纳入企业社会责任报告。

第十一条　职业学校主管部门应当会同有关部门、行业组织，鼓励和支持职业学校与相关企业以组建职业教育集团等方式，建立长期、稳定合作关系。

职业教育集团应当以章程或者多方协议等方式，约定集团成员之间合作的方式、内容以及权利义务关系等事项。

第十二条　职业学校和企业应建立校企合作的过程管理和绩效评价制度，定期对合作成效进行总结，共同解决合作中的问题，不断提高合作水平，拓展合作领域。

第三章 促进措施

第十三条 鼓励东部地区的职业学校、企业与中西部地区的职业学校、企业开展跨区校企合作，带动贫困地区、民族地区和革命老区职业教育的发展。

第十四条 地方人民政府有关部门在制定产业发展规划、产业激励政策、脱贫攻坚规划时，应当将促进企业参与校企合作、培养技术技能人才作为重要内容，加强指导、支持和服务。

第十五条 教育、人力资源社会保障部门应当会同有关部门，建立产教融合信息服务平台，指导、协助职业学校与相关企业建立合作关系。

行业主管部门和行业组织应当充分发挥作用，根据行业特点和发展需要，组织和指导企业提出校企合作意向或者规划，参与校企合作绩效评价，并提供相应支持和服务，推进校企合作。

鼓励有关部门、行业、企业共同建设互联互通的校企合作信息化平台，引导各类社会主体参与平台发展、实现信息共享。

第十六条 教育行政部门应当把校企合作作为衡量职业学校办学水平的基本指标，在院校设置、专业审批、招生计划、教学评价、教师配备、项目支持、学校评价、人员考核等方面提出相应要求；对校企合作设置的适应就业市场需求的新专业，应当予以支持；应当鼓励和支持职业学校与企业合作开设专业，制定专业标准、培养方案等。

第十七条 职业学校应当吸纳合作关系紧密、稳定的企业代表加入理事会（董事会），参与学校重大事项的审议。

职业学校设置专业，制定培养方案、课程标准等，应当充分听取合作企业的意见。

第十八条 鼓励职业学校与企业合作开展学徒制培养。开展学徒制培养的学校，在招生专业、名额等方面应当听取企业意见。有技术技能人才培养能力和需求的企业，可以与职业学校合作设立学徒岗位，联合招收学员，共同确定培养方案，以工学结合方式进行培养。

教育行政部门、人力资源社会保障部门应当在招生计划安排、学籍管理等方面予以倾斜和支持。

第十九条 国家发展改革委、教育部会同人力资源社会保障部、工业和信息化部、财政部等部门建立工作协调机制，鼓励省级人民政府开展产教融合型企业建设试点，对深度参与校企合作，行为规范、成效显著、具有较大影响力的企业，按照国家有关规定予以表彰和相应政策支持。各级工业和信息化行政部门应当把企业参与校企合作的情况，作为服务型制造示范企业及其他有关示范企业评选的重要指标。

第二十条　鼓励各地通过政府和社会资本合作、购买服务等形式支持校企合作。鼓励各地采取竞争性方式选择社会资本，建设或者支持企业、学校建设公共性实习实训、创新创业基地、研发实践课程、教学资源等公共服务项目。按规定落实财税用地等政策，积极支持职业教育发展和企业参与办学。

鼓励金融机构依法依规审慎授信管理，为校企合作提供相关信贷和融资支持。

第二十一条　企业因接收学生实习所实际发生的与取得收入有关的合理支出，以及企业发生的职工教育经费支出，依法在计算应纳税所得额时扣除。

第二十二条　县级以上地方人民政府对校企合作成效显著的企业，可以按规定给予相应的优惠政策；应当鼓励职业学校通过场地、设备租赁等方式与企业共建生产型实训基地，并按规定给予相应的政策优惠。

第二十三条　各级人民政府教育、人力资源社会保障等部门应当采取措施，促进职业学校与企业人才的合理流动、有效配置。

职业学校可在教职工总额中安排一定比例或者通过流动岗位等形式，用于面向社会和企业聘用经营管理人员、专业技术人员、高技能人才等担任兼职教师。

第二十四条　开展校企合作企业中的经营管理人员、专业技术人员、高技能人才，具备职业学校相应岗位任职条件，经过职业学校认定和聘任，可担任专兼职教师，并享受相关待遇。上述企业人员在校企合作中取得的教育教学成果，可视同相应的技术或科研成果，按规定予以奖励。

职业学校应当将参与校企合作作为教师业绩考核的内容，具有相关企业或生产经营管理一线工作经历的专业教师在评聘和晋升职务（职称）、评优表彰等方面，同等条件下优先对待。

第二十五条　经所在学校或企业同意，职业学校教师和管理人员、企业经营管理和技术人员根据合作协议，分别到企业、职业学校兼职的，可根据有关规定和双方约定确定薪酬。

职业学校及教师、学生拥有知识产权的技术开发、产品设计等成果，可依法依规在企业作价入股。职业学校和企业对合作开发的专利及产品，根据双方协议，享有使用、处置和收益管理的自主权。

第二十六条　职业学校与企业就学生参加跟岗实习、顶岗实习和学徒培养达成合作协议的，应当签订学校、企业、学生三方协议，并明确学校与企业在保障学生合法权益方面的责任。

企业应当依法依规保障顶岗实习学生或者学徒的基本劳动权益，并按照有关规定及时足额支付报酬。任何单位和个人不得克扣。

第二十七条　推动建立学生实习强制保险制度。职业学校和实习单位应根据有关规定，为实习学生投保实习责任保险。职业学校、企业应当在协议中约定为实习学生投保实习责任保险的义务与责任，健全学生权益保障和风险分担机制。

第四章　监督检查

第二十八条　各级人民政府教育督导委员会负责对职业学校、政府落实校企合作职责的情况进行专项督导，定期发布督导报告。

第二十九条　各级教育、人力资源社会保障部门应当将校企合作情况作为职业学校办学业绩和水平评价、工作目标考核的重要内容。

各级人民政府教育行政部门会同相关部门以及行业组织，加强对企业开展校企合作的监督、指导，推广效益明显的模式和做法，推进企业诚信体系建设，做好管理和服务。

第三十条　职业学校、企业在合作过程中不得损害学生、教师、企业员工等的合法权益；违反相关法律法规规定的，由相关主管部门责令整改，并依法追究相关单位和人员责任。

第三十一条　职业学校、企业骗取和套取政府资金的，有关主管部门应当责令限期退还，并依法依规追究单位及其主要负责人、直接负责人的责任；构成犯罪的，依法追究刑事责任。

第五章　附则

第三十二条　本办法所称的职业学校，是指依法设立的中等职业学校（包括普通中等专业学校、成人中等专业学校、职业高中学校、技工学校）和高等职业学校。

本办法所称的企业，指在各级工商行政管理部门登记注册的各类企业。

第三十三条　其他层次类型的高等学校开展校企合作，职业学校与机关、事业单位、社会团体等机构开展合作，可参照本办法执行。

第三十四条　本办法自 2018 年 3 月 1 日起施行。

教育信息化 2.0 行动计划

教技〔2018〕6 号

为深入贯彻落实党的十九大精神，加快教育现代化和教育强国建设，推进新时代教育信息化发展，培育创新驱动发展新引擎，结合国家“互联网＋”、大数据、新一代人工智能等重大战略的任务安排和《国家中长期教育改革和发展规划纲要(2010—2020 年)》《国家教育事业发展“十三五”规划》《教育信息化十年发展规划（2011—2020 年)》《教育信息化“十三五”规划》等文件要求，制订本计划。

一、重要意义

党的十九大作出中国特色社会主义进入新时代的重大判断，开启了加快教育现代化、建设教育强国的新征程。站在新的历史起点，必须聚焦新时代对人才培养的新需求，强化以能力为先的人才培养理念，将教育信息化作为教育系统性变革的内生变量，支撑引领教育现代化发展，推动教育理念更新、模式变革、体系重构，使我国教育信息化发展水平走在世界前列，发挥全球引领作用，为国际教育信息化发展提供中国智慧和中国方案。新时代赋予了教育信息化新的使命，也必然带动教育信息化从 1.0 时代进入 2.0 时代。为引领推动教育信息化转段升级，提出教育信息化 2.0 行动计划。

教育信息化 2.0 行动计划是在历史成就基础上实现新跨越的内在需求。党的十八大以来，我国教育信息化事业实现了前所未有的快速发展，取得了全方位、历史性成就，实现了“三通两平台”建设与应用快速推进、教师信息技术应用能力明显提升、信息化技术水平显著提高、信息化对教育改革发展的推动作用大幅提升、国际影响力显著增强等“五大进展”，在构建教育信息化应用模式、建立全社会参与的推进机制、探索符合国情的教育信息化发展路子上实现了“三大突破”，为新时代教育信息化的进一步发展奠定了坚实的基础。

教育信息化 2.0 行动计划是顺应智能环境下教育发展的必然选择。教育信息化 2.0 行动计划是推进“互联网＋教育”的具体实施计划。人工智能、大数据、区块链等技术迅猛发展，将深刻改变人才需求和教育形态。智能环境不仅改变了教与学的方式，而且已经开始深入影响到教育的理念、文化和生态。主要发达国家均已意识到新形势下教育变革势在必行，从国家层面发布教育创新战略，设计教育改革发展蓝图，积极探索新模式、开发新产品、推进新技术支持下的教育教学创新。我国已发布《新一代人工智能发展规划》，强调发展智能教育，主动应对新技术浪潮带来的新机遇和新挑战。

教育信息化2.0行动计划是充分激发信息技术革命性影响的关键举措。经过多年来的探索实践，信息技术对教育的革命性影响已初步显现，但与新时代的要求仍存在较大差距。数字教育资源开发与服务能力不强，信息化学习环境建设与应用水平不高，教师信息技术应用能力基本具备但信息化教学创新能力尚显不足，信息技术与学科教学深度融合不够，高端研究和实践人才依然短缺。充分激发信息技术对教育的革命性影响，推动教育观念更新、模式变革、体系重构，需要针对问题举起新旗帜、提出新目标、运用新手段、制定新举措。

教育信息化2.0行动计划是加快实现教育现代化的有效途径。没有信息化就没有现代化，教育信息化是教育现代化的基本内涵和显著特征，是“教育现代化2035”的重点内容和重要标志。教育信息化具有突破时空限制、快速复制传播、呈现手段丰富的独特优势，必将成为促进教育公平、提高教育质量的有效手段，必将成为构建泛在学习环境、实现全民终身学习的有力支撑，必将带来教育科学决策和综合治理能力的大幅提高。以教育信息化支撑引领教育现代化，是新时代我国教育改革发展的战略选择，对于构建教育强国和人力资源强国具有重要意义。

二、总体要求

（一）指导思想

以习近平新时代中国特色社会主义思想为指导，全面贯彻党的十九大精神，围绕加快教育现代化和建设教育强国新征程，落实立德树人根本任务，因应信息技术特别是智能技术的发展，积极推进“互联网＋教育”，坚持信息技术与教育教学深度融合的核心理念，坚持应用驱动和机制创新的基本方针，建立健全教育信息化可持续发展机制，构建网络化、数字化、智能化、个性化、终身化的教育体系，建设人人皆学、处处能学、时时可学的学习型社会，实现更加开放、更加适合、更加人本、更加平等、更加可持续的教育，推动我国教育信息化整体水平走在世界前列，真正走出一条中国特色的教育信息化发展路子。

（二）基本原则

坚持育人为本。面向新时代和信息社会人才培养需要，以信息化引领构建以学习者为中心的全新教育生态，实现公平而有质量的教育，促进人的全面发展。

坚持融合创新。发挥技术优势，变革传统模式，推进新技术与教育教学的深度融合，真正实现从融合应用阶段迈入创新发展阶段，不仅实现常态化应用，更要达成全方位创新。

坚持系统推进。统筹各级各类教育的育人目标和信息化发展需求，兼顾点与面、信息化推进与教育改革发展，实现教学与管理、技能与素养、小资源与大资源等协调发展。

坚持引领发展。构建与国家经济社会和教育发展水平相适应的教育信息化体系，支撑引领教育现代化发展，形成新时代的教育新形态、新模式、新业态。

三、目标任务

（一）基本目标

通过实施教育信息化 2.0 行动计划，到 2022 年基本实现“三全两高一大”的发展目标，即教学应用覆盖全体教师、学习应用覆盖全体适龄学生、数字校园建设覆盖全体学校，信息化应用水平和师生信息素养普遍提高，建成“互联网＋教育”大平台，推动从教育专用资源向教育大资源转变、从提升师生信息技术应用能力向全面提升其信息素养转变、从融合应用向创新发展转变，努力构建“互联网＋”条件下的人才培养新模式、发展基于互联网的教育服务新模式、探索信息时代教育治理新模式。

（二）主要任务

继续深入推进“三通两平台”，实现三个方面普及应用。“宽带网络校校通”实现提速增智，所有学校全部接入互联网，带宽满足信息化教学需求，无线校园和智能设备应用逐步普及。“优质资源班班通”和“网络学习空间人人通”实现提质增效，在“课堂用、经常用、普遍用”的基础上，形成“校校用平台、班班用资源、人人用空间”。教育资源公共服务平台和教育管理公共服务平台实现融合发展。实现信息化教与学应用覆盖全体教师和全体适龄学生，数字校园建设覆盖各级各类学校。

持续推动信息技术与教育深度融合，促进两个方面水平提高。促进教育信息化从融合应用向创新发展的高阶演进，信息技术和智能技术深度融入教育全过程，推动改进教学、优化管理、提升绩效。全面提升师生信息素养，推动从技术应用向能力素质拓展，使之具备良好的信息思维，适应信息社会发展的要求，应用信息技术解决教学、学习、生活中问题的能力成为必备的基本素质。加强教育信息化从研究到应用的系统部署、纵深推进，形成研究一代、示范一代、应用一代、普及一代的创新引领、压茬推进的可持续发展态势。

构建一体化的“互联网＋教育”大平台。引入“平台＋教育”服务模式，整合各级各类教育资源公共服务平台和支持系统，逐步实现资源平台、管理平台的互通、衔接与开放，建成国家数字教育资源公共服务体系。充分发挥市场在资源配置中的作用，融合众筹众创，实现数字资源、优秀师资、教育数据、信息红利的有效共享，助力教育服务供给模式升级和教育治理水平提升。

四、实施行动

（一）数字资源服务普及行动

建成国家教育资源公共服务体系，国家枢纽和国家教育资源公共服务平台、32个省级体系全部连通，数字教育资源实现开放共享，教育大资源开发利用机制全面形成。

完善数字教育资源公共服务体系。建成互联互通、开放灵活、多级分布、覆盖全国、共治共享、协同服务的国家数字教育资源公共服务体系，国家枢纽连通国家教育资源公共服务平台和所有省级体系。建立国家数字教育资源公共服务体系联盟，发布系列技术和功能标准规范，探索资源共享新机制，提升数字教育资源服务供给能力，有效支撑学校和师生开展信息化教学应用。

优化“平台＋教育”服务模式与能力。依托国家数字教育资源公共服务体系，初步形成覆盖全国的数字教育资源版权保护和共享交易机制，利用平台模式实现资源众筹众创，改变数字教育资源自产自销的传统模式，解决资源供需瓶颈问题。完善优课服务，发挥“一师一优课、一课一名师”示范引领作用，形成覆盖基础教育阶段所有学段、学科的生成性资源体系。升级职业教育专业教学资源库建设，丰富职业教育学习资源系统。提升慕课服务，汇聚高校、企业等各方力量，提供精品大规模在线开放课程，达成优质的个性化学习体验，满足学习者、教学者和管理者的个性化需求。

实施教育大资源共享计划。拓展完善国家数字教育资源公共服务体系，推进开放资源汇聚共享，打破教育资源开发利用的传统壁垒，利用大数据技术采集、汇聚互联网上丰富的教学、科研、文化资源，为各级各类学校和全体学习者提供海量、适切的学习资源服务，实现从“专用资源服务”向“大资源服务”的转变。

（二）网络学习空间覆盖行动

规范网络学习空间建设与应用，保障全体教师和适龄学生“人人有空间”，开展校长领导力和教师应用力培训，普及推广网络学习空间应用，实现“人人用空间”。

引领推动网络学习空间建设与应用。制订网络学习空间建设与应用规范，明确网络学习空间的定义与内涵、目标与流程、功能与管理。印发加快推进“网络学习空间人人通”的指导意见，推动各地网络学习空间的普及应用。

持续推进“网络学习空间人人通”专项培训。继续开展职业院校和中小学校长、骨干教师的“网络学习空间人人通”专项培训，在中国移动、中国电信、中国联通的支持下，培训1万名中小学校长、2万名中小学教师、3 000名职业院校校长、6 000名职业院校教师，并带动地方开展更大范围的培训。

开展网络学习空间应用普及活动。依托国家数字教育资源公共服务体系，组织广大师生开通实名制网络学习空间，促进网络学习空间与物理学习空间的融合互动。开展空间应用优秀区域、优秀学校的展示推广活动，推进网络学习空间在网络教学、资源共享、教育管理、综合素质评价等方面的应用，实现网络学习空间应用从“三个率先”向全面普及发展，推动实现“一人一空间”，使网络学习空间真正成为广大师生利用信息技术开展教与学活动的主阵地。

建设国家学分银行和终身电子学习档案。加快推进国家学分银行建设，推动基础教育、职业教育、高等教育、继续教育机构逐步实行统一的学分制，加快实现各级各类教育纵向衔接、横向互通，为每一位学习者提供能够记录、存储学习经历和成果的个人学习账号，建立个人终身电子学习档案，对学习者的各类学习成果进行统一的认证与核算，使其在各个阶段通过各种途径获得的学分可以得到积累或转换。被认定的学分，按照一定的标准和程序可累计作为获取学历证书、职业资格证书或培训证书的凭证。

（三）网络扶智工程攻坚行动

大力支持以“三区三州”为重点的深度贫困地区教育信息化发展，促进教育公平和均衡发展，有效提升教育质量，推进网络条件下的精准扶智，服务国家脱贫攻坚战略部署。

支持“三区三州”教育信息化发展。通过中国移动、中国电信、中国联通等企业和社会机构的支持，在“三区三州”等地开展“送培到家”活动，加强教育信息化领导力培训和教师信息化教学能力培训，推动国家开放大学云教室建设，开展信息化教学设备捐赠、优质数字教育资源共享、教育信息化应用服务等系列活动，落实教育扶贫和网络扶贫的重点任务，助力提升深度贫困地区教育质量和人才培养能力，服务地方、区域经济社会发展。

推进网络条件下的精准扶智。坚持“扶贫必扶智”，引导教育发达地区与薄弱地区通过信息化实现结对帮扶，以专递课堂、名师课堂、名校网络课堂等方式，开展联校网教、数字学校建设与应用，实现“互联网+”条件下的区域教育资源均衡配置机制，缩小区域、城乡、校际差距，缓解教育数字鸿沟问题，实现公平而有质量的教育。

（四）教育治理能力优化行动

完善教育管理信息化顶层设计，全面提高利用大数据支撑保障教育管理、决策和公共服务的能力，实现教育政务信息系统全面整合和政务信息资源开放共享。

提高教育管理信息化水平。制订进一步加强教育管理信息化的指导意见，优化教育业务管理信息系统，深化教育大数据应用，全面提升教育管理信息化支撑教育业务管理、政务服务、教学管理等工作的能力。充分利用云计算、大数据、人工智能等新技术，构建全方位、全过程、全天候的支撑体系，助力教育教学、管理和服务的改革发展。

推进教育政务信息系统整合共享。以“互联互通、信息共享、业务协同”为目标，完成教育政务信息系统整合工作。建立“覆盖全国、统一标准、上下联动、资源共享”的教育政务信息资源大数据，打破数据壁垒，实现一数一源和伴随式数据采集。完善教育数据标准规范，促进政务数据分级分层有效共享，避免数据重复采集，优化业务管理，提升公共服务，促进决策支持。

推进教育“互联网+政务服务”。连接教育政务信息数据和社会宏观治理数据，建立教育部“互联网+政务服务”网上办事大厅，实现政务服务统一申请、集中办理、统一反馈和全流程监督，分步实施教育政务数据的共享开放，做到事项清单标准化、办事指南规范化、审查工作细则化和业务办理协同化，实现“一张表管理”和“一站式服务”，切实让百姓少跑腿、数据多跑路，增强人民群众获得感。

（五）百区千校万课引领行动

结合教育信息化各类试点和“信息技术与教育深度融合示范培育推广计划”的实施，认定百个典型区域、千所标杆学校、万堂示范课例，汇聚优秀案例，推广典型经验。

建立百个典型区域。通过推荐遴选东中西部不同地区的典型区域，培育一系列教育信息化整体推进的样本区，探索在发达地区、欠发达地区利用信息化优化教育供给的典型路径，为同类区域的发展提供参照，引领教育信息化提质升级发展。

培育千所标杆学校。分批组织遴选 100 所高等学校、300 所职业学校、1 000 所基础教育学校和一定数量的举办继续教育的学校开展示范，探索在信息化条件下实现差异化教学、个性化学习、精细化管理、智能化服务的典型途径。

遴选万堂示范课例。汇聚电教系统、教研系统等各方力量，以“一师一优课、一课一名师”活动、全国职业院校技能大赛教学能力比赛、推出国家精品在线开放课程等为依托，设定专门制作标准和评价指标，遴选万堂优秀课堂教学案例，包括 1 万堂基础教育示范课（含普通中小学校示范课、少数民族语言教材示范课、特殊教育示范课、学前教育示范课）、1 000 堂职业教育示范课、200 堂继续教育示范课，推出 3 000 门国家精品在线开放课程，建设 7 000 门国家级和 1 万门省级线上线下高等教育精品课，充分发挥示范课例的辐射效能。

汇聚推广优秀案例。总结典型经验，汇聚优秀案例，分批出版教育信息化创新应用系列案例集，并通过在国家教育资源公共服务平台、中国教育电视台等渠道开设专门栏目、召开现场会、举办应用展览活动等方式进行推广。

（六）数字校园规范建设行动

通过试点探索利用宽带卫星实现边远地区学校互联网接入、利用信息化手段扩大优质教育资源覆盖面的有效途径。全面推进各级各类学校数字校园建设与应用。

推进宽带卫星联校试点行动。与中国卫通联合在甘肃省甘南藏族自治州、云南省昭通市、四川凉山彝族自治州各选择 1 个县开展试点，每县选择 1 所主体学校和 4 所未联网学校（教学点），免费安装“中星 16 号”卫星设备并连通网络，开展信息化教学和教研，为攻克边远山区、海岛等自然条件特殊地区学校联网问题、实现全部学校 100%接入互联网探索路径。

促进数字校园建设全面普及。落实《职业院校数字校园建设规范》，发布中小学、高等学校数字校园建设规范，推动实现各级各类学校数字校园全覆盖。将网络教学环境纳入学校办学条件建设标准，数字教育资源列入中小学教材配备要求范围。加强职业院校、高等学校虚拟仿真实训教学环境建设，服务信息化教学需要。推动各地以区域为单位统筹建立数字校园专门保障队伍，彻底解决学校运维保障力量薄弱问题。

（七）智慧教育创新发展行动

以人工智能、大数据、物联网等新兴技术为基础，依托各类智能设备及网络，积极开展智慧教育创新研究和示范，推动新技术支持下教育的模式变革和生态重构。

开展智慧教育创新示范。协调有关部门，支持在雄安新区等一批地方积极、条件具备的地区，设立 10 个以上“智慧教育示范区”，开展智慧教育探索与实践，推动教育理念与模式、教学内容与方法的改革创新，提升区域教育水平，探索积累可推广的先进经验与优秀案例，形成引领教育改革发展的新途径、新模式。

构建智慧学习支持环境。加强智慧学习的理论研究与顶层设计，推进技术开发与实践应用，提高人才培养质量。大力推进智能教育，开展以学习者为中心的智能化教学支持环境建设，推动人工智能在教学、管理等方面的全流程应用，利用智能技术加快推动人才培养模式、教学方法改革，探索泛在、灵活、智能的教育教学新环境建设与应用模式。

加快面向下一代网络的高校智能学习体系建设。适应 5G 网络技术发展，服务全时域、全空域、全受众的智能学习新要求，以增强知识传授、能力培养和素质提升的效率和效果为重点，以国家精品在线开放课程、示范性虚拟仿真实验教学项目等建设为载体，加强大容量智能教学资源建设，加快建设在线智能教室、智能实验室、虚拟工厂（医院）等智能学习空间，积极探索基于区块链、大数据等新技术的智能学习效果记录、转移、交换、认证等有效方式，形成泛在化、智能化学习体系，推进信息技术和智能技术深度融入教育教学全过程，打造教育发展国际竞争新增长极。

加强教育信息化学术共同体和学科建设。与有关部门建立联合工作机制，设立长期研究项目和研究基地，形成持续支持教育信息化基础研究、应用研究和技术开发的长效机制。在协同创新中心、教育部重点实验室等建设布局中考虑建设相关研究平台，汇聚各高校、研究机构的研究基地，建立学术共同体，加强智能教学助手、教育机器人、智能学伴、语言文字信息化等关键技术研究与应用。加强教育信息化交叉学科建设，促进人才、学科、科研良性互动，实现大平台、大项目、大基地、大学科整体布局、协同发展。

（八）信息素养全面提升行动

充分认识提升信息素养对于落实立德树人目标、培养创新人才的重要作用，制定学生信息素养评价指标体系，开展规模化测评，实施有针对性的培养和培训。

制定学生信息素养评价指标体系。组织开展学生信息素养评价研究，建立一套科学合理、适合我国国情、可操作性强的学生信息素养评价指标体系和评估模型。开展覆盖东中西部地区的中小学生信息素养测评，涵盖5万名以上学生。通过科学、系统的持续性测评，掌握我国不同学段的学生信息素养发展情况，为促进信息素养提升奠定基础。

大力提升教师信息素养。贯彻落实《中共中央 国务院关于全面深化新时代教师队伍建设改革的意见》，推动教师主动适应信息化、人工智能等新技术变革，积极有效开展教育教学。启动"人工智能＋教师队伍建设行动"，推动人工智能支持教师治理、教师教育、教育教学、精准扶贫的新路径，推动教师更新观念、重塑角色、提升素养、增强能力。创新师范生培养方案，完善师范教育课程体系，加强师范生信息素养培育和信息化教学能力培养。实施新周期中小学教师信息技术应用能力提升工程，以学校信息化教育教学改革发展引领教师信息技术应用能力提升培训，通过示范性培训项目带动各地因地制宜开展教师信息化全员培训，加强精准测评，提高培训实效性。继续开展职业院校、高等学校教师信息化教学能力提升培训。深入开展校长信息化领导力培训，全面提升各级各类学校管理者信息素养。

加强学生信息素养培育。加强学生课内外一体化的信息技术知识、技能、应用能力以及信息意识、信息伦理等方面的培育，将学生信息素养纳入学生综合素质评价。完善课程方案和课程标准，充实适应信息时代、智能时代发展需要的人工智能和编程课程内容。推动落实各级各类学校的信息技术课程，并将信息技术纳入初、高中学业水平考试。继续办好各类应用交流与推广活动，创新活动的内容和形式，全面提升学生信息素养。

五、保障措施

（一）加强领导，统筹推进

教育部重点组织制定宏观政策，针对各级各类教育改革发展的需要和不同地区发展情况，加强工作指导，制定标准规范。地方各级教育行政部门要进一步健全教育信息化工作领导体制，整合教育系统专业机构的力量，充分利用相关企业专业化服务的优势，探索和建立便捷高效的教育信息化技术服务支撑机制。各级各类学校应普遍施行由校领导担任首席信息官（CIO）的制度，并明确责任部门，全面统筹本校信息化的规划与发展。各地将教育信息化作为重要指标，纳入本地区教育现代化指标体系。全面开展面向区域教育信息化的督导评估和第三方评测，提升各地区和各级各类学校发展教育信息化的效率、效果和效益。

（二）创新机制，多元投入

各地要切实落实国家关于财政教育经费可用于购买信息化资源和服务的政策，加大教育信息化投入力度，将教育信息化2.0行动计划与"互联网＋"、大数据、云计算、智慧城市、信息惠民、宽带中国、数字经济、新一代人工智能等工作统筹推进。要充分发挥政府和市场两个方面的作用，为推进教育信息化提供良好的政策环境和发展空间，积极鼓励企业投入资金，提供优质的信息化产品和服务，实现多元投入、协同推进。

（三）试点引领，强化培训

各地要始终坚持试点先行、典型引路的推进机制，有针对性地开展教育信息化区域综合试点和各类专项试点，总结提炼先进经验与典型模式。通过组织召开现场观摩会、举办信息化应用展览、出版优秀典型案例集等多种方式，广泛宣传推广试点取得的经验成效，形成以点带面的发展路径，发挥辐射引导效应。要将全面提升“人”的能力作为推进教育信息化 2.0 行动计划的核心基础，大力开展各级各类学校教师、校长和管理者培训，扩大培训规模、创新培训模式、增强培训实效。各地要坚持传统媒体与新媒体相结合，建立全方位、多层次的长效宣传机制，营造良好的舆论氛围。

（四）开放合作，广泛宣介

继续合作开展并积极参与联合国教科文组织、联合国儿童基金会等国际组织和机构的各项教育信息化活动，不断加强“一带一路”沿线国家等教育信息化国际交流与合作，积极对外宣传推广教育信息化的中国经验，注意讲好中国故事、传播中国理念，增加国际话语权。加强研究领域合作，建设外专引智基地和国际联合研究中心等平台和基地，支持我国教育信息化专家走出国门，参与相关国际组织工作和各类学术交流活动。加强实践领域国际合作，促进中外学校、校长、教师和专业机构间的交流合作，分享教学创新成果和典型经验，取长补短、协作推进。积极支持和推动我国教育信息化领域的企业走出去，提升我国教育的国际影响力。

（五）担当责任，保障安全

加强教育系统党组织对网络安全和信息化工作的领导，明确主要负责人为网络安全工作的第一负责人，建立网络安全和信息化统筹协调的领导体制，做到网络安全和信息化统一谋划、统筹推进。完善网络安全监督考核机制，将网络安全工作纳入对领导班子、干部的考核当中。以《网络安全法》等法律法规为纲，全面提高教育系统网络安全防护能力。全面落实网络安全等级保护制度，深入开展网络安全监测预警，提高网络安全态势感知水平。做好关键信息基础设施保障，重点保障数据和信息安全，强化隐私保护，建立严密保护、逐层开放、有序共享的良性机制，切实维护好广大师生的切身利益。

国务院办公厅关于深化产教融合的若干意见

国办发〔2017〕95 号

各省、自治区、直辖市人民政府，国务院各部委、各直属机构：

进入新世纪以来，我国教育事业蓬勃发展，为社会主义现代化建设培养输送了大批高素质人才，为加快发展壮大现代产业体系作出了重大贡献。但同时，受体制机制等多种因素影响，人才培养供给侧和产业需求侧在结构、质量、水平上还不能完全适应，“两张皮”问题仍然存在。深化产教融合，促进教育链、人才链与产业链、创新链有机衔接，是当前推进人力资源供给侧结构性改革的迫切要求，对新形势下全面提高教育质量、扩大就业创业、推进经济转型升级、培育经济发展新动能具有重要意义。为贯彻落实党的十九大精神，深化产教融合，全面提升人力资源质量，经国务院同意，现提出以下意见。

一、总体要求

（一）指导思想。全面贯彻党的十九大精神，坚持以习近平新时代中国特色社会主义思想为指导，紧紧围绕统筹推进“五位一体”总体布局和协调推进“四个全面”战略布局，坚持以人民为中心，坚持新发展理念，认真落实党中央、国务院关于教育综合改革的决策部署，深化职业教育、高等教育等改革，发挥企业重要主体作用，促进人才培养供给侧和产业需求侧结构要素全方位融合，培养大批高素质创新人才和技术技能人才，为加快建设实体经济、科技创新、现代金融、人力资源协同发展的产业体系，增强产业核心竞争力，汇聚发展新动能提供有力支撑。

（二）原则和目标。统筹协调，共同推进。将产教融合作为促进经济社会协调发展的重要举措，融入经济转型升级各环节，贯穿人才开发全过程，形成政府企业学校行业社会协同推进的工作格局。

服务需求，优化结构。面向产业和区域发展需求，完善教育资源布局，加快人才培养结构调整，创新教育组织形态，促进教育和产业联动发展。

校企协同，合作育人。充分调动企业参与产教融合的积极性和主动性，强化政策引导，鼓励先行先试，促进供需对接和流程再造，构建校企合作长效机制。

深化产教融合的主要目标是，逐步提高行业企业参与办学程度，健全多元化办学体制，全面推行校企协同育人，用10年左右时间，教育和产业统筹融合、良性互动的发展格局总体形成，需求导向的人才培养模式健全完善，人才教育供给与产业需求重大结构性矛盾基本解决，职业教育、高等教育对经济发展和产业升级的贡献显著增强。

二、构建教育和产业统筹融合发展格局

（三）同步规划产教融合与经济社会发展。制定实施经济社会发展规划，以及区域发展、产业发展、城市建设和重大生产力布局规划，要明确产教融合发展要求，将教育优先、人才先行融入各项政策。结合实施创新驱动发展、新型城镇化、制造强国战略，统筹优化教育和产业结构，同步规划产教融合发展政策措施、支持方式、实现途径和重大项目。

（四）统筹职业教育与区域发展布局。按照国家区域发展总体战略和主体功能区规划，优化职业教育布局，引导职业教育资源逐步向产业和人口集聚区集中。面向脱贫攻坚主战场，积极推进贫困地区学生到城市优质职业学校就学。加强东部对口西部、城市支援农村职业教育扶贫。支持中部打造全国重要的先进制造业职业教育基地。支持东北等老工业基地振兴发展急需的职业教育。加强京津冀、长江经济带城市间协同合作，引导各地结合区域功能、产业特点探索差别化职业教育发展路径。

（五）促进高等教育融入国家创新体系和新型城镇化建设。完善世界一流大学和一流学科建设推进机制，注重发挥对国家和区域创新中心发展的支撑引领作用。健全高等学校与行业骨干企业、中小微创业型企业紧密协同的创新生态系统，增强创新中心集聚人才资源、牵引产业升级能力。适应以城市群为主体的新型城镇化发展，合理布局高等教育资源，增强中小城市产业承载和创新能力，构建梯次有序、功能互补、资源共享、合作紧密的产教融合网络。

（六）推动学科专业建设与产业转型升级相适应。建立紧密对接产业链、创新链的学科专业体系。大力发展现代农业、智能制造、高端装备、新一代信息技术、生物医药、节能环保、新能源、新材料以及研发设计、数字创意、现代交通运输、高效物流、融资租赁、电子商务、服务外包等产业急需紧缺学科专业。积极支持家政、健康、养老、文化、旅游等社会领域专业发展，推进标准化、规范化、品牌化建设。加强智慧城市、智能建筑等城市可持续发展能力相关专业建设。大力支持集成电路、航空发动机及燃气轮机、网络安全、人工智能等事关国家战略、国家安全等学科专业建设。适应新一轮科技革命和产业变革及新经济发展，促进学科专业交叉融合，加快推进新工科建设。

（七）健全需求导向的人才培养结构调整机制。加快推进教育“放管服”改革，注重发挥市场机制配置非基本公共教育资源作用，强化就业市场对人才供给的有效调节。进一步完善高校毕业生就业质量年度报告发布制度，注重发挥行业组织人才需求预测、用人单位职业能力评价作用，把市场供求比例、就业质量作为学校设置

调整学科专业、确定培养规模的重要依据。新增研究生招生计划向承担国家重大战略任务、积极推行校企协同育人的高校和学科倾斜。严格实行专业预警和退出机制，引导学校对设置雷同、就业连续不达标专业，及时调减或停止招生。

三、强化企业重要主体作用

（八）拓宽企业参与途径。鼓励企业以独资、合资、合作等方式依法参与举办职业教育、高等教育。坚持准入条件透明化、审批范围最小化，细化标准、简化流程、优化服务，改进办学准入条件和审批环节。通过购买服务、委托管理等，支持企业参与公办职业学校办学。鼓励有条件的地区探索推进职业学校股份制、混合所有制改革，允许企业以资本、技术、管理等要素依法参与办学并享有相应权利。

（九）深化“引企入教”改革。支持引导企业深度参与职业学校、高等学校教育教学改革，多种方式参与学校专业规划、教材开发、教学设计、课程设置、实习实训，促进企业需求融入人才培养环节。推行面向企业真实生产环境的任务式培养模式。职业学校新设专业原则上应有相关行业企业参与。鼓励企业依托或联合职业学校、高等学校设立产业学院和企业工作室、实验室、创新基地、实践基地。

（十）开展生产性实习实训。健全学生到企业实习实训制度。鼓励以引企驻校、引校进企、校企一体等方式，吸引优势企业与学校共建共享生产性实训基地。支持各地依托学校建设行业或区域性实训基地，带动中小微企业参与校企合作。通过探索购买服务、落实税收政策等方式，鼓励企业直接接收学生实习实训。推进实习实训规范化，保障学生享有获得合理报酬等合法权益。

（十一）以企业为主体推进协同创新和成果转化。支持企业、学校、科研院所围绕产业关键技术、核心工艺和共性问题开展协同创新，加快基础研究成果向产业技术转化。引导高校将企业生产一线实际需求作为工程技术研究选题的重要来源。完善财政科技计划管理，高校、科研机构牵头申请的应用型、工程技术研究项目原则上应有行业企业参与并制订成果转化方案。完善高校科研后评价体系，将成果转化作为项目和人才评价重要内容。继续加强企业技术中心和高校技术创新平台建设，鼓励企业和高校共建产业技术实验室、中试和工程化基地。利用产业投资基金支持高校创新成果和核心技术产业化。

（十二）强化企业职工在岗教育培训。落实企业职工培训制度，足额提取教育培训经费，确保教育培训经费60%以上用于一线职工。创新教育培训方式，鼓励企业向职业学校、高等学校和培训机构购买培训服务。鼓励有条件的企业开展职工技能竞赛，对参加培训提升技能等级的职工予以奖励或补贴。支持企业一线骨干技术人员技能提升，加强产能严重过剩行业转岗就业人员再就业培训。将不按规定提取使用教育培训经费并拒不改正的行为记入企业信用记录。

（十三）发挥骨干企业引领作用。鼓励区域、行业骨干企业联合职业学校、高等学校共同组建产教融合集团（联盟），带动中小企业参与，推进实体化运作。注重发挥国有企业特别是中央企业示范带头作用，支持各类企业依法参与校企合作。

结合推进国有企业改革，支持有条件的国有企业继续办好做强职业学校。

四、推进产教融合人才培养改革

（十四）将工匠精神培育融入基础教育。将动手实践内容纳入中小学相关课程和学生综合素质评价。加强学校劳动教育，开展生产实践体验，支持学校聘请劳动模范和高技能人才兼职授课。组织开展“大国工匠进校园”活动。鼓励有条件的普通中学开设职业类选修课程，鼓励职业学校实训基地向普通中学开放。鼓励有条件的地方在大型企业、产业园区周边试点建设普职融通的综合高中。

（十五）推进产教协同育人。坚持职业教育校企合作、工学结合的办学制度，推进职业学校和企业联盟、与行业联合、同园区联结。大力发展校企双制、工学一体的技工教育。深化全日制职业学校办学体制改革，在技术性、实践性较强的专业，全面推行现代学徒制和企业新型学徒制，推动学校招生与企业招工相衔接，校企育人“双重主体”，学生学徒“双重身份”，学校、企业和学生三方权利义务关系明晰。实践性教学课时不少于总课时的50%。

健全高等教育学术人才和应用人才分类培养体系，提高应用型人才培养比重。推动高水平大学加强创新创业人才培养，为学生提供多样化成长路径。大力支持应用型本科和行业特色类高校建设，紧密围绕产业需求，强化实践教学，完善以应用型人才为主的培养体系。推进专业学位研究生产学结合培养模式改革，增强复合型人才培养能力。

（十六）加强产教融合师资队伍建设。支持企业技术和管理人才到学校任教，鼓励有条件的地方探索产业教师（导师）特设岗位计划。探索符合职业教育和应用型高校特点的教师资格标准和专业技术职务（职称）评聘办法。允许职业学校和高等学校依法依规自主聘请兼职教师和确定兼职报酬。推动职业学校、应用型本科高校与大中型企业合作建设“双师型”教师培养培训基地。完善职业学校和高等学校教师实践假期制度，支持在职教师定期到企业实践锻炼。

（十七）完善考试招生配套改革。加快高等职业学校分类招考，完善“文化素质+职业技能”评价方式。适度提高高等学校招收职业教育毕业生比例，建立复合型、创新型技术技能人才系统培养制度。逐步提高高等学校招收有工作实践经历人员的比例。

（十八）加快学校治理结构改革。建立健全职业学校和高等学校理事会制度，鼓励引入行业企业、科研院所、社会组织等多方参与。推动学校优化内部治理，充分体现一线教学科研机构自主权，积极发展跨学科、跨专业教学和科研组织。

（十九）创新教育培训服务供给。鼓励教育培训机构、行业企业联合开发优质教育资源，大力支持“互联网+教育培训”发展。支持有条件的社会组织整合校企资源，开发立体化、可选择的产业技术课程和职业培训包。推动探索高校和行业企业课程学分转换互认，允许和鼓励高校向行业企业和社会培训机构购买创新创业、前沿技术课程和教学服务。

五、促进产教供需双向对接

（二十）强化行业协调指导。行业主管部门要加强引导，通过职能转移、授权委托等方式，积极支持行业组织制定深化产教融合工作计划，开展人才需求预测、校企合作对接、教育教学指导、职业技能鉴定等服务。

（二十一）规范发展市场服务组织。鼓励地方政府、行业企业、学校通过购买服务、合作设立等方式，积极培育市场导向、对接供需、精准服务、规范运作的产教融合服务组织（企业）。支持利用市场合作和产业分工，提供专业化服务，构建校企利益共同体，形成稳定互惠的合作机制，促进校企紧密联结。

（二十二）打造信息服务平台。鼓励运用云计算、大数据等信息技术，建设市场化、专业化、开放共享的产教融合信息服务平台。依托平台汇聚区域和行业人才供需、校企合作、项目研发、技术服务等各类供求信息，向各类主体提供精准化产教融合信息发布、检索、推荐和相关增值服务。

（二十三）健全社会第三方评价。积极支持社会第三方机构开展产教融合效能评价，健全统计评价体系。强化监测评价结果运用，作为绩效考核、投入引导、试点开展、表彰激励的重要依据。

六、完善政策支持体系

（二十四）实施产教融合发展工程。“十三五”期间，支持一批中高等职业学校加强校企合作，共建共享技术技能实训设施。开展高水平应用型本科高校建设试点，加强产教融合实训环境、平台和载体建设。支持中西部普通本科高校面向产业需求，重点强化实践教学环节建设。支持世界一流大学和一流学科建设高校加强学科、人才、科研与产业互动，推进合作育人、协同创新和成果转化。

（二十五）落实财税用地等政策。优化政府投入，完善体现职业学校、应用型高校和行业特色类专业办学特点和成本的职业教育、高等教育拨款机制。职业学校、高等学校科研人员依法取得的科技成果转化奖励收入不纳入绩效工资，不纳入单位工资总额基数。各级财政、税务部门要把深化产教融合作为落实结构性减税政策，推进降成本、补短板的重要举措，落实社会力量举办教育有关财税政策，积极支持职业教育发展和企业参与办学。企业投资或与政府合作建设职业学校、高等学校的建设用地，按科教用地管理，符合《划拨用地目录》的，可通过划拨方式供地，鼓励企业自愿以出让、租赁方式取得土地。

（二十六）强化金融支持。鼓励金融机构按照风险可控、商业可持续原则支持产教融合项目。利用中国政企合作投资基金和国际金融组织、外国政府贷款，积极支持符合条件的产教融合项目建设。遵循相关程序、规则和章程，推动亚洲基础设施投资银行、丝路基金在业务领域内将“一带一路”职业教育项目纳入支持范围。引导银行业金融机构创新服务模式，开发适合产教融合项目特点的多元化融资品种，做好政府和社会资本合作模式的配套金融服务。积极支持符合条件的企业在资本市场进行股权融资，发行标准化债权产品，加大产教融合实训基地项目投资。加快发展学生实习责任保险和人身意外伤害保险，鼓励保险公司对现代学徒制、企业新型学徒制保险专门确定费率。

（二十七）开展产教融合建设试点。根据国家区域发展战略和产业布局，支持若干有较强代表性、影响力和改革意愿的城市、行业、企业开展试点。在认真总结试点经验基础上，鼓励第三方开展产教融合型城市和企业建设评价，完善支持激励政策。

（二十八）加强国际交流合作。鼓励职业学校、高等学校引进海外高层次人才和优质教育资源，开发符合国情、国际开放的校企合作培养人才和协同创新模式。探索构建应用技术教育创新国际合作网络，推动一批中外院校和企业结对联合培养国际化应用型人才。鼓励职业教育、高等教育参与配合"一带一路"建设和国际产能合作。

七、组织实施

（二十九）强化工作协调。加强组织领导，建立发展改革、教育、人力资源社会保障、财政、工业和信息化等部门密切配合，有关行业主管部门、国有资产监督管理部门积极参与的工作协调机制，加强协同联动，推进工作落实。各省级人民政府要结合本地实际制定具体实施办法。

（三十）营造良好环境。做好宣传动员和舆论引导，加快收入分配、企业用人制度以及学校编制、教学科研管理等配套改革，引导形成学校主动服务经济社会发展、企业重视"投资于人"的普遍共识，积极营造全社会充分理解、积极支持、主动参与产教融合的良好氛围。

附件：重点任务分工

国务院办公厅

2017 年 12 月 5 日

（此件公开发布）

附件

重点任务分工

序号	工作任务	主要内容	责任单位
1	构建教育和产业统筹融合发展格局	同步规划产教融合与经济社会发展。	国家发展改革委会同有关部门，各省级人民政府
2		统筹职业教育与区域发展布局。	教育部、国家发展改革委、人力资源和社会保障部，各省级人民政府
3		促进高等教育融入国家创新体系和新型城镇化建设。	教育部、国家发展改革委、科技部，有关省级人民政府
4		推动学科专业建设与产业转型升级相适应。建立紧密对接产业链、创新链的学科专业体系。加快推进新工科建设。	教育部、国家发展改革委会同有关部门
5		健全需求导向的人才培养结构调整机制。严格实行专业预警和退出机制。	教育部会同有关部门

续表

序号	工作任务	主要内容	责任单位
6	强化企业重要主体作用	鼓励企业以独资、合资、合作等方式依法参与举办职业教育、高等教育。坚持准入条件透明化、审批范围最小化，细化标准、简化流程、优化服务，改进办学准入条件和审批环节。	教育部会同有关部门
7		鼓励有条件的地区探索推进职业学校股份制、混合所有制改革，允许企业以资本、技术、管理等要素依法参与办学并享有相应权利。	有关省级人民政府
8		深化“引企入教”改革，促进企业需求融入人才培养环节。	教育部、人力资源和社会保障部、工业和信息化部会同有关部门
9		健全学生到企业实习实训制度，推进实习实训规范化。	教育部、国家发展改革委、人力资源和社会保障部会同有关部门
10	强化企业重要主体作用	引导高校将企业生产一线实际需求作为工程技术研究选题的重要来源。高校、科研机构牵头申请的应用型、工程技术研究项目原则上应有行业企业参与并制订成果转化方案。完善高校科研后评价体系，将成果转化作为项目和人才评价重要内容。	教育部、科技部会同有关部门
11		继续加强企业技术中心和高校技术创新平台建设，鼓励企业和高校共建产业技术实验室、中试和工程化基地。利用产业投资基金支持高校创新成果和核心技术产业化。	国家发展改革委、教育部、科技部、财政部会同有关部门
12		强化企业职工在岗教育培训。	全国总工会、人力资源和社会保障部会同有关部门
13		鼓励区域、行业骨干企业联合职业学校、高等学校共同组建产教融合集团（联盟），带动中小企业参与，推进实体化运作。	有关部门和行业协会，各省级人民政府
14		注重发挥国有企业特别是中央企业示范带头作用，支持各类企业依法参与校企合作。	国务院国资委、全国工商联
15		结合推进国有企业改革，支持有条件的国有企业继续办好做强职业学校。	国务院国资委、国家发展改革委、财政部
16	推进产教融合人才培养改革	将工匠精神培育融入基础教育。深化全日制职业学校办学体制改革，在技术性、实践性较强的专业，全面推行现代学徒制和企业新型学徒制。	教育部、人力资源和社会保障部、国家发展改革委、全国总工会会同有关部门
17		健全高等教育学术人才和应用人才分类培养体系，提高应用型人才培养比重。	教育部、国家发展改革委会同有关部门
18		加强产教融合师资队伍建设。支持企业技术和管理人才到学校任教，鼓励有条件的地方探索产业教师（导师）特设岗位计划。	教育部，各省级人民政府

续表

序号	工作任务	主要内容	责任单位
19	推进产教融合人才培养改革	适度提高高等学校招收职业教育毕业生比例，建立复合型、创新型技术技能人才系统培养制度。逐步提高高等学校招收有工作实践经历人员的比例。	教育部会同有关部门
20		加快学校治理结构改革。创新教育培训服务供给。	教育部会同有关部门
21	促进产教供需双向对接	强化行业协调指导。规范发展市场服务组织。打造信息服务平台。健全社会第三方评价。	国家发展改革委、教育部、有关部门和行业协会，有关省级人民政府
22	完善政策支持体系	实施产教融合发展工程。	国家发展改革委、教育部、人力资源和社会保障部
23		落实财税用地等政策。	财政部、税务总局、国土资源部、国家发展改革委，各省级人民政府
24		强化金融支持。	人民银行、银监会、证监会、保监会、国家发展改革委、财政部
25		开展产教融合建设试点。	国家发展改革委、教育部会同有关部门，各省级人民政府
26		加强国际交流合作。	教育部会同有关部门

国家职业教育改革实施方案

国发〔2019〕4号

职业教育与普通教育是两种不同教育类型，具有同等重要地位。改革开放以来，职业教育为我国经济社会发展提供了有力的人才和智力支撑，现代职业教育体系框架全面建成，服务经济社会发展能力和社会吸引力不断增强，具备了基本实现现代化的诸多有利条件和良好工作基础。随着我国进入新的发展阶段，产业升级和经济结构调整不断加快，各行各业对技术技能人才的需求越来越紧迫，职业教育重要地位和作用越来越凸显。但是，与发达国家相比，与建设现代化经济体系、建设教育强国的要求相比，我国职业教育还存在着体系建设不够完善、职业技能实训基地建设有待加强、制度标准不够健全、企业参与办学的动力不足、有利于技术技能人才成长的配套政策尚待完善、办学和人才培养质量水平参差不齐等问题，到了必须下大力气抓好的时候。没有职业教育现代化就没有教育现代化。为贯彻全国教育大会精神，进一步办好新时代职业教育，落实《中华人民共和国职业教育法》，制定本实施方案。

总体要求与目标：坚持以习近平新时代中国特色社会主义思想为指导，把职业教育摆在教育改革创新和经济社会发展中更加突出的位置。牢固树立新发展理念，服务建设现代化经济体系和实现更高质量更充分就业需要，对接科技发展趋势和市场需求，完善职业教育和培训体系，优化学校、专业布局，深化办学体制改革和育人机制改革，以促进就业和适应产业发展需求为导向，鼓励和支持社会各界特别是企业积极支持职业教育，着力培养高素质劳动者和技术技能人才。经过5—10年左右时间，职业教育基本完成由政府举办为主向政府统筹管理、社会多元办学的格局转变，由追求规模扩张向提高质量转变，由参照普通教育办学模式向企业社会参与、专业特色鲜明的类型教育转变，大幅提升新时代职业教育现代化水平，为促进经济社会发展和提高国家竞争力提供优质人才资源支撑。

具体指标：到2022年，职业院校教学条件基本达标，一大批普通本科高等学校向应用型转变，建设50所高水平高等职业学校和150个骨干专业（群）。建成覆盖大部分行业领域、具有国际先进水平的中国职业教育标准体系。企业参与职业教育的积极性有较大提升，培育数以万计的产教融合型企业，打造一批优秀职业教育培训评价组织，推动建设300个具有辐射引领作用的高水平专业化产教融合实训基地。职业院校实践性教学课时原则上占总课时一半以上，顶岗实习时间一般为6个月。“双师型”教师（同时具备理论教学和实践教学能力的教师）占专业课教师总数超过一半，分专业建设一批国家级职业教育教师教学创新团队。从2019年开始，在职业院校、应用型本科高校启动“学历证书+若干职业技能等级证书”制度试点（以下称1+X证书制度试点）工作。

一、完善国家职业教育制度体系

（一）健全国家职业教育制度框架

把握好正确的改革方向，按照“管好两端、规范中间、书证融通、办学多元”的原则，严把教学标准和毕业学生质量标准两个关口。将标准化建设作为统领职业教育发展的突破口，完善职业教育体系，为服务现代制造业、现代服务业、现代农业发展和职业教育现代化提供制度保障与人才支持。建立健全学校设置、师资队伍、教学教材、信息化建设、安全设施等办学标准，引领职业教育服务发展、促进就业创业。落实好立德树人根本任务，健全德技并修、工学结合的育人机制，完善评价机制，规范人才培养全过程。深化产教融合、校企合作，育训结合，健全多元化办学格局，推动企业深度参与协同育人，扶持鼓励企业和社会力量参与举办各类职业教育。推进资历框架建设，探索实现学历证书和职业技能等级证书互通衔接。

（二）提高中等职业教育发展水平

优化教育结构，把发展中等职业教育作为普及高中阶段教育和建设中国特色职业教育体系的重要基础，保持高中阶段教育职普比大体相当，使绝大多数城乡新增劳动力接受高中阶段教育。改善中等职业学校基本办学条件。加强省级统筹，建好办好一批县域职教中心，重点支持集中连片特困地区每个地（市、州、盟）原则上至少建设一所符合当地经济社会发展和技术技能人才培养需要的中等职业学校。指导各地优化中等职业学校布局结构，科学配置并做大做强职业教育资源。加大对民族地区、贫困地区和残疾人职业教育的政策、金融支持力度，落实职业教育东西协作行动计划，办好内地少数民族中职班。完善招生机制，建立中等职业学校和普通高中统一招生平台，精准服务区域发展需求。积极招收初高中毕业未升学学生、退役军人、退役运动员、下岗职工、返乡农民工等接受中等职业教育；服务乡村振兴战略，为广大农村培养以新型职业农民为主体的农村实用人才。发挥中等职业学校作用，帮助部分学业困难学生按规定在职业学校完成义务教育，并接受部分职业技能学习。

鼓励中等职业学校联合中小学开展劳动和职业启蒙教育，将动手实践内容纳入中小学相关课程和学生综合素质评价。

（三）推进高等职业教育高质量发展

把发展高等职业教育作为优化高等教育结构和培养大国工匠、能工巧匠的重要方式，使城乡新增劳动力更多接受高等教育。高等职业学校要培养服务区域发展的高素质技术技能人才，重点服务企业特别是中小微企业的技术研发和产品升级，加强社区教育和终身学习服务。建立“职教高考”制度，完善“文化素质＋职业技能”的考试招生办法，提高生源质量，为学生接受高等职业教育提供多种入学方式和学习方式。在学前教育、护理、养老服务、健康服务、现代服务业等领域，扩大对初中毕业生实行中高职贯通培养的招生规模。启动实施中国特色高水平高等职业学校和专业建设计划，建设一批引领改革、支撑发展、中国特色、世界水平的高等职业学校和骨干专业（群）。根据高等学校设置制度规定，将符合条件的技师学院纳入高等学校序列。

（四）完善高层次应用型人才培养体系

完善学历教育与培训并重的现代职业教育体系，畅通技术技能人才成长渠道。发展以职业需求为导向、以实践能力培养为重点、以产学研用结合为途径的专业学位研究生培养模式，加强专业学位硕士研究生培养。推动具备条件的普通本科高校向应用型转变，鼓励有条件的普通高校开办应用技术类型专业或课程。开展本科层次职业教育试点。制定中国技能大赛、全国职业院校技能大赛、世界技能大赛获奖选手等免试入学政策，探索长学制培养高端技术技能人才。服务军民融合发展，把军队相关的职业教育纳入国家职业教育大体系，共同做好面向现役军人的教育培训，支持其在服役期间取得多类职业技能等级证书，提升技术技能水平。落实好定向培养直招士官政策，推动地方院校与军队院校有效对接，推动优质职业教育资源向军事人才培养开放，建立军地网络教育资源共享机制。制订具体政策办法，支持适合的退役军人进入职业院校和普通本科高校接受教育和培训，鼓励支持设立退役军人教育培训集团（联盟），推动退役、培训、就业有机衔接，为促进退役军人特别是退役士兵就业创业作出贡献。

二、构建职业教育国家标准

（五）完善教育教学相关标准

发挥标准在职业教育质量提升中的基础性作用。按照专业设置与产业需求对接、课程内容与职业标准对接、教学过程与生产过程对接的要求，完善中等、高等职业学校设置标准，规范职业院校设置；实施教师和校长专业标准，提升职业院校教学管理和教学实践能力。持续更新并推进专业目录、专业教学标准、课程标准、顶岗实习标准、实训条件建设标准（仪器设备配备规范）建设和在职业院校落地实施。巩固和发展国务院教育行政部门联合行业制定国家教学标准、职业院校依据标准自主制订人才培养方案的工作格局。

（六）启动 1＋X 证书制度试点工作

深化复合型技术技能人才培养培训模式改革，借鉴国际职业教育培训普遍做法，制订工作方案和具体管理办法，启动 1＋X 证书制度试点工作。试点工作要进一步发挥好学历证书作用，夯实学生可持续发展基础，鼓励职业院校学生在获得学历证书的同时，积极取得多类职业技能等级证书，拓展就业创业本领，缓解结构性就业矛盾。

国务院人力资源社会保障行政部门、教育行政部门在职责范围内，分别负责管理监督考核院校外、院校内职业技能等级证书的实施（技工院校内由人力资源社会保障行政部门负责），国务院人力资源社会保障行政部门组织制定职业标准，国务院教育行政部门依照职业标准牵头组织开发教学等相关标准。院校内培训可面向社会人群，院校外培训也可面向在校学生。各类职业技能等级证书具有同等效力，持有证书人员享受同等待遇。院校内实施的职业技能等级证书分为初级、中级、高级，是职业技能水平的凭证，反映职业活动和个人职业生涯发展所需要的综合能力。

（七）开展高质量职业培训

落实职业院校实施学历教育与培训并举的法定职责，按照育训结合、长短结合、内外结合的要求，面向在校学生和全体社会成员开展职业培训。自 2019 年开始，围绕现代农业、先进制造业、现代服务业、战略性新兴产业，推动职业院校在 10 个左右技术技能人才紧缺领域大力开展职业培训。引导行业企业深度参与技术技能人才培养培训，促进职业院校加强专业建设、深化课程改革、增强实训内容、提高师资水平，全面提升教育教学质量。各级政府要积极支持职业培训，行政部门要简政放权并履行好监管职责，相关下属机构要优化服务，对于违规收取费用的要严肃处理。畅通技术技能人才职业发展通道，鼓励其持续获得适应经济社会发展需要的职业培训证书，引导和支持企业等用人单位落实相关待遇。对取得职业技能等级证书的离校未就业高校毕业生，按规定落实职业培训补贴政策。

（八）实现学习成果的认定、积累和转换

加快推进职业教育国家“学分银行”建设，从 2019 年开始，探索建立职业教育个人学习账号，实现学习成果可追溯、可查询、可转换。有序开展学历证书和职业技能等级证书所体现的学习成果的认定、积累和转换，为技术技能人才持续成长拓宽通道。职业院校对取得若干职业技能等级证书的社会成员，支持其根据证书等级和类别免修部分课程，在完成规定内容学习后依法依规取得学历证书。对接受职业院校学历教育并取得毕业证书的学生，在参加相应的职业技能等级证书考试时，可免试部分内容。从 2019 年起，在有条件的地区和高校探索实施试点工作，制定符合国情的国家资历框架。

三、促进产教融合校企“双元”育人

（九）坚持知行合一、工学结合

借鉴“双元制”等模式，总结现代学徒制和企业新型学徒制试点经验，校企共同研究制定人才培养方案，及时将新技术、新工艺、新规范纳入教学标准和教学内容，强化学生实习实训。健全专业设置定期评估机制，强化地方引导本区域职业院校优化专业设置的职责，原则上每 5 年修订 1 次职业院校专业目录，学校依据目录灵活自主设置专业，每年调整 1 次专业。健全专业教学资源库，建立共建共享平台的资源认证

标准和交易机制，进一步扩大优质资源覆盖面。遴选认定一大批职业教育在线精品课程，建设一大批校企“双元”合作开发的国家规划教材，倡导使用新型活页式、工作手册式教材并配套开发信息化资源。每3年修订1次教材，其中专业教材随信息技术发展和产业升级情况及时动态更新。适应“互联网+职业教育”发展需求，运用现代信息技术改进教学方式方法，推进虚拟工厂等网络学习空间建设和普遍应用。

（十）推动校企全面加强深度合作

职业院校应当根据自身特点和人才培养需要，主动与具备条件的企业在人才培养、技术创新、就业创业、社会服务、文化传承等方面开展合作。学校积极为企业提供所需的课程、师资等资源，企业应当依法履行实施职业教育的义务，利用资本、技术、知识、设施、设备和管理等要素参与校企合作，促进人力资源开发。校企合作中，学校可从中获得智力、专利、教育、劳务等报酬，具体分配由学校按规定自行处理。在开展国家产教融合建设试点基础上，建立产教融合型企业认证制度，对进入目录的产教融合型企业给予“金融+财政+土地+信用”的组合式激励，并按规定落实相关税收政策。试点企业兴办职业教育的投资符合条件的，可按投资额一定比例抵免该企业当年应缴教育费附加和地方教育附加。厚植企业承担职业教育责任的社会环境，推动职业院校和行业企业形成命运共同体。

（十一）打造一批高水平实训基地

加大政策引导力度，充分调动各方面深化职业教育改革创新的积极性，带动各级政府、企业和职业院校建设一批资源共享，集实践教学、社会培训、企业真实生产和社会技术服务于一体的高水平职业教育实训基地。面向先进制造业等技术技能人才紧缺领域，统筹多种资源，建设若干具有辐射引领作用的高水平专业化产教融合实训基地，推动开放共享，辐射区域内学校和企业；鼓励职业院校建设或校企共建一批校内实训基地，提升重点专业建设和校企合作育人水平。积极吸引企业和社会力量参与，指导各地各校借鉴德国、日本、瑞士等国家经验，探索创新实训基地运营模式。提高实训基地规划、管理水平，为社会公众、职业院校在校生取得职业技能等级证书和企业提升人力资源水平提供有力支撑。

（十二）多措并举打造“双师型”教师队伍

从2019年起，职业院校、应用型本科高校相关专业教师原则上从具有3年以上企业工作经历并具有高职以上学历的人员中公开招聘，特殊高技能人才（含具有高级工以上职业资格人员）可适当放宽学历要求，2020年起基本不再从应届毕业生中招聘。加强职业技术师范院校建设，优化结构布局，引导一批高水平工科学校举办职业技术师范教育。实施职业院校教师素质提高计划，建立100个“双师型”教师培养培训基地，职业院校、应用型本科高校教师每年至少1个月在企业或实训基地实训，落实教师5年一周期的全员轮训制度。探索组建高水平、结构化教师教学创新团队，教师分工协作进行模块化教学。定期组织选派职业院校专业骨干教师赴国外研修访学。在职业院校实行高层次、高技能人才以直接考察的方式公开招聘。建立健全职业院校自主聘任兼职教师的办法，推动企业工程技术人员、高技能人才和职业院校教师双向流动。职业院校通过校企合作、技术服务、社会培训、自办企业等所得收入，可按一定比例作为绩效工资来源。

四、建设多元办学格局

（十三）推动企业和社会力量举办高质量职业教育

各级政府部门要深化“放管服”改革，加快推进职能转变，由注重“办”职业教育向“管理与服务”过渡。政府主要负责规划战略、制定政策、依法依规监管。发挥企业重要办学主体作用，鼓励有条件的企业特别是大企业举办高质量职业教育，各级人民政府可按规定给予适当支持。完善企业经营管理和技术人员与学校领导、骨干教师相互兼职兼薪制度。2020 年初步建成 300 个示范性职业教育集团（联盟），带动中小企业参与。支持和规范社会力量兴办职业教育培训，鼓励发展股份制、混合所有制等职业院校和各类职业培训机构。建立公开透明规范的民办职业教育准入、审批制度，探索民办职业教育负面清单制度，建立健全退出机制。

（十四）做优职业教育培训评价组织

职业教育包括职业学校教育和职业培训，职业院校和应用型本科高校按照国家教学标准和规定职责完成教学任务和职业技能人才培养。同时，也必须调动社会力量，补充校园不足，助力校园办学。能够依据国家有关法规和职业标准、教学标准完成的职业技能培训，要更多通过职业教育培训评价组织（以下简称培训评价组织）等参与实施。政府通过放宽准入，严格末端监督执法，严格控制数量，扶优、扶大、扶强，保证培训质量和学生能力水平。要按照在已成熟的品牌中遴选一批、在成长中的品牌中培育一批、在有需要但还没有建立项目的领域中规划一批的原则，以社会化机制公开招募并择优遴选培训评价组织，优先从制订过国家职业标准并完成标准教材编写，具有专家、师资团队、资金实力和 5 年以上优秀培训业绩的机构中选择。培训评价组织应对接职业标准，与国际先进标准接轨，按有关规定开发职业技能等级标准，负责实施职业技能考核、评价和证书发放。政府部门要加强监管，防止出现乱培训、滥发证现象。行业协会要积极配合政府，为培训评价组织提供好服务环境支持，不得以任何方式收取费用或干预企业办学行为。

五、完善技术技能人才保障政策

（十五）提高技术技能人才待遇水平

支持技术技能人才凭技能提升待遇，鼓励企业职务职级晋升和工资分配向关键岗位、生产一线岗位和紧缺急需的高层次、高技能人才倾斜。建立国家技术技能大师库，鼓励技术技能大师建立大师工作室，并按规定给予政策和资金支持，支持技术技能大师到职业院校担任兼职教师，参与国家重大工程项目联合攻关。积极推动职业院校毕业生在落户、就业、参加机关事业单位招聘、职称评审、职级晋升等方面与普通高校毕业生享受同等待遇。逐步提高技术技能人才特别是技术工人收入水平和地位。机关和企事业单位招用人员不得歧视职业院校毕业生。国务院人力资源社会保障行政部门会同有关部门，适时组织清理调整对技术技能人才的歧视政策，推动形成人人皆可成才、人人尽展其才的良好环境。按照国家有关规定加大对职业院校参加有关技能大赛成绩突出毕业生的表彰奖励力度。办好职业教育活动周和世界青年技能日宣传活动，深入开展“大国工匠进校园”“劳模进校园”“优秀职校生校园分享”等活动，宣传展示大国工匠、能工巧匠和高素质劳动者的事迹和形象，培育和传承好工匠精神。

（十六）健全经费投入机制

各级政府要建立与办学规模、培养成本、办学质量等相适应的财政投入制度，地方政府要按规定制定并落实职业院校生均经费标准或公用经费标准。在保障教育合理投入的同时，优化教育支出结构，新增教育经费要向职业教育倾斜。鼓励社会力量捐资、出资兴办职业教育，拓宽办学筹资渠道。进一步完善中等职业学校生均拨款制度，各地中等职业学校生均财政拨款水平可适当高于当地普通高中。各地在继续巩固落实好高等职业教育生均财政拨款水平达到 12 000 元的基础上，根据发展需要和财力可能逐步提高拨款水平。组织实施好现代职业教育质量提升计划、产教融合工程等。经费投入要进一步突出改革导向，支持校企合作，注重向中西部、贫困地区和民族地区倾斜。进一步扩大职业院校助学金覆盖面，完善补助标准动态调整机制，落实对建档立卡等家庭经济困难学生的倾斜政策，健全职业教育奖学金制度。

六、加强职业教育办学质量督导评价

（十七）建立健全职业教育质量评价和督导评估制度

以学习者的职业道德、技术技能水平和就业质量，以及产教融合、校企合作水平为核心，建立职业教育质量评价体系。定期对职业技能等级证书有关工作进行“双随机、一公开”的抽查和监督，从 2019 年起，对培训评价组织行为和职业院校培训质量进行监测和评估。实施职业教育质量年度报告制度，报告向社会公开。完善政府、行业、企业、职业院校等共同参与的质量评价机制，积极支持第三方机构开展评估，将考核结果作为政策支持、绩效考核、表彰奖励的重要依据。完善职业教育督导评估办法，建立职业教育定期督导评估和专项督导评估制度，落实督导报告、公报、约谈、限期整改、奖惩等制度。国务院教育督导委员会定期听取职业教育督导评估情况汇报。

（十八）支持组建国家职业教育指导咨询委员会

为把握正确的国家职业教育改革发展方向，创新我国职业教育改革发展模式，提出重大政策研究建议，参与起草、制订国家职业教育法律法规，开展重大改革调研，提供各种咨询意见，进一步提高政府决策科学化水平，规划并审议职业教育标准等，在政府指导下组建国家职业教育指导咨询委员会。成员包括政府人员、职业教育专家、行业企业专家、管理专家、职业教育研究人员、中华职业教育社等团体和社会各方面热心职业教育的人士。通过政府购买服务等方式，听取咨询机构提出的意见建议并鼓励社会和民间智库参与。政府可以委托国家职业教育指导咨询委员会作为第三方，对全国职业院校、普通高校、校企合作企业、培训评价组织的教育管理、教学质量、办学方式模式、师资培养、学生职业技能提升等情况，进行指导、考核、评估等。

七、做好改革组织实施工作

（十九）加强党对职业教育工作的全面领导

以习近平新时代中国特色社会主义思想特别是习近平总书记关于职业教育的重要论述武装头脑、指导实践、推动工作。加强党对教育事业的全面领导，全面贯彻党的教育方针，落实中央教育工作领导小组各项要求，保证职业教育改革发展正确方向。要充分发挥党组织在职业院校的领导核心和政治核心作用，牢牢把握学校意识形态工作领导权，将党建工作与学校事业发展同部署、同落实、同考评。指导职业院校上好思想政治理论课，实施好中等职业学校“文明风采”活动，推进职业教育领域“三全育人”综合改革试点工作，使各类课程与思想政治理论课同向同行，努力实现职业技能和职业精神培养高度融合。加强基层党组织建设，有效发挥基层党组织的战斗堡垒作用和共产党员的先锋模范作用，带动学校工会、共青团等群团组织和学生会组织建设，汇聚每一位师生员工的积极性和主动性。

（二十）完善国务院职业教育工作部际联席会议制度

国务院职业教育工作部际联席会议由教育、人力资源社会保障、发展改革、工业和信息化、财政、农业农村、国资、税务、扶贫等单位组成，国务院分管教育工作的副总理担任召集人。联席会议统筹协调全国职业教育工作，研究协调解决工作中重大问题，听取国家职业教育指导咨询委员会等方面的意见建议，部署实施职业教育改革创新重大事项，每年召开两次会议，各成员单位就有关工作情况向联席会议报告。国务院教育行政部门负责职业教育工作的统筹规划、综合协调、宏观管理，国务院教育行政部门、人力资源社会保障行政部门和其他有关部门在职责范围内，分别负责有关的职业教育工作。各成员单位要加强沟通协调，做好相关政策配套衔接，在国家和区域战略规划、重大项目安排、经费投入、企业办学、人力资源开发等方面形成政策合力。推动落实《中华人民共和国职业教育法》，为职业教育改革创新提供重要的制度保障。

教育部 财政部关于实施中国特色高水平高职学校和专业建设计划的意见

教职成〔2019〕5号

各省、自治区、直辖市教育厅（教委）、财政厅（局），新疆生产建设兵团教育局、财政局：

为深入贯彻落实全国教育大会精神，落实《国家职业教育改革实施方案》，集中力量建设一批引领改革、支撑发展、中国特色、世界水平的高职学校和专业群，带动职业教育持续深化改革，强化内涵建设，实现高质量发展，现就实施中国特色高水平高职学校和专业建设计划（以下简称“双高计划”）提出如下意见。

一、总体要求

（一）指导思想

以习近平新时代中国特色社会主义思想为指导，牢固树立新发展理念，服务建设现代化经济体系和更高质量更充分就业需要，扎根中国、放眼世界、面向未来，强力推进产教融合、校企合作，聚焦高端产业和产业高端，重点支持一批优质高职学校和专业群率先发展，引领职业教育服务国家战略、融入区域发展、促进产业升级，为建设教育强国、人才强国作出重要贡献。

（二）基本原则

——坚持中国特色。扎根中国大地，全面贯彻党的教育方针，坚定社会主义办学方向，完善职业教育和培训体系，健全德技并修、工学结合的育人机制，服务新时代经济高质量发展，为中国产业走向全球产业中高端提供高素质技术技能人才支撑。

——坚持产教融合。创新高等职业教育与产业融合发展的运行模式，精准对接区域人才需求，提升高职学校服务产业转型升级的能力，推动高职学校和行业企业形成命运共同体，为加快建设现代产业体系，增强产业核心竞争力提供有力支撑。

——坚持扶优扶强。质量为先、以点带面，兼顾区域和产业布局，支持基础条件优良、改革成效突出、办学特色鲜明的高职学校和专业群率先发展，积累可复制、可借鉴的改革经验和模式，发挥示范引领作用。

——坚持持续推进。按周期、分阶段推进建设，实行动态管理、过程监测、有进有出、优胜劣汰，完善持续支持高水平高职学校和专业群建设的机制，实现高质量发展。

——坚持省级统筹。发挥地方支持职业教育改革发展的积极性和主动性，加大资金和政策保障力度。中央财政以奖补的形式通过相关转移支付给予引导支持。多渠道扩大资源供给，构建政府行业企业学校协同推进职业教育发展新机制。

（三）总体目标

围绕办好新时代职业教育的新要求，集中力量建设 50 所左右高水平高职学校和 150 个左右高水平专业群，打造技术技能人才培养高地和技术技能创新服务平台，支撑国家重点产业、区域支柱产业发展，引领新时代职业教育实现高质量发展。

到 2022 年，列入计划的高职学校和专业群办学水平、服务能力、国际影响显著提升，为职业教育改革发展和培养千万计的高素质技术技能人才发挥示范引领作用，使职业教育成为支撑国家战略和地方经济社会发展的重要力量。形成一批有效支撑职业教育高质量发展的政策、制度、标准。

到 2035 年，一批高职学校和专业群达到国际先进水平，引领职业教育实现现代化，为促进经济社会发展和提高国家竞争力提供优质人才资源支撑。职业教育高质量发展的政策、制度、标准体系更加成熟完善，形成中国特色职业教育发展模式。

二、改革发展任务

（四）加强党的建设

深入推进习近平新时代中国特色社会主义思想进教材进课堂进头脑，大力开展理想信念教育和社会主义核心价值观教育，构建全员全过程全方位育人的思想政治工作格局，实现职业技能和职业精神培养高度融合。落实党委领导下的校长负责制，充分发挥党组织在学校的领导核心和政治核心作用，牢牢把握意识形态主动权，引导广大师生树牢“四个意识”、坚定“四个自信”、坚决做到“两个维护”。加强基层党组织建设，将党的建设与学校事业发展同部署、同落实、同考评，有效发挥基层党组织战斗堡垒作用和共产党员先锋模范作用，带动学校工会、共青团等群团组织和学生会组织建设，为学校改革发展提供坚强组织保证。

（五）打造技术技能人才培养高地

落实立德树人根本任务，将社会主义核心价值观教育贯穿技术技能人才培养全过程。坚持工学结合、知行合一，加强学生认知能力、合作能力、创新能力和职业能力培养。加强劳动教育，以劳树德、以劳增智、以劳强体、以劳育美。培育和传承工匠精神，引导学生养成严谨专注、敬业专业、精益求精和追求卓越的品质。深化复合型技术技能人才培养培训模式改革，率先开展“学历证书＋若干职业技能等级证书”制度试点。在全面提高质量的基础上，着力培养一批产业急需、技艺高超的高素质技术技能人才。

（六）打造技术技能创新服务平台

对接科技发展趋势，以技术技能积累为纽带，建设集人才培养、团队建设、技术服务于一体，资源共享、机制灵活、产出高效的人才培养与技术创新平台，促进创新成果与核心技术产业化，重点服务企业特别是中小微企业的技术研发和产品升级。加强与地方政府、产业园区、行业深度合作，建设兼具科技攻关、智库咨询、英才培养、创新创业功能，体现学校特色的产教融合平台，服务区域发展和产业转型升级。进一步提高专业群集聚度和配套供给服务能力，与行业领先企业深度合作，建设兼具产品研发、工艺开发、技术推广、大师培育功能的技术技能平台，服务重点行业和支柱产业发展。

（七）打造高水平专业群

面向区域或行业重点产业，依托优势特色专业，健全对接产业、动态调整、自我完善的专业群建设发展机制，促进专业资源整合和结构优化，发挥专业群的集聚效应和服务功能，实现人才培养供给侧和产业需求侧结构要素全方位融合。校企共同研制科学规范、国际可借鉴的人才培养方案和课程标准，将新技术、新工艺、新规范等产业先进元素纳入教学标准和教学内容，建设开放共享的专业群课程教学资源和实践教学基地。组建高水平、结构化教师教学创新团队，探索教师分工协作的模块化教学模式，深化教材与教法改革，推动课堂革命。建立健全多方协同的专业群可持续发展保障机制。

（八）打造高水平双师队伍

以“四有”标准打造数量充足、专兼结合、结构合理的高水平双师队伍。培育引进一批行业有权威、国际有影响的专业群建设带头人，着力培养一批能够改进企业产品工艺、解决生产技术难题的骨干教师，合力培育一批具有绝技绝艺的技术技能大师。聘请行业企业领军人才、大师名匠兼职任教。建立健全教师职前培养、入职培训和在职研修体系。建设教师发展中心，提升教师教学和科研能力，促进教师职业发展。创新教师评价机制，建立以业绩贡献和能力水平为导向、以目标管理和目标考核为重点的绩效工资动态调整机制，实现多劳多得、优绩优酬。

（九）提升校企合作水平

与行业领先企业在人才培养、技术创新、社会服务、就业创业、文化传承等方面深度合作，形成校企命运共同体。把握全球产业发展、国内产业升级的新机遇，主动参与供需对接和流程再造，推动专业建设与产业发展相适应，实质推进协同育人。施行校企联合培养、双主体育人的中国特色现代学徒制。推行面向企业真实生产环境的任务式培养模式。牵头组建职业教育集团，推进实体化运作，实现资源共建共享。吸引企业联合建设产业学院和企业工作室、实验室、创新基地、实践基地。

（十）提升服务发展水平

培养适应高端产业和产业高端需要的高素质技术技能人才，服务中国产业走向全球产业中高端。以应用技术解决生产生活中的实际问题，切实提高生产效率、产品质量和服务品质。加强新产品开发和技术成果的推广转化，推动中小企业的技术研发和产品升级，促进民族传统工艺、民间技艺传承创新。面向脱贫攻坚主战场，积极吸引贫困地区学生到“双高计划”学校就学。服务乡村振兴战略，广泛开展面向农业农村的职业教育和培训。面向区域经济社会发展急需紧缺领域，大力开展高技能人才培训。积极主动开展职工继续教育，拓展社区教育和终身学习服务。

（十一）提升学校治理水平

健全内部治理体系，完善以章程为核心的现代职业学校制度体系，形成学校自主管理、自我约束的体制机制，推进治理能力现代化。健全学校、行业、企业、社区等共同参与的学校理事会或董事会，发挥咨询、协商、议事和监督作用。设立校级学术委员会，统筹行使学术事务的决策、审议、评定和咨询等职权。设立校级专业建设委员会和教材选用委员会，指导和促进专业建设和教学改革。发挥教职工代表大会作用，审议学校重大问题。优化内部治理结构，扩大二级院系管理自主权，发展跨专业教学组织。

（十二）提升信息化水平

加快智慧校园建设，促进信息技术和智能技术深度融入教育教学和管理服务全过程，改进教学、优化管理、提升绩效。消除信息孤岛，保证信息安全，综合运用大数据、人工智能等手段推进学校管理方式变革，提升管理效能和水平。以“信息技术+”升级传统专业，及时发展数字经济催生的新兴专业。适应“互联网+职业教育”需求，推进数字资源、优秀师资、教育数据共建共享，助力教育服务供给模式升级。提升师生信息素养，建设智慧课堂和虚拟工厂，广泛应用线上线下混合教学，促进自主、泛在、个性化学习。

（十三）提升国际化水平

加强与职业教育发达国家的交流合作，引进优质职业教育资源，参与制订职业教育国际标准。开发国际通用的专业标准和课程体系，推出一批具有国际影响的高质量专业标准、课程标准、教学资源，打造中国职业教育国际品牌。积极参与“一带一路”建设和国际产能合作，培养国际化技术技能人才，促进中外人文交流。探索援助发展中国家职业教育的渠道和模式。开展国际职业教育服务，承接“走出去”中资企业海外员工教育培训，建设一批鲁班工坊，推动技术技能人才本土化。

三、组织实施

（十四）建立协同推进机制

国家有关部门负责宏观布局、统筹协调、经费管理等顶层设计，围绕经济社会发展和国家战略需要，适时调整建设重点，成立项目建设咨询专家委员会，为重大政策、总体方案、审核立项、监督评价等提供咨询和支撑。各地要加强政策支持和经费保障，动员各方力量支持项目建设，对接区域经济社会发展需求，构建以“双高计划”学校为引领，区域内高职学校协调发展的格局。“双高计划”学校要深化改革创新，聚焦建设任务，科学编制建设方案和任务书，健全责任机制，扎实推进建设，确保工作成效。

（十五）加强项目实施管理

“双高计划”每五年一个支持周期，2019 年启动第一轮建设。制定项目遴选管理办法，明确遴选条件和程序，公开申请、公平竞争、公正认定。项目遴选坚持质量为先、改革导向，以学校、专业的客观发展水平为基础，对职业教育发展环境好、重点工作推进有力、改革成效明显的省（区、市）予以倾斜支持。制定项目绩效评价办法，建立信息采集与绩效管理系统，实行年度评价项目建设绩效，中期调整项目经费支持额度；依据周期绩效评价结果，调整项目建设单位。发挥第三方评价作用，定期跟踪评价。建立信息公开公示网络平台，接受社会监督。

（十六）健全多元投入机制

各地新增教育经费向职业教育倾斜，在完善高职生均拨款制度、逐步提高生均拨款水平的基础上，对“双高计划”学校给予重点支持，中央财政通过现代职业教育质量提升计划专项资金对“双高计划”给予奖补支持，发挥引导作用。有关部门和行业企业以共建、共培等方式积极参与项目建设。项目学校以服务求发展，积极筹集社会资源，增强自我造血功能。

（十七）优化改革发展环境

各地要结合区域功能、产业特点探索差别化的职业教育发展路径，建立健全产教对接机制，促进人才培养与产业需求有机衔接。加大“双高计划”学校的支持力度，在领导班子、核定教师编制、高级教师岗位比例、绩效工资总量等方面按规定给予政策倾斜。深入推进“放管服”改革，在专业设置、内设机构及岗位设置、进人用人、经费使用管理上进一步扩大学校办学自主权。建立健全改革创新容错纠错机制，鼓励“双高计划”学校大胆试、大胆闯，激发和保护干部队伍敢于担当、干事创业的积极性、主动性、创造性。

中国特色高水平高职学校和专业建设计划项目遴选管理办法（试行）

教职成〔2019〕8号

第一章　总则

第一条　为加强中国特色高水平高职学校和专业建设计划（简称“双高计划”）项目管理，保证“双高计划”顺利实施，根据《教育部 财政部关于实施中国特色高水平高职学校和专业建设计划的意见》（教职成〔2019〕5号），制定本办法。

第二条　教育部、财政部（简称两部）联合组织管理，地方（包括项目学校举办方，下同）统筹推进项目建设，学校具体实施。

第三条　项目资金包括中央财政资金、地方财政资金和学校自筹资金。

第四条　“双高计划”每五年一个支持周期，2019年启动第一轮建设。实行总量控制、动态管理，年度评价、期满考核，有进有出、优胜劣汰。重点支持建设50所左右高水平高职学校和150个左右高水平专业群。

第二章　职责分工

第五条　两部负责总体规划、协调推进等重大事项的决策，主要职责包括：

（一）项目设计、审核立项、过程监管、绩效管理；

（二）规划阶段重点任务，统筹安排中央财政资金；

（三）组建项目建设咨询专家委员会（简称“专委会”）；

（四）审定项目遴选和考核标准；

（五）指导省级教育和财政部门管理区域绩效；

（六）委托第三方评价项目绩效。

教育部职业教育与成人教育司承担“双高计划”日常工作。

第六条　专委会由有关行业主管部门、学校、科研机构、行业企业专家组成，受两部委托主要承担以下工作：

（一）研制“双高计划”建设单位遴选标准和考核标准；

（二）评审建设方案和任务书；

（三）为项目建设提供咨询服务。

第七条　省级教育和财政部门主要履行以下职责：

（一）根据遴选条件，开展项目预审和推荐工作；

（二）指导监督本区域项目建设，协调解决有关问题；

（三）落实项目学校的相关支持政策和建设资金，并对项目实施监管。

第八条　项目学校举办方主要履行以下职责：

（一）发挥办学主体作用，在政策、资金、资源等方面提供支持，营造良好的项目建设环境；

（二）指导项目建设工作，协调解决有关问题。

第九条　项目学校主要履行以下职责：

（一）编制报送项目建设方案和任务书；

（二）按照批复的建设方案和任务书开展项目建设；

（三）确保项目资金使用规范、安全、高效；

（四）完成项目绩效目标，按要求报送项目建设报告，并接受监控、审计和评价。

第三章　项目遴选

第十条　“双高计划”遴选坚持质量为先、改革导向、扶优扶强，面向独立设置的专科高职学校（包括社会力量举办的专科高职学校），分高水平学校和高水平专业群两类布局。在高职学校年生均财政拨款水平达到国家统一要求且逐年增长的前提下，对职业教育发展环境好、重点工作推进有力、改革成效明显、“双高计划”政策资金保障力度大的省份予以倾斜支持。

第十一条　学校须具备以下基本条件：

（一）学校办学条件高于专科高职学校设置标准，数字校园基础设施高于《职业院校数字校园建设规范》标准。

（二）学校人才培养和治理水平高，在产教融合、校企合作方面成效显著，对区域发展贡献度高，已取得以下工作成效：被确定为《高等职业教育创新发展行动计划（2015—2018年）》省级及以上优质高职学校建设单位；已制定学校章程并经省级备案，设有理事会或董事会机构，成立校级学术委员会，内部质量保证体系健全；财务管理规范，内部控制制度健全；牵头组建实体化运行的职业教育集团，合作企业对学校支持投入力度大；成立应用技术协同创新中心、技能大师工作室；非学历培训人日数不低于全日制在校生数；近三年招生计划完成率不低于90%，毕业生半年后就业率不低于95%；配合“走出去”企业开展员工教育培训、有教育部备案的中外合作办学项目或招收学历教育留学生。

（三）学校坚持职业教育办学定位和方向，干事创业的积极性、主动性、创造性高，教育教学改革、校企合作和专业建设基础好，人才培养质量和师资队伍水平高，学生就业水平高，社会支持度高。

（四）学校在以下9项标志性成果中有不少于5项：

1. 近两届获得过国家级教学成果奖励（第一完成单位）；

2. 主持国家级职业教育专业教学资源库立项项目且应用效果好；

3. 承担国家级教育教学改革试点且成效明显（仅包括现代学徒制试点、“三全育人”综合改革试点、教学工作诊断与改进工作试点、定向培养士官试点）；

4. 有国家级重点专业（仅包括国家示范、骨干高职学校支持的重点专业）；

5. 近五年学校就业工作被评为全国就业创业典型（仅包括全国毕业生就业典型经验高校、创新创业典型经验高校、创新创业教育改革示范高校）；

6. 近五年学生在国家级及以上竞赛中获得过奖励（仅包括世界技能大赛、全国职业院校技能大赛、中国“互联网＋”大学生创新创业大赛、“挑战杯”全国大学生课外学术科技作品竞赛和中国大学生创业计划竞赛）；

7. 教师获得过国家级奖励（仅包括“万人计划”教学名师、全国高校黄大年式团队、全国职业院校教学能力比赛获奖）；

8. 建立校级竞赛制度，近五年承办过全国职业院校技能大赛；

9. 建立校级质量年报制度，近五年连续发布《高等职业院校质量年度报告》且未有负面行为被通报。

在满足以上条件的基础上，学校近五年在招生、财务、实习、学生管理等方面未出现过重大违纪违规行为。学校未列入本省升本规划。

第十二条　专业群须具备以下基本条件：

（一）专业群定位准确，对接国家和区域主导产业、支柱产业和战略性新兴产业重点领域。专业群组建逻辑清晰，群内专业教学资源共享度、就业相关度较高，形成优势互补、协同发展的建设机制。专业特色鲜明，行业优势明显，有较强社会影响力。

（二）专业群有高水平专业带头人和教学创新团队，校外兼职教师素质优良。实践教学基地设施先进、管理规范，基地建设与实践教学项目设计相适应、相配套。校企共同设计科学规范的专业群课程体系，反映行业领域的新技术、新工艺、新规范，信息技术深度融入教育教学，线上线下课程资源丰富。

（三）专业群生源质量好，保持一定办学规模。建立毕业生就业跟踪调查机制，学生就业对口率、用人单位满意度、学生就业满意度高。与行业企业深入合作开展科技研发应用，科研项目、专利数量多。

第十三条　项目遴选包括学校申报、省级推荐、遴选确定等3个环节。

（一）学校申报。满足第十条、十一条、十二条的学校自愿申报，按要求向省级教育部门提交申报材料（包括申报书、学校总体建设方案、不超过2个专业群的建设方案、真实性声明、承诺书等）。

（二）省级推荐。省级教育部门会同财政部门依据基本条件择优遴选，学校申报材料及遴选结果公示无异议后，出具推荐函（包括推荐院校顺序名单、真实性声明等），与推荐学校申报材料一并报两部。

（三）遴选确定。两部委托专委会依次开展高水平学校、高水平专业群项目遴选。专委会根据高水平学校和专业群遴选标准，分别对学校和专业群评价赋分。依据学校和 2 个专业群赋分综合排序，确定高水平学校推荐单位，推荐结果分为三档，A 档 10 所、B 档 20 所、C 档 20 所左右；依据学校和 1 个专业群赋分综合排序，考虑产业布局和专业群布点，确定高水平专业群推荐单位，推荐结果分为三档，A 档 30 所、B 档 60 所、C 档 60 所左右。两部对推荐结果进行审核、公示并公布结果。根据年度资金安排，中央财政通过相关转移支付引导支持建设一批，地方和学校自筹资金建设一批。

第四章　项目实施

第十四条　项目学校根据建设任务和预算安排，确定绩效目标，编制项目任务书。省级教育、财政部门核准后报两部审定。

第十五条　项目学校根据审定意见修订完善建设方案和任务书，报两部备案并启动建设。

第十六条　项目学校按照备案的建设方案和任务书实施建设，原则上不作调整。建设过程中确需调整，须经省级教育、财政部门核准并报两部备案。

第十七条　每个支持周期结束，项目学校按要求提交验收报告，经省级验收后报两部复核。复核结果予以公布，并作为下一周期遴选的重要依据。

第五章　项目管理

第十八条　制定绩效评价办法，全面实施预算绩效管理、落实管理责任、改进管理方式，提高经费使用绩效。

第十九条　绩效评价结果作为调整项目资金支持额度的重要依据。对资金筹措有力、建设成效显著的项目，加大支持力度；对资金筹措不力、实施进展缓慢、建设实效有限的项目，提出警告并酌减资金支持额度。出现重大问题，经整改仍无改善的项目，中止项目建设。中止建设的项目学校不得再次申请“双高计划”项目。

第二十条　有下列行为视其情节轻重给予警告、限期整改、中止项目等处理：

（一）编报虚假预算，套取国家财政资金；

（二）项目执行不力，未开展实质性建设；

（三）擅自调整批复的建设方案和任务书内容；

（四）项目经费使用不符合国家财务制度规定；

（五）其他违反国家法律法规和本办法规定的行为。

第六章　附　则

第二十一条　本办法自发布之日起施行。各地应根据本办法制订实施细则。

第二十二条　本办法由两部负责解释和修订。

关于在院校实施“学历证书+若干职业技能等级证书”制度试点方案

教职成〔2019〕6号

按照国务院印发的《国家职业教育改革实施方案》（简称“职教20条”）要求，经国务院职业教育工作部际联席会议研究通过，现就在院校实施“学历证书+若干职业技能等级证书”制度试点，制定以下工作方案。

一、总体要求

（一）指导思想和基本原则

以习近平新时代中国特色社会主义思想为指导，深入贯彻落实全国教育大会部署，完善职业教育和培训体系，按照高质量发展要求，坚持以学生为中心，深化复合型技术技能人才培养培训模式和评价模式改革，提高人才培养质量，畅通技术技能人才成长通道，拓展就业创业本领。

坚持政府引导、社会参与，育训结合、保障质量，管好两端、规范中间，试点先行、稳步推进的原则。加强政府统筹规划、政策支持、监督指导，引导社会力量积极参与职业教育与培训。落实职业院校学历教育和培训并举并重的法定职责，坚持学历教育与职业培训相结合，促进书证融通。严把证书标准和人才质量两个关口，规范培养培训过程。从试点做起，用改革的办法稳步推进，总结经验、完善机制、防控风险。

（二）目标任务

自2019年开始，重点围绕服务国家需要、市场需求、学生就业能力提升，从10个左右领域做起，启动1+X证书制度试点工作。落实“放管服”改革要求，以社会化机制招募职业教育培训评价组织（以下简称培训评价组织），开发若干职业技能等级标准和证书。有关院校将1+X证书制度试点与专业建设、课程建设、教师队伍建设等紧密结合，推进“1”和“X”的有机衔接，提升职业教育质量和学生就业能力。通过试点，深化教师、教材、教法“三教”改革；促进校企合作；建好用好实训基地；探索建设职业教育国家“学分银行”，构建国家资历框架。

二、试点内容

（一）培育培训评价组织

培训评价组织作为职业技能等级证书及标准的建设主体，对证书质量、声誉负总责，主要职责包括标准开发、教材和学习资源开发、考核站点建设、考核颁证等，并协助试点院校实施证书培训。按照在已成熟的品牌中遴选一批、在成长中的品牌中培育一批、在有关评价证书缺失的领域中规划准备一批的原则，面向实施职业技能水平评价相关工作的社会评价组织，以社会化机制公开招募并择优遴选参与试点。试点本着严格控制数量，扶优、扶大、扶强的原则逐步推开。地方有关部门、行业组织要热心支持培训评价组织建设和发展，不得违规收取或变相收取任何费用。

（二）开发职业技能等级证书

职业技能等级证书以社会需求、企业岗位（群）需求和职业技能等级标准为依据，对学习者职业技能进行综合评价，如实反映学习者职业技术能力，证书分为初级、中级、高级。培训评价组织按照相关规范，联合行业、企业和院校等，依据国家职业标准，借鉴国际国内先进标准，体现新技术、新工艺、新规范、新要求等，开发有关职业技能等级标准。国务院教育行政部门根据国家标准化工作要求设立有关技术组织，做好职业教育与培训标准化工作的顶层设计，创新标准建设机制，编制标准化工作指南，指导职业技能等级标准开发。试点实践中充分发挥培训评价组织的作用，鼓励其不断开发更科学、更符合社会实际需要的职业技能等级标准和证书。

（三）融入专业人才培养

院校是1+X证书制度试点的实施主体。中等职业学校、高等职业学校可结合初级、中级、高级职业技能等级开展培训评价工作，本科层次职业教育试点学校、应用型本科高校及国家开放大学可根据专业实际情况选择。试点院校要根据职业技能等级标准和专业教学标准要求，将证书培训内容有机融入专业人才培养方案，优化课程设置和教学内容，统筹教学组织与实施，深化教学方式方法改革，提高人才培养的灵活性、适应性、针对性。试点院校可以通过培训、评价使学生获得职业技能等级证书，也可探索将相关专业课程考试与职业技能等级考核统筹安排，同步考试（评价），获得学历证书相应学分和职业技能等级证书。深化校企合作，坚持工学结合，充分利用院校和企业场所、资源，与评价组织协同实施教学、培训。加强对有关领域校企合作项目与试点工作的统筹。

（四）实施高质量职业培训

试点院校要结合职业技能等级证书培训要求和相关专业建设，改善实训条件，盘活教学资源，提高培训能力，积极开展高质量培训。根据社会、市场和学生技能考证需要，对专业课程未涵盖的内容或需要特别强化的实训，组织开展专门培训。试点院校在面向本校学生开展培训的同时，积极为社会成员提供培训服务。社会成员自主选择证书类别、等级，在试点院校内、外进行培训。新入校园证书必须通过遴选渠道，已取消的职业资格证书不得再引入。教育行政部门、院校要建立健全进入院校内的各类证书的质量保障机制，杜绝乱培训、滥发证，保障学生权益，有关工作另行安排。

（五）严格职业技能等级考核与证书发放

培训评价组织负责职业技能等级考核与证书发放。考核内容要反映典型岗位（群）所需的职业素养、专业知识和职业技能，体现社会、市场、企业和学生个人发展需求。考核方式要灵活多样，强化对完成典型工作任务能力的考核。考核站点一般应设在符合条件的试点院校。要严格考核纪律，加强过程管理，推进考核工作科学化、标准化、规范化。要建立健全考核安全、保密制度，强化保障条件，加强考点（考场）和保密标准化建设。通过考核的学生和社会人员取得相应等级的职业技能等级证书。

（六）探索建立职业教育国家“学分银行”

国务院教育行政部门探索建立职业教育“学分银行”制度，研制相关规范，建设信息系统，对学历证书和职业技能等级证书所体现的学习成果进行登记和存储，计入个人学习账号，尝试学习成果的认定、积累与转换。学生和社会成员在按规定程序进入试点院校接受相关专业学历教育时，可按规定兑换学分，免修相应课程或模块，促进学历证书与职业技能等级证书互通。研究探索构建符合国情的国家资历框架。

（七）建立健全监督、管理与服务机制

建立职业技能等级证书和培训评价组织监督、管理与服务机制。建设培训评价组织遴选专家库和招募遴选管理办法。本着公正公平公开的原则进行公示公告。建立监督管理制度，教育行政部门和职业教育指导咨询委员会要加强对职业技能等级证书有关工作的指导，定期开展“双随机、一公开”的抽查和监督。对培训评价组织行为和院校培训质量进行监测和评估。培训评价组织的行为同时接受学校、社

会、学生、家长等的监督评价。院校和学生自主选择X证书，同时加强引导，避免出现片面的“考证热”。

三、试点范围及进度安排

（一）试点范围

面向现代农业、先进制造业、现代服务业、战略性新兴产业等20个技能人才紧缺领域，率先从10个左右职业技能领域做起。省级教育行政部门根据有关要求对符合条件的申报院校进行备案。试点院校以高等职业学校、中等职业学校（不含技工学校）为主，本科层次职业教育试点学校、应用型本科高校及国家开放大学等积极参与，省级及以上示范（骨干、优质）高等职业学校和“中国特色高水平高职学校和专业建设计划”入选学校要发挥带头作用。

（二）进度安排

2019年首批启动五个领域试点，已确定的五个培训评价组织对接试点院校，并启动有关信息化平台建设；陆续启动其他领域试点工作。2020年下半年，做好试点工作阶段性总结，研究部署下一步工作。

四、组织实施

（一）明确组织分工

国务院教育行政部门负责做好1＋X证书制度试点工作的整体规划、部署和宏观指导，对院校职业技能等级证书的实施工作负监督管理职责。国务院市场监督管理部门（国家标准化管理委员会）负责协调指导职业教育与培训标准化建设。各省级教育行政部门主要负责指导本区域1＋X证书制度试点工作，会同省级有关部门研究制定支持激励教师参与试点工作的有关政策，将参与职业技能等级证书培训与考核相关工作列入教师和教学管理人员工作量范畴，帮助协调解决试点中出现的新情况、新问题。省级有关职能部门负责研究确定证书培训考核收费管理相关政策。试点院校党委要加强对试点工作的领导，按有关规定加大资源统筹调配力度。

（二）强化基础条件保障

各省（区、市）在政策、资金和项目等方面向参与实施试点的院校倾斜，支持学校教学实训资源与培训考核资源共建共享，推动学校建好用好学校自办、学校间联办、与企业合办、政府开办等各种类型的实训基地。要吸引社会投资进入职业教育培训领域。通过政府和社会资本合作（PPP模式）等方式，积极支持社会资本参与实训基地建设和运营。产教融合实训基地和产教融合型企业要积极参与实施培训。

（三）加强师资队伍建设

各省（区、市）和试点院校要加强专兼结合的师资队伍建设，打造能够满足教学与培训需求的教学创新团队，促进教育培训质量全面提升。要将职业技能等级证书有关师资培训纳入职业院校教师素质提高计划项目。培训评价组织要组建来自行业企业、院校和研究机构的高素质专家队伍，面向试点院校定期开展师资培训和交流，提高教师实施教学、培训和考核评价能力。

（四）建立健全投入机制

中央财政建立奖补机制，通过相关转移支付对各省1+X证书制度试点工作予以奖补。各省（区、市）要加大资金投入，重点支持深化职业教育教学改革、加强技术技能人才培养培训等方面，并通过政府购买服务等方式支持开展职业技能等级证书培训和考核工作。参加职业技能等级证书考核的建档立卡等家庭经济困难学生免除有关考核费用。凡未纳入1+X证书制度试点范围的培训、评价、认证等，不享受试点有关经费支持。

（五）加强信息化管理与服务

建设1+X证书信息管理服务平台，开发集政策发布、过程监管、证书查询、监督评价等功能的权威性信息系统。参与1+X证书制度试点的学生，获取的职业技能等级证书都将进入服务平台，与职业教育国家学分银行个人学习账户系统对接，记录学分，并提供网络公开查询等社会化服务，便于用人单位识别和学生就业。运用大数据、云计算、移动互联网、人工智能等信息技术，提升证书考核、培训及管理水平，充分利用新技术平台，开展在线服务，提升学习者体验。

教育部关于职业院校专业人才培养方案制订与实施工作的指导意见

教职成〔2019〕13号

各省、自治区、直辖市教育厅（教委），各计划单列市教育局，新疆生产建设兵团教育局：

专业人才培养方案是职业院校落实党和国家关于技术技能人才培养总体要求，组织开展教学活动、安排教学任务的规范性文件，是实施专业人才培养和开展质量评价的基本依据。党的十八大以来，职业教育教学改革不断深化，具有中国特色的国家教学标准体系框架不断完善，职业院校积极对接国家教学标准，优化专业人才培养方案，创新人才培养模式，办学水平和培养质量不断提高。但在实际工作中还一定程度存在着专业人才培养方案概念不够清晰、制订程序不够规范、内容更新不够及时、监督机制不够健全等问题。为落实《国家职业教育改革实施方案》，推进国家教学标准落地实施，提升职业教育质量，现就职业院校专业人才培养方案制订与实施工作提出如下意见。

一、总体要求

（一）指导思想

以习近平新时代中国特色社会主义思想为指导，深入贯彻党的十九大精神，按照全国教育大会部署，落实立德树人根本任务，坚持面向市场、服务发展、促进就业的办学方向，健全德技并修、工学结合育人机制，构建德智体美劳全面发展的人才培养体系，突出职业教育的类型特点，深化产教融合、校企合作，推进教师、教材、教法改革，规范人才培养全过程，加快培养复合型技术技能人才。

（二）基本原则

——坚持育人为本，促进全面发展。全面推动习近平新时代中国特色社会主义思想进教材进课堂进头脑，积极培育和践行社会主义核心价值观。传授基础知识与培养专业能力并重，强化学生职业素养养成和专业技术积累，将专业精神、职业精神和工匠精神融入人才培养全过程。

——坚持标准引领，确保科学规范。以职业教育国家教学标准为基本遵循，贯彻落实党和国家在课程设置、教学内容等方面的基本要求，强化专业人才培养方案的科学性、适应性和可操作性。

——坚持遵循规律，体现培养特色。遵循职业教育、技术技能人才成长和学生身心发展规律，处理好公共基础课程与专业课程、理论教学与实践教学、学历证书与各类职业培训证书之间的关系，整体设计教学活动。

——坚持完善机制，推动持续改进。紧跟产业发展趋势和行业人才需求，建立健全行业企业、第三方评价机构等多方参与的专业人才培养方案动态调整机制，强化教师参与教学和课程改革的效果评价与激励，做好人才培养质量评价与反馈。

二、主要内容及要求

专业人才培养方案应当体现专业教学标准规定的各要素和人才培养的主要环节要求，包括专业名称及代码、入学要求、修业年限、职业面向、培养目标与培养规格、课程设置、学时安排、教学进程总体安排、实施保障、毕业要求等内容，并附教学进程安排表等。学校可根据区域经济社会发展需求、办学特色和专业实际制订专业人才培养方案，但须满足以下基本要求。

（一）明确培养目标。依据国家有关规定、公共基础课程标准和专业教学标准，结合学校办学层次和办学定位，科学合理确定专业培养目标，明确学生的知识、能力和素质要求，保证培养规格。要注重学用相长、知行合一，着力培养学生的创新精神和实践能力，增强学生的职业适应能力和可持续发展能力。

坚持把立德树人作为根本任务，不断加强学校思想政治工作，持续深化“三全育人”综合改革，把立德树人融入思想道德教育、文化知识教育、技术技能培养、社会实践教育各环节，推动思想政治工作体系贯穿教学体系、教材体系、管理体系，切实提升思想政治工作质量。

（二）规范课程设置。课程设置分为公共基础课程和专业（技能）课程两类。

1. 严格按照国家有关规定开齐开足公共基础课程。中等职业学校应当将思想政治、语文、历史、数学、外语（英语等）、信息技术、体育与健康、艺术等列为公共基础必修课程，并将物理、化学、中华优秀传统文化、职业素养等课程列为必修课或限定选修课。高等职业学校应当将思想政治理论课、体育、军事课、心理健康教育等课程列为公共基础必修课程，并将马克思主义理论类课程、党史国史、中华优秀传统文化、职业发展与就业指导、创新创业教育、信息技术、语文、数学、外语、健康教育、美育课程、职业素养等列为必修课或限定选修课。

全面推动习近平新时代中国特色社会主义思想进课程，中等职业学校统一实施中等职业学校思想政治课程标准，高等职业学校按规定统一使用马克思主义理论研究和建设工程思政课、专业课教材。结合实习实训强化劳动教育，明确劳动教育时间，弘扬劳动精神、劳模精神，教育引导学生崇尚劳动、尊重劳动。推动中华优秀传统文化融入教育教学，加强革命文化和社会主义先进文化教育。深化体育、美育教学改革，促进学生身心健康，提高学生审美和人文素养。

根据有关文件规定开设关于国家安全教育、节能减排、绿色环保、金融知识、社会责任、人口资源、海洋科学、管理等人文素养、科学素养方面的选修课程、拓展课程或专题讲座（活动），并将有关知识融入到专业教学和社会实践中。学校还应当组织开展劳动实践、创新创业实践、志愿服务及其他社会公益活动。

2. 科学设置专业（技能）课程。专业（技能）课程设置要与培养目标相适应，课程内容要紧密联系生产劳动实际和社会实践，突出应用性和实践性，注重学生职业能力和职业精神的培养。一般按照相应职业岗位（群）的能力要求，确定 6—8 门专业核心课程和若干门专业课程。

（三）合理安排学时。三年制中职、高职每学年安排 40 周教学活动。三年制中职总学时数不低于 3 000，公共基础课程学时一般占总学时的 1/3；三年制高职总学时数不低于 2 500，鼓励学生自主学习，公共基础课程学时应当不少于总学时的 1/4。中、高职选修课教学时数占总学时的比例均应当不少于 10%。一般以 16—18 学时计为 1 个学分。鼓励将学生取得的行业企业认可度高的有关职业技能等级证书或已掌握的有关技术技能，按一定规则折算为学历教育相应学分。

（四）强化实践环节。加强实践性教学，实践性教学学时原则上占总学时数 50%以上。要积极推行认知实习、跟岗实习、顶岗实习等多种实习方式，强化以育人为目标的实习实训考核评价。学生顶岗实习时间一般为 6 个月，可根据专业实际，集中或分阶段安排。推动职业院校建好用好各类实训基地，强化学生实习实训。统筹推进文化育人、实践育人、活动育人，广泛开展各类社会实践活动。

（五）严格毕业要求。根据国家有关规定、专业培养目标和培养规格，结合学校办学实际，进一步细化、明确学生毕业要求。严把毕业出口关，确保学生毕业时完成规定的学时学分和教学环节，结合专业实际组织毕业考试（考核），保证毕业要求的达成度，坚决杜绝“清考”行为。

（六）促进书证融通。鼓励学校积极参与实施 1+X 证书制度试点，将职业技能等级标准有关内容及要求有机融入专业课程教学，优化专业人才培养方案。同步参与职业教育国家“学分银行”试点，探索建立有关工作机制，对学历证书和职业技能等级证书所体现的学习成果进行登记和存储，计入个人学习账号，尝试学习成果的认定、积累与转换。

（七）加强分类指导。鼓励学校结合实际，制订体现不同学校和不同专业类别特点的专业人才培养方案。对退役军人、下岗职工、农民工和新型职业农民等群体单独编班，在标准不降的前提下，单独编制专业人才培养方案，实行弹性学习时间和多元教学模式。实行中高职贯通培养的专业，结合实际情况灵活制订相应的人才培养方案。

三、制订程序

（一）规划与设计。学校应当根据本意见要求，统筹规划，制定专业人才培养方案制（修）订的具体工作方案。成立由行业企业专家、教科研人员、一线教师和学生（毕业生）代表组成的专业建设委员会，共同做好专业人才培养方案制（修）订工作。

（二）调研与分析。各专业建设委员会要做好行业企业调研、毕业生跟踪调研和在校生学情调研，分析产业发展趋势和行业企业人才需求，明确本专业面向的职业岗位（群）所需要的知识、能力、素质，形成专业人才培养调研报告。

（三）起草与审定。结合实际落实专业教学标准，准确定位专业人才培养目标与培养规格，合理构建课程体系、安排教学进程，明确教学内容、教学方法、教学资源、教学条件保障等要求。学校组织由行业企业、教研机构、校内外一线教师和学生代表等参加的论证会，对专业人才培养方案进行论证后，提交校级党组织会议审定。

（四）发布与更新。审定通过的专业人才培养方案，学校按程序发布执行，报上级教育行政部门备案，并通过学校网站等主动向社会公开，接受全社会监督。学校应建立健全专业人才培养方案实施情况的评价、反馈与改进机制，根据经济社会发展需求、技术发展趋势和教育教学改革实际，及时优化调整。

四、实施要求

（一）全面加强党的领导。加强党的领导是做好职业院校专业人才培养方案制订与实施工作的根本保证。职业院校在地方党委领导下，坚持以习近平新时代中国特色社会主义思想为指导，切实加强对专业人才培养方案制订与实施工作的领导。职业院校校级党组织会议和校长办公会要定期研究，书记、校长及分管负责人要经常性研究专业人才培养方案制订与实施。职业院校党组织负责人、校长是专业人才培养方案制订与实施的第一责任人，要把主要精力放到教育教学工作上来。

（二）强化课程思政。积极构建“思政课程＋课程思政”大格局，推进全员全过程全方位“三全育人”，实现思想政治教育与技术技能培养的有机统一。结合职业院校学生特点，创新思政课程教学模式。强化专业课教师立德树人意识，结合不同专业人才培养特点和专业能力素质要求，梳理每一门课程蕴含的思想政治教育元素，发挥专业课程承载的思想政治教育功能，推动专业课教学与思想政治理论课教学紧密结合、同向同行。

（三）组织开发专业课程标准和教案。要根据专业人才培养方案总体要求，制（修）订专业课程标准，明确课程目标，优化课程内容，规范教学过程，及时将新技术、新工艺、新规范纳入课程标准和教学内容。要指导教师准确把握课程教学要求，规范编写、严格执行教案，做好课程总体设计，按程序选用教材，合理运用各类教学资源，做好教学组织实施。

（四）深化教师、教材、教法改革。建设符合项目式、模块化教学需要的教学创新团队，不断优化教师能力结构。健全教材选用制度，选用体现新技术、新工艺、新规范等的高质量教材，引入典型生产案例。总结推广现代学徒制试点经验，普及项目教学、案例教学、情境教学、模块化教学等教学方式，广泛运用启发式、探究式、讨论式、参与式等教学方法，推广翻转课堂、混合式教学、理实一体教学等新型教学模式，推动课堂教学革命。加强课堂教学管理，规范教学秩序，打造优质课堂。

（五）推进信息技术与教学有机融合。适应“互联网＋职业教育”新要求，全面提升教师信息技术应用能力，推动大数据、人工智能、虚拟现实等现代信息技术在教育教学中的广泛应用，积极推动教师角色的转变和教育理念、教学观念、教学内容、教学方法以及教学评价等方面的改革。加快建设智能化教学支持环境，建设能够满足多样化需求的课程资源，创新服务供给模式，服务学生终身学习。

（六）改进学习过程管理与评价。严格落实培养目标和培养规格要求，加大过程考核、实践技能考核成绩在课程总成绩中的比重。严格考试纪律，健全多元化考核评价体系，完善学生学习过程监测、评价与反馈机制，引导学生自我管理、主动学习，提高学习效率。强化实习、实训、毕业设计（论文）等实践性教学环节的全过程管理与考核评价。

五、监督与指导

国务院教育行政部门负责定期修订发布中职、高职专业目录，制订发布职业教育国家教学标准，宏观指导专业人才培养方案制订与实施工作。省级教育行政部门要结合区域实际进一步提出指导意见或具体要求，推动国家教学标准落地实施；要建立抽查制度，对本地区职业院校专业人才培养方案制订、公开和实施情况进行定期检查评价，并公布检查结果。市级教育行政部门负责指导、检查、监督本地区中等职业学校专业人才培养方案制订与实施工作，并做好备案和汇总。充分发挥地方职业教育教研机构的研究咨询作用，组织开展有关交流研讨活动，指导和参与本地区职业院校专业人才培养方案制订工作。鼓励产教融合型企业、产教融合实训基地等参与专业人才培养方案的制订和实施，发挥行业、企业、家长等的作用，形成多元监督机制。

《教育部关于制定中等职业学校教学计划的原则意见》（教职成〔2009〕2号）、《关于制订高职高专教育专业教学计划的原则意见》（教高〔2000〕2号）自本意见印发之日起停止执行。

附录 1

2020 年春季高校会计专业学生和教师“停课不停学，停课不停教”线上教学问卷调查表（学生版）

亲爱的同学，你好！

2020 年春季，由于疫情影响，根据教育部“停课不停学，停课不停教”的要求，各个高校都采用了线上教学的方式组织教学。为了了解各个高校会计专业在线教学情况，中国会计学会会计教育专业委员会设计了此问卷，衷心感谢你抽出宝贵时间在 2020 年 3 月 31 日前完成答卷。

我们郑重承诺，本次问卷调查结果仅用于学术研究和政策建议，不会用于对学校和学生的各类评价，你可以放心作答。调查问卷中的题目并无对错之分，请按照贵校开展线上教学的真实情况回答问题，请在“□”内打“√”。你的回答对于本次调查非常重要，再次感谢你的参与！

1. 你所在学校的层次？

□高职高专　□本科

2. 你目前居家所在的行政区划？

□直辖市　□省会城市　□地级市　□县（区）　□乡镇　□村

3. 你所在的年级？

□一年级　□二年级　□三年级　□四年级

4. 疫情期间，你是否参加了在线学习？

□是　□否

5. 你以前在校期间有在线学习的需求吗？

□有　□无

6. 你在网上学习的课程类别？

□公共课　□专业课　□公共选修课　□专业选修课

7. 你所在班级线上开课的门数？

□1～2 门　□3～4 门　□5 门及以上

8. 你每周在线上课节数？

□1～2 次　□3～5 次　□6～8 次　□9 次及以上

9. 每节课时长？

□30 分钟以内 □30～45 分钟 □45～60 分钟

□60～90 分钟 □90～120 分钟 □120 分钟以上

10. 疫情期间在家学习有人督促检查吗？

□家长 □课程老师 □班主任或辅导员 □无

11. 你最喜欢的网上开课形式？

□直播互动 □录播 □在线教学平台与直播相结合 □视频点播

□在线答疑 □教学平台学习与微信、QQ 等交流相结合 □其他

12. 你最喜欢哪个平台？

□中国大学 MOOC □超星 □智慧职教 □正保（中华会计网校）

□厦门网中网 □广州福思特 □蓝墨云班课 □腾讯 □钉钉 □其他

13. 老师提供的教学资源能否满足你的学习需求？

□满足 □基本满足 □不满足

14. 老师是否在课前提供课程标准、授课计划表、课程说明等？

□是 □否

15. 你对老师课前布置的学习任务和目标总体满意度如何？

□非常满意 □满意 □基本满意 □不满意

16. 线上教学过程中老师和你的互动情况怎么样？

□好 □良好 □一般 □较差

17. 目前你与老师的互动方式主要有？（可多选）

□课程讨论区 □直播 □查看作业完成反馈情况

□聊天工具私聊 □测验

18. 老师作业布置与批改情况？

□好 □良好 □一般 □较差

19. 老师在线上教学是否将课程思政融入教学中（例如将抗疫案例与知识点相结合）？

□是 □否

20. 你对教师线上教学满意度评价？

□非常满意 □满意 □基本满意 □不满意

21. 你对学校组织的线上教学效果总体评价？

□好 □良好 □一般 □较差

22. 老师在线教学是否涉及实操实训内容？

□是 □否

23. 与传统课堂教学相比，你认为网上教学有哪些优点？（可多选）

□教学平台多且有趣 □学习资源丰富 □与老师能及时沟通，充分交流

□不受地点限制，节约不必要时间

24. 与课堂教学相比，你认为网上教学有哪些缺点？（可多选）

□无法与老师、同学进行有效互动 □缺少课堂气氛

□易受到外来因素影响 □课堂质量受到网络因素影响

25. 线上课程教学哪些环节对你学习很有帮助？（可多选）

□课程文件 □PPT □在线作业 □直播

□在线测试 □题库 □回放功能 □录播

26. 你认为网上教学是否降低了你的学习效率？

□是 □还好 □一般 □没有

27. 在网上学习过程中，你更希望老师做到哪一点？

□及时解决学习者提出的问题 □及时反馈课程作业情况

□监督课堂学习状况 □参与学习者讨论，引导学习者思考

28. 2020 年新冠肺炎疫情对你学业的影响程度？

□严重影响 □中等影响 □一般影响 □影响轻微 □基本无影响

29. 在疫情期间，你认为哪个时间段进行线上学习效果会更好？

□早上 8 点至 9 点半 □ 早上 10 点至 11 点半 □ 下午 2 点至 3 点半

□下午 4 点至 5 点半 □晚上 7 点至 9 点 □其他时间段

30. 影响你在线学习的主要原因有哪些？（可多选）

□上网流量、上网费用和与电脑系统有关的因素

□在线学习平台功能的完备程度及清晰程度

□在线学习平台功能使用不熟练

□学习目标不明确，线上学习结束后不知道做什么

□老师提供的学习资源无法满足我的学习需求

□学习过程中碰到各类问题不能寻求帮助

□精神不易集中，容易走神

31. 疫情结束后，针对耽误的教学时间，你认为以下哪种补救措施好？（可多选）

□调整教学计划 □ 课外活动时间 □部分周六、周日 □部分暑假

32. 疫情结束返校后，对于网上已经讲过的课程内容你建议老师如何处理？（可多选）

□简要复习回顾 □组织测试后进行薄弱点讲解 □开设答疑课 □实践训练

33. 你对目前线上学习状态的自评？

□非常好 □好 □一般 □比较差 □很差

34. 你在居家学习期间，有无接到学校督导人员或教务处老师的电话、微信或 QQ？

□有 □无

35. 你认为学校在线教学存在哪些需要改进的问题？

____

____

附录 2

2020 年春季高校会计专业学生和教师“停课不停学，停课不停教”线上教学问卷调查表（教师版）

亲爱的老师，您好！

2020 年春季，由于疫情影响，根据教育部“停课不停学，停课不停教”的要求，各个高校都采用了线上教学的方式组织教学。为了了解各个高校会计专业在线教学情况，中国会计学会会计教育专业委员会设计了此问卷，衷心感谢您抽出宝贵时间在 2020 年 3 月 31 日前完成答卷。

我们郑重承诺，本次问卷调查结果仅用于学术研究和政策建议，不会用于对学校和学生的各类评价，您可以放心作答。调查问卷中的题目并无对错之分，请按照贵校开展线上教学的真实情况回答问题，请在“□”内打“√”。您的回答对于本次调查非常重要，再次感谢您的参与！

1. 您学校所在的行政区划？

□华东地区　□华北地区　□中南地区　□华南地区

□东北地区　□西北地区　□西南地区

2. 您所在学校的层次？

□高职高专　□本科

3. 您的职称？

□正高　□副高　□中级　□初级

4. 您的教龄时间？

□5 年以下　□6～10 年　□11～20 年　□21～30 年　□31 年及以上

5. 在抗击疫情期间，对于学校二级学院或系安排的在线教学工作，您的态度是？

□主动完成任务　□被动完成任务　□简单应付，不得已为之　□无所谓

6. 您每节课网上教学时长？

□30 分钟以内　□30～45 分钟　□45～60 分钟

□60～90 分钟　□90～120 分钟　□120 分钟以上

7. 您采用的线上开课形式？

□直播互动　□录播　□慕课　□视频点播　□在线答疑

8. 您开展线上教学采用了哪些平台？（可多选）

□中国大学 MOOC □超星 □智慧职教 □正保（中华会计网校）

□厦门网中网 □广州福思特 □蓝墨云班课 □腾讯 □钉钉 □其他

9. 您开展线上教学采用了哪些平台的课程资源？（可多选）

□中国大学 MOOC □爱课程 □超星尔雅 □智慧职教

□正保（中华会计网校） □智慧树 □学校超星泛雅自建课程 □其他

10. 您对中国会计学会会计教育专业委员会近几年推广的“互联网＋”背景下会计一体化教学改革是否认可？

□是 □否 □无所谓

11. 您组织的线上教学，学生到课率如何？

□50％以下 □50％～70％ □70％～90％ □90％以上

12. 您组织线上教学时，是否关注学生在线学习或听讲情况？

□是 □否

13. 您如何保证学生在线学习或听讲？（可多选）

□签到 □课堂互动 □查看平台后台数据 □其他

14. 您在线上教学时，与学生采用的互动方式有哪些（可多选）

□课程讨论区 □直播 □查看作业完成情况的反馈

□聊天工具私聊 □没有互动

15. 您的学生是否按时完成线上课堂布置的作业？

□完成率 50％以下 □完成率 50％～70％ □完成率 70％～90％

□完成率 90％以上

16. 您组织线上教学时，是否将课程思政融入教学中（例如将抗疫案例与知识点相结合）？

□是 □部分是 □否

17. 您认为线上教学可否实现线下课程的教学目标和效果？

□完全能实现 □能实现 □基本能实现 □不确定 □完全不合适

18. 您所教的课程是否适合网上授课？

□适合 □部分适合 □不适合

19. 您在疫情期间开展的线上教学是否顺利？

□很顺利 □顺利 □不太顺利 □不顺利 □没开展起来

20. 您在线上教学过程中遇到的最大困难是什么？（可多选）

□在线授课工具使用不熟练 □网络卡顿 □教学资料收集困难

□授课环节进度不容易把握 □没有支持网络教学的设备

□与传统课堂差别大 □在线学生管理困难

□学生由于各种原因难以学习和反馈，无法了解到学生的学习情况和效果

□时间仓促，缺乏与同行交流互动 □没有相关培训课程 □其他

21. 您对自己的线上教学效果进行评价？

□很满意　□满意　□基本满意　□不满意

22. 疫情结束学生返校后，您考虑如何处理疫情期间线上课程的教学内容？（可多选）

□简要复习回顾　□组织测试后进行薄弱点讲解　□开设答疑课　□实践训练

23. 您认为此次线上教学给您今后的教学带来哪些改变？（可多选）

□更新教学理念　□推动教学改革　□加强课程建设

□改变教学手段　□其他

24. 您认为目前线上教学存在的主要问题？（可多选）

□现代化教学手段掌握不好　□教学理念转变不够

□教学资源不丰富　□前期网络课程建设不到位　□其他

25. 您认为是否有必要加强线上教学的质量监控工作？

□是　□否　□无所谓

26. 您当前最感兴趣的线上培训内容是？（可多选）

□各类在线教学平台的操作　□在线教学相关理论知识　□在线教学课件与视频制作　□微课制作　□视频资源获取　□在线直播教学技术

□在线答疑、互动与指导　□在线教学的课程设计　□在线教学的学生管理

□在线教学的质量监控　□其他

27. 您在组织线上教学时，希望学校和二级教学单位能提供哪些服务？（可多选）

□做好平台培训课程信息收集与发布，及时提供技术支持

□做好教师学习跟踪辅导，畅通问题反馈渠道

□组织校内教师经验交流

□其他

28. 您对学校开展在线教学还有哪些意见和建议？

____

____

参考文献

[1] 教育部课题组．深入学习习近平关于教育的重要论述．北京：人民出版社，2019.

[2] 曾向红，汪燕芳．高校会计职业道德教育新思考．财会月刊，2011 (9)：106－107.

[3] 何玉润，李晓慧．我国高校会计人才培养模式研究：基于美国十所高校会计学教育的实地调研．会计研究，2013 (4)：26－31.

[4] 何昊．基于美国教改经验的中国会计教育革新问题研究．会计之友，2013 (1)：119－121.

[5] 李芸达，陈国平，范丽红，等．现代职业教育背景下会计技能教学改革与创新．会计研究，2015 (2)：87－92.

[6] 刘永泽，池国华．中国会计教育改革 30 年评价：成就、问题与对策．会计研究，2008 (8)：11－17.

[7] 刘慧凤，姜苏娱．我国会计教育研究文献评述：基于比较研究视角．会计研究，2015 (6)：80－86.

[8] 栾甫贵．论会计教育理念．会计研究，2013 (4)：20－25.

[9] 欧盟 Asia-Link 项目"关于课程开发的课程设计"课题组．职业教育与培训：学习领域课程开发手册．北京：高等教育出版社，2007.

[10] 孙铮，李增泉．会计高等教育的改革趋势与路径．会计研究，2014 (11)：3－15.

[11] 程淮中，张晓华．职业化教材的探索与实践．北京：中国财政经济出版社，2017.

[12] 杨雨杉．互联网＋背景下高职院校会计教学改革探析．财会学习，2016 (23)：212－213.

[13] 杨政，殷俊明，宋雅琴．会计人才能力需求与本科会计教育改革：利益相关者的调查分析．会计研究，2012 (1)：25－35.

[14] 易玄，刘冬荣．环境变迁、需求变化以及大学会计教育改革：来自我国大学的实证．湖南科技大学学报（社会科学版），2012 (4)：156－161.

[15] 周雪琴．"互联网＋"背景下的高职会计专业实训教学改革探讨．财会学习，2016 (8)：247－248.

[16] 张春颖，冯建军．谈会计专门人才培养模式的设计．中国高等教育，2012

(17)：60-61.

[17] 孙湛．现代管理会计．北京：中国财政经济出版社，2018.

[18] 于增彪．管理会计．北京：清华大学出版社，2014.

[19] 许家林，王昌锐，龚翔．西方会计名著导读．上海：立信会计出版社，2014.

[20] 托马斯·约翰逊，罗伯特·卡普兰．管理会计兴衰史：相关性的遗失．金马工作室，译．北京：清华大学出版社，2004.

[21] 布拉米奇，比姆尼．管理会计：发展的方向．北京：中国人民大学出版社，2003.

[22] 苏·贝尔兹．如何培养21世纪技能：教学策略与学习工具．北京：北京大学出版社，2016.

[23] 康斯斯，杨现民，等．智慧教育与大数据．北京：科学出版社，2015.

[24] 黄宏伟．职业教育专业建设新论．杭州：浙江大学出版社，2014.

[25] 克莱顿·M. 克里斯坦森，亨利·J. 艾林，创新型大学——改变高等教育的基因．陈劲，盛伟忠，译．北京：清华大学出版社，2017.

[26] 大卫·A. 惠顿，金·S. 卡梅伦．管理技能开发：9版．庄孟升，等译．北京：清华大学出版社，2016.

[27] 海闻．商学教育变革：全球视角．北京：北京大学出版社，2016.

[28] 周涛．为数据而生：大数据创新实践．北京：北京联合出版社，2016.

[29] 徐子沛．大数据．南宁：广西师范大学出版社，2013.

[30] 唐·泰普斯科特．数据时代的经济学．毕崇毅，译．北京：机械工业出版社，2016.

[31] 余文森，宋原，丁革民．“课堂革命”与“金课”建设．中国大学教学，2019 (9)：22-28.

[32] 李晓慧．会计百年．北京：中国财政经济出版社，2013.

[33] Albrecht W S，R J Sack. Accounting Education：Charting the Course through a Perilous，Accounting Education Series，2000 (16)：1-72.

[34] Christine Helliar. The Global Challenge for Accounting Education，Accounting Education，2013，22 (6)：510-521.

[35] Kavanagh M，Drennan L. What Skills and Attributes does an Accounting Graduate Need? Evidence from Student Perceptions and Employer Expectations，Accounting and Finance，2008 (48)：279-300.